**项目：**

1. 广西研究生教育创新计划项目：面向民族地区法律硕士专业学位研究生教育体系研究

2. 广西研究生专业学位教育改革试点单位项目：民族地区法律硕士专业学位教育改革理论研究

3. 广西高校人才小高地建设创新团队资助项目：民族法学与南疆和谐民族关系构建

4. 广西研究生教育创新人才联合培养基地项目：广西师范大学法律硕士专业学位和桂林市人民检察院研究生教育创新人才联合培养基地

周世中　陈宗波　主编

MIANXIANG MINZU DIQU FALV SHUOSHI PEIYANG DE YANJIU YU SHIJIAN

# 面向民族地区
# 法律硕士培养的研究与实践

## 以西南民族地区和广西师范大学法律硕士教育为例

GUANGXI NORMAL UNIVERSITY PRESS
广西师范大学出版社
·桂林·

**图书在版编目（CIP）数据**

面向民族地区法律硕士培养的研究与实践：以西南民族地区和广西师范大学法律硕士教育为例 / 周世中，陈宗波主编. —桂林：广西师范大学出版社，2013.9
ISBN 978-7-5495-4262-8

Ⅰ. ①面… Ⅱ. ①周…②陈… Ⅲ. ①民族地区－法律－硕士生－人才培养－教学研究－中国 Ⅳ. ①G643

中国版本图书馆 CIP 数据核字（2013）第 196641 号

广西师范大学出版社出版发行
（广西桂林市中华路 22 号　邮政编码：541001
网址：http://www.bbtpress.com）
出版人：何林夏
全国新华书店经销
桂林日报印刷厂印刷
（广西桂林市八桂路 2 号　邮政编码：541001）
开本：880 mm × 1 240 mm　1/32
印张：8.75　　字数：200 千字
2013 年 9 月第 1 版　　2013 年 9 月第 1 次印刷
定价：30.00 元

# 目　录

# 序　言

我国法律硕士专业学位教育自1996年正式试办试招以来，迄今已经走过了十七个春秋。法律硕士专业学位教育的办学定位是以法律职业为背景导向的、硕士研究生层次的，复合型、应用型、实务型的高层次法律专业教育。这一定位确定了法律硕士培养的核心任务和努力方向。

可以说法律硕士作为一个新设立的专业学位，其定位从诞生之初就不同于法学本科通才式教育、普法式教育以及普通法学硕士研究生专业的学术型、研究型人才培养模式。法律硕士专业学位教育充分体现了法律职业的基本要求，即符合法律人的基本资质。目前法学学术型人才和法律职业型人才的分别培养、分类管理和分别评价已经成为我国未来法学教育事业的前进方向和政策导向。因此，要培养合格的法律硕士，应构建一套适合法律硕士教育方向与理念的教学体系和实践体系，而且必须以法律硕士的培养目标和定位为出发点。近年来，全国许多高等学校都在探索法律硕士教育的教学模式和实践模式。

广西师范大学2007年获得法律硕士专业学位授予权，2008

年开始招生。2008年,广西师范大学与桂林市检察院建立了法律硕士专业学位研究生教育创新人才联合培养基地,该基地成为广西区教育创新人才联合培养基地。基地建立以来,广西师范大学法学院的同仁们,在培养法律硕士专业学位研究生的过程中,大胆探索,勇于创新,在法律硕士专业学位研究生培养的教学理念、培养目标、管理制度、师资培养、实践模式等方面,都做了有益的探索,特别是在与检察院合作培养法律硕士研究生方面,取得了可喜的成绩。

本书是对几年来广西师范大学法律硕士学位专业研究生培养实践的探索与总结。全书由周世中教授和陈宗波教授策划、组织和实施,并作了最后的修改和统稿。本书是集体智慧的结晶,各章写作情况是:序言、第一章、第五章由周世中撰写,第二章由郭剑平撰写,第三章由李德进撰写,第四章由陈宗波撰写,第六章由刘琳撰写,第七章由李燕撰写,第八章由曾跃林撰写,第九章由谭万霞撰写,附录由蒋人文撰写。

本书是广西法律硕士专业学位研究生教育创新人才联合培养基地项目的成果,该项目在实施过程中,得到了教育厅的资助。

本书在出版过程中,得到广西师范大学出版社的支持和帮助,在此表示感谢。

作者

2013年3月13日

# 第一章

# 法律硕士教育概述

## 一、我国法律硕士专业学位的由来

在我国,法律硕士专业学位起源于专业学位制度改革。根据 1980 年 2 月第五届全国人大常委会第 13 次会议通过的《中华人民共和国学位条例》的规定,我国学位制度包括学士、硕士、博士三个等级,并不包括专业学位。但是,在上世纪 90 年代初期,我国开始对学位制度进行改革。其中,最大的改革亮点莫过于专业学位的设置。我国于 1991 年开始进行专业学位教育改革,并首先设置工商管理硕士,法律硕士专业学位是我国设置的第三个专业学位。从 1994 年开始,国务院学位委员会办公室(简称"国学位办")开始组织专家学者研究法律硕士专业学位的设置和试办问题。经过一年多的努力,国务院学位委员会(以下简称"国学位会")决定试办法律硕士专业学位。1995 年 4 月国学位办在《关于设置法律专业硕士学位的报告》当中指出:"为适应我国现代化建设和改革开放,特别是建立社会主义市场经济体制的需要，进一步改变法律高层次人才培养规格比较单一的状况，加快培养国家急需的高层次法律专业人才和管理人才，在全面总结以往改革经验的基础上，并经专家充分论证，拟在我国设置法律专业硕士学位。”[①]1995 年 5 月国学位会颁发《关于开展法律专业硕士学位试点工作的通知》，决定在 1996 年由 8 所院校开始试办法律专业硕士学位。

为了推动法律硕士专业学位教育，1998 年国学位办、教育部、司法部批准成立全国法律硕士专业学位教育指导委员会，并且制定了《全国法律硕士专业学位教育指导委员会章程》。全国法律硕士专业学位教育指导委员会的成立有力地推动了我国法律硕士专业学位教育的健康发展，使法律硕士发展成为具有重要社会影响的专业学位教育之一。

## 二、法律硕士的培养目标与定位

### （一）法律硕士的培养目标

我国法律硕士教育自 1995 年获批，1996 年正式试办试招以来，迄今已经走过了 17 个春秋，为了明确定位法律硕士教育制度，十几年来，其培养目标已经经历了 3 次制定与修改。

第一次是 1995 年的制定。1995 年 4 月 11 日，国学位会在《关于设置法律专业硕士学位的报告》中第一次明确法律硕士的培养目标：“法律专业硕士学位是具有特定法律职业背景的职业学位，主要培养面向立法、司法、律师、公证、审判、检察、监察及

① 国务院学位委员会办公室：《关于设置法律专业硕士学位的报告》（国务院学位委员会第 13 次会议通过），1995 年 4 月 11 日。

经济管理、金融、行政执法与监督等部门、行业的高层次法律专业人才与管理人才。”①

第二次是1999年的修改。全国法律硕士专业学位教育指导委员会秘书处，在总结几年实践经验的基础上，对原有培养方案(1995年版)进行了修订。修订后的培养目标为：“法律硕士专业学位是具有特定法律职业背景的专业学位，是为实际部门培养德才兼备的、适应社会主义市场经济和社会主义民主与法制建设需要的高层次的复合型、应用型法律专门人才。”这就是1999年版的《法律硕士专业学位研究生指导性培养方案》。

第三次是2006年的修改。全国法律硕士专业学位教育指导委员会(以下简称“法指委”)又做了一次修订，新的培养目标为：“法律硕士教育是一种专业学位教育，是一种职业养成过程，是一种精英教育。法律硕士专业学位是为法律职业部门培养具有社会主义法治理念、德才兼备、高层次的复合型、实务型法律人才。”②

从1995年的最初制定的培养目标，到1999年和2006年修订版的培养目标可以看出我国法律硕士培养目标一直是明确而稳定的，并在实践过程中不断地自我完善，它的培养目标与核心落在“培养复合型、应用型、高层次法律职业人才”上，这也是法律硕士教育的“精神内涵”。

从分析中不难看出，从最初制定到后面的修订，我国法律硕士的培养目标始终未变，培养定位始终未改。为了实现这样的

---

① 全国法律硕士专业学位教育指导委员会秘书处：《法律硕士专业学位研究生指导性培养方案》，1999年6月14日。

② 国务院学位委员会学位办：《法律硕士专业学位研究生指导性培养方案》，学位办[2006]39号文件。

目标,“法指委”在培养方案中也做出了较为详细的要求,具体有:

> (1)掌握马列主义、毛泽东思想和邓小平理论的基本原理,拥护党的基本路线、方针、政策,自觉遵守和维护宪法和法律,热爱祖国,具有良好的政治素质和法律职业道德。
>
> (2)掌握较坚实的法学理论基础和较广的法律实务知识,具备法律职业所要求的知识结构、思维特征和应用能力。
>
> (3)能综合运用法律和政治、经济、管理、社会、外语、科技、计算机或其他相关专业知识,具有独立从事法律实务和管理工作的能力及应用研究能力,能达到有关部门中级以上(含中级)专业与管理职务相适应的任职要求。
>
> (4)较为熟练地掌握一门外语,能阅读专业外语资料。
>
> (5)身心健康。

除此之外,《21世纪中国法学教育改革与发展战略研究报告》中对法律硕士的培养目标也提出了具体要求:1.具有扎实系统的法学基础理论素养,牢固掌握宽广的法律实务知识;2.具有较强的法律实务方面的研究能力和创新能力,具有解决重大的疑难法律问题的能力;3.具有综合运用法律、经济、管理、科技、外语和计算机等方面的知识技能,从事法律实务、经济管理和社会管理工作的能力;4.符合全面胜任立法、司法、执法、政权建设、行政管理和社会管理等方面中级以上专业职务的要求。

(二)法律硕士的培养定位

国学位办在1999年6月14日转发的《法律硕士专业学位

研究生指导性培养方案》中就明确规定："法律硕士专业学位的办学定位是以法律职业为背景导向的、硕士研究生层次的，复合型、应用型、实务型的高层次的法律专业教育。"这一定位确定了法律硕士培养的核心任务和努力方向。

可以说法律硕士作为一个新设立的专业学位，其定位从诞生之初就不同于法学本科通才式教育、普法式教育以及普通法学硕士研究生专业的学术式研究型人才培养模式，法律硕士专业学位教育应充分体现和满足法律职业的基本要求，即符合法律人的基本资质。目前法学学术型人才和法律职业型人才的分别培养、分类管理和分别评价已经成为我国未来法学教育事业的前进方向和政策导向。因此，要培养合格的法律硕士，应构建一套适合法律硕士教育方向与理念的实践教学体系，而且必须以法律硕士的培养目标和定位为出发点。

## 三、法律硕士的性质与特征

根据我国法律硕士的培养目标和定位，以及从现行制度与实践来看，我国法律硕士教育的性质与特征主要体现在如下几个方面：

### (一)法律硕士教育属于专业学位教育

我国法律硕士教育是一种专业学位教育，它是在"借鉴美国、欧洲等国家培养高层次应用型法律专门人才的基础上，结合我国国情和法学教育实际而建立起来的一种专业学位"[①]。法律

① 我国法律硕士专业学位教育主要是借鉴了美国法学教育中的法律职业博士教育的经验。关于这方面的详细解析，请参见王健《中国的 J. D.？——评"法律专业硕士学位教育"》，载《比较法研究》，1996 年第 2 期。

硕士教育从教育类型上是讲，它属于专业学位教育。相对于法学本科的通识教育和法学硕士教育的认知型教育，它则更多地体现了法律教育的职业属性（如必须按照法律职业的基本要求确定培养目标，必须按照法律职业要求确定课程体系和教学内容，必须按照法律职业人才的培养要求将纵向结构的学科体系改变为以适应知识、素养、技能相统一要求的横向的课程综合结构，必须按照应用类人才的培养要求建立起新的评价标准等）。①

（二）法律硕士教育属于研究生层次教育

法律硕士教育是高层次的专业教育，是大学后教育，是研究生阶段的教育，是与法学硕士属同一层次、同一规格但教育类型不同的教育。从三点可以进行说明：第一，在招生培养对象上，2009 年以前全日制法律硕士招生和培养对象是具有国民教育序列大学本科学历（或具有本科同等学力）的非法律专业的毕业生，2009 年也开始招收法学本科毕业的法学法律硕士研究生；第二，在入学考试上，报考法律硕士的学生必须参加每年一度的全国研究生统一入学招生考试；第三，在国家政策上，1995 年 4 月 11 日国学位办在《关于设置法律专业硕士学位的报告》当中指出："法律专业硕士学位与现行法学硕士在学位上处于同一层次，但规格不同，各有侧重。"并且，教育部领导在 2007 年全国专业学位教育工作会议上的讲话进一步明确指出：研究生层次的专业型学位教育与学术型学位教育要坚持"三个同等"，即"同等重要""同等地位""同等对待"②，并要求各院校应当切实贯彻执行。

① 霍宪丹：《中国法律硕士专业学位教育制度的实践与反思》，《河南省政法管理干部学院学报》，2008，5：28。

② 教育部：《全国专业学位教育工作会议》，2007 年 5 月 14 日。

## （三）法律硕士教育属于应用型法律人才教育

法律硕士在培养目标上明确指向应用类法律人才，在培养要求上，突出强调法律硕士专业学位教育是以法律职业为背景，以从事法律职业为导向并以促进法律从业人员的职业化建设为其使命的。

JM（法律硕士，Juris Master 简称）教育的任务是培养高层次应用类法律人才。应用类人才是相对于学术类人才而言的。长期以来，我们对应用类人才概念的内涵（或政法实际部门所需法律人才层次规格）的认识仅限于到本科阶段为止，而研究生教育基本上是与之无缘的。直至中国设立第一个专业学位即“工商管理硕士专业学位”之日起，这个界限和传统观念才开始被打破。教育部前副部长吴启迪在 2004 年 6 月召开的第二届全国法律硕士专业学位教育指导委员会成立大会上指出：“我们现在正在大力调整学位与研究生教育的类型结构，要加快专业学位教育的发展，这是历史发展的要求……学位与研究生教育不仅要培养大批从事基础理论研究和高等学校教学工作的学术型人才，而且要培养大批面向包括工矿企业和有关行业、部门的应用型、复合型的高层次人才。”[①]

所谓培养应用类法律人才，主要是从两大方面来讲的。第一，在制度设计层面上，法律硕士专业学位教育是根据法律职业的三大基本资质要求的，即“作为一个法律人或法律职业共同体成员必须具备三大基本职业资质：掌握系统的法学学科体系的基本知识；具备法律职业基本的职业素养；掌握基本的职业技

① 参见全国法律硕士专业学位教育指导委员会《关于印发张福森同志、吴启迪同志在第二届全国法律硕士专业学位教育指导委员会成立大会上的讲话的通知》。

能。法律职业共同体不仅是法律知识的共同体，还应当是法律职业素养和法律职业技能的共同体，即三者的统一”。第二，“在法律职业的分类中，法律硕士专业学位教育的培养目标有两个确定指向，其一是指法官、检察官和律师，即法律职业共同体，其二是指法律职业部门或社会其他行业中法律实务岗位所需的复合型法律人才（即广义上的法律人）”。[①]

## （四）法律硕士教育属于法律职业教育

法律职业教育是我国法律硕士教育最重要的一个特征。该职业教育不同于法学硕士的学术型教育，也不同于法学本科阶段的通识教育、普法教育。这主要可以从法律硕士研究生的培养目标与定位中获知。

JM教育是高级阶段的法律职业教育。法律职业的特殊性从根本上决定了应用类法律人才的培养模式。在现有的法学教育的种类中，应该说，法律硕士专业学位教育在制度设计上，最集中地体现了法律职业与法学教育之间的内在联系，最大程度地反映了法律职业的基本要求。具体地讲，它是法律职业素养的教育养成，是法学教育的教育属性和法律属性的有机结合，是法律职业制度与法学教育制度的有机衔接，是法律硕士专业学位教育作为高层次的职业教育。“一方面，它是以法律职业为背景，与法律职业资格相联系的一种职业性教育；另一方面又是以打造法律专业知识共同体、职业素养共同体和职业技能共同体为其特色的。应当说，法律职业素养的最终形成是一个长期的过程，但法律硕士专业学位教育阶段无疑是法律职业素养的教

① 霍宪丹：《中国法律硕士专业学位教育制度的实践与反思》，《河南省政法管理干部学院学报》，2008，5：28。

育养成的重要基础和第一阶段。此外,还需要通过司法考试和终身化的继续教育以及在法律人的职业生涯中,逐步形成相互联系,并不断强化、深化和发展的法律职业素养教育养成体系。”

为了更好地凸显法律硕士的性质与特征,现将法律硕士与法学本科、法学硕士和法学博士做一个简单的比较。详见下表

**四种不同法学教育类型比较**

| 教育类型 | 层次 | 人才培养类型 | 所设学科 | 知识能力侧重 |
|---|---|---|---|---|
| 法学本科 | 大学本科 | 通识型人才 | 法学二级学科 | 通识性 |
| 法律硕士 | 硕士研究生 | 实务型人才 | 法学一级学科 | 应用性 |
| 法学硕士 | 硕士研究生 | 学术型人才 | 法学二级学科 | 学术性 |
| 法学博士 | 博士研究生 | 研究型人才 | 法学二级学科 | 研究性 |

## 四、我国法律硕士教育取得的成就

法律硕士专业学位教育是我国法学教育改革的有益尝试,经过 15 年的不断探索和发展,可以说我国法律硕士教育已经取得了较大成就。概括来说,我国法律硕士教育所取得的成就主要有:

### (一)法律硕士教育培养了大量高层次法律人才

自 1996 年正式开展法律硕士教育以来,我国已经培养了大量高层次的复合型、应用型法律人才,他们分布广泛,诸如证券行业、银行系统、公检法司系统、党政机关、高校、科研院所、大中小企事业单位等,覆盖社会的各个领域。这在一定程度上缓解了我国市场经济建设和法治建设对高层次法律人才的需求压力,也充实了我国法检等各系统的法学职业人才。据统计,从 1996 年开始至 2003 年,累计招生 29448 人,其中获得学位者

8848 人。[①] 据报道，到 2005 年，我国已经培养出 1 万名左右的法律硕士专业的学生，在校生约为 2.5 万人。[②] 推算到现在可知，我国已经培养出近 5 万名法律硕士专业学位研究生，在校人数大约超 4 万人。这其中不乏优秀的法律硕士毕业生，如全国"十大杰出青年法官"宋鱼水、"全国十佳公诉人"邹开红、"北京市十佳律师"琚存旭。从中国人民大学获知，"2008 年考进最高人民法院、北京市高院高检、北京市中院中检和北京各基层法院、检察院的法律硕士研究生 30 余人"[③]。

### （二）法律硕士教育规模不断扩大

客观地说，在改革初期，由于处于探索和试办阶段，所以我国法律硕士教育的规模相对较小。但是经过一段时间的摸索之后，尤其是在 2000 年法律硕士专业学位入学考试实行全国联考以后，我国法律硕士教育的规模逐渐扩大。从法律硕士专业学位的培养单位来说，1996 年只有 8 所院校有权招收攻读法律硕士专业学位研究生，1997 年增加到 13 所高校，1998 年增加到 22 所，1999 年增加到 28 所，2003 年增加到 39 所，2004 年增加到 50 所，2007 年增加到 80 所，2009 年增加到 115 所。根据"法指委"副主任曾宪义教授在"全国法律硕士专业学位教育实施十周年纪念大会暨第三届法律硕士教育论坛"上所作的报告，到 2004 年，法律硕士专业学位已经跃居全国各类专业学位研究生报考人数第一名；从 1996 年开始至 2006 年，累计招生近 50 000

---

① 参见国务院学位办《关于转发第二届全国法律硕士专业学位教育指导委员会成立大会暨第一次工作会议及第二届法律硕士教育论坛纪要的通知》，学位办[2004]84 号（2004 年 9 月 16 日发布）。

② 《高校该如何改进法学教育》，载《中国青年报》，2005 年 4 月 12 日。

③ 冯玉军：《法律硕士教学的机制创新与改革前瞻》，第五届全国法律硕士教育论坛会议资料汇编，2009：26。

人,其中获得学位的 18 102 人,现有在校生近 30 000 人。[①] 以西南政法大学近两年的招生为例,西南政法大学 2009 年实际招生 300 余名,2010 年实际招生 350 余名。[②]

可见,随着培养院校数量的增多以及招生人数和报考人数的不断递增,法律硕士已经成为大学本科生选择继续深造的最主要、最受青睐的专业学位之一。

① 参见曾宪义《关于法律硕士专业学位教育实施十周年的工作报告》,载 http://www.law.ruc.edu.cn/Article/ShowArticle.asp? ArticleID=5774。

② 该校 2009 级、2010 级学生数的资料由该校法硕专业学生提供。

# 第二章

# 西南民族地区法律硕士专业学位教育与人才培养现状分析

以国家治理和区域法治为思路，界定“西南民族地区”和“西南民族地区法律硕士培养”的概念，强调并不存在一个与全国整体相区别的、具有独立性质的法律硕士专业学位教育制度。它是在我国法律硕士专业学位教育体系当中不可分割的组成部分，建立在统一的中国法律硕士专业学位教育的基础上，是为区域乃至全国的经济、政治、社会和文化事业的发展提供法律人才保障，以最终服务于中国现代化建设为目标。通过对西南民族地区 6 省市法律硕士培养单位的分布、现状等方面情况进行统计，勾勒西南民族地区法律硕士培养现状，其中特别对 16 所法律硕士培养单位的师资情况、科学研究以及相关教学设施等方面作专门的介绍，以此获得对西南民族地区法律硕士培养的实际状况的了解。

## 一、西南民族地区法治与法律硕士专业学位教育概述

西南民族地区，系指西藏自治区、云南省、贵州省、广西壮族

自治区、四川省民族自治地方和重庆市民族自治地方，面积达234万余平方公里。西藏、广西是藏、壮等少数民族实现区域自治的地区。云南、贵州是我国著名的多民族省份，两省少数民族人口总数几乎占全国少数民族人口的五分之一。云南少数民族人口接近全省总人口的三分之一，少数民族遍及全省每一个县，全省一半以上的县一级行政区实行民族区域自治。贵州少数民族人口仅次于云南、广西、新疆居全国第四位；少数民族人口占全国总人口的比例，仅低于西藏、新疆、广西、青海、云南居全国第六位而且分布很广，除黔北少数几个县外，其余县市都有少数民族定居。四川省民族自治地方是四川省的一部分，又是藏、彝、羌等少数民族实现区域自治的地区。重庆市民族自治地方是重庆市的一部分，又是土家族、苗族等少数民族实现区域自治的地方。[①] 除西藏外，广西、云南、贵州、四川和重庆市5省市共有自治州14个，自治县5个。西南6省市有民族乡2027个。西南民族地区是我国少数民族成分最多，人口最多的地区。据1982年第三次人口普查，西南地区有少数民族31 700 400人，占全国少数民族总人口67 238 900人的47.5%，即几乎有一半的少数民族生活在西南地区。[②]

西南民族地区的发展不仅仅是一个经济发展的问题，它更多地涉及国家治理的问题。西南民族地区的发展也是一个如何按照法治原则、运用法治机制开发和治理的问题。

迄今为止，我国推行法治的实践已历时30多年。30多年来，我国法治事业取得了举世瞩目的成就。然而，不容回避的是，我国法治事业也面临着一些理论上较为困惑、实践中必须面

---

① 陈金金:《西南少数民族习惯法研究》,法律出版社,2008,第1—2页。

② 陈金金:《西南少数民族习惯法研究》,法律出版社,2008,第2页。

对的一系列问题。这些问题大致可以分为两大类:一是在国际视野下如何理解中国的法治建设之路与西方法治之路的关系?二是在国内视野下如何理解全国统一法治体系与区域法治建设的关系?

关于前者,我国法学界已基本取得一定的共识,即认为我国法治正在从以偏重于学习和借鉴西方法律制度和理论为取向的"追仿型"法治进路,转向以适应中国具体国情、解决中国实际问题为基本目标,立足于自我发展和自主创新的自主型法治进路。虽然自主型法治进路是我国过去30年法治实践的进一步延续,但这一法治的形成和确立,肯定需要从理念到制度的重要变化,尤其是需要对法治理论和制度中一些基本问题的重新审视,更需要对我国特定社会条件下理想的法治模式的认识与构建。社会主义法治理念的提出与倡导正是对这种需要的理论回应。

关于后者,我国法学界展开了深入的理论分析与精细的实证研究,认为一个良好的社会制度实际上是由许许多多细微的甚至是琐碎的小制度合力构成的,离开了具体的法治,那种宏大而高扬的法治只不过是引起空气振动的口号而已;认为无论是根据区域经济以及区域政治、区域行政等的概念和提法及其所反映的客观事实,还是根据各系统、各部门、各行业也有的诸如市场经济法治、农村法治、交通法治等概念和提法及其所反映的客观事实,那么理所当然地也应该有区域法治。①

区域法治,本质上是指在坚持国家法制统一的前提下,按不同标准划分的不同地区进行法治的合理差别以及缩小差别的因应之策,是深化依法治国方略和建构世界法治秩序中的一种崭

① 周世中等:《西南少数民族民间法的变迁与现实作用:以黔桂瑶族、侗族、苗族民间法为例》,法律出版社,2010,第1页。

新的法治形态。开展区域法治建设和研究，既是区域科学发展的题中应有之义，又是深入实施西部开发等发展战略的必然要求。

根据不同的标准可以对区域法治作出不同的类型划分，以汉族和少数民族地区为区分标准，应当关注民族自治地方的区域法治。少数民族聚居地方与汉族区域的差别长期存在，这是民族区域法治建设中的最大特点。所以在这一视野下，西南民族地区的法治建设是实施区域法治建设的一个不可回避的重要问题。

西南民族地区的发展必须以市场经济为中心，以可持续发展为目标，以法治建设为保障。只有这样才能发挥市场的积极作用，遏制其消极影响，促进西南民族地区经济、社会、人口、资源、环境等因素的健康协调发展。当然，西南民族地区法治建设仍然是整个社会主义法治建设事业的组成部分，不能背离依法治国、建设社会主义法治国家的伟大历史进程，仍然要以维护民族团结和国家统一为原则，以依法治国的基本精神和国家的基本法律制度为根据和指导。因此，西南民族地区的法治建设必须以全国性的中央立法为基本前提和基础，融入整个法治建设的大局。尽管如此，我们也不能借此否认西南民族地区法治建设的相对性及其自身的重大意义。那种只重视法治建设的统一性，而忽视法治建设在不同区域和地方的特殊性和差异性，进而否定区域法治建设的必要性、现实性和紧迫性的认识和做法，也是不足取的。[①] 首先，从立法方面来讲，西南民族地区基于自身的特殊情况而进行的民族立法是不可或缺的。其次，从执法、司

① 孟庆瑜、赵玮玮：《论西部开发中的区域法治建设》，载《甘肃政法学院学报》，2001(1)。

法和守法等方面来讲，西南民族地区的执法、司法、守法等活动均须以其特殊的自然环境、人文环境和社会经济发展水平为基础。所以西南民族地区的法治建设又具有其特殊性。

在西南民族地区的这一区域法治建设过程中，法学教育在建设社会主义法治国家中具有至关重要的战略地位。教育作为人类社会所特有的社会现象，其本质是培养人的社会实践活动，它贯穿人类的整个历史过程和社会生活的各个领域，并使人类社会得以延续和发展。尤其是步入近代社会以来，随着社会的进步，教育不仅成为社会的一个基本领域，也是社会存在的条件之一。除培养人外，教育还具有文化功能、社会功能、经济功能、公民道德功能。教育与整个社会及其各个领域相关联，教育保证社会的延续，保证人类在其全部历史中所积累的知识、技能和规范以及经验的传授。教育造就使社会包括经济领域前进、进步、创新和变革的能力。随时代的变迁，教育、科技和文化将成为知识经济的三大支柱，在知识社会中，人才资源是第一资源，人才就是财富，人才资源拥有量的大小已经成为一个国家竞争力强弱和发展潜力大小的关键所在。综合国力的竞争就是人才的竞争和教育的竞争。在未来经济社会发展中，不仅教育的地位和作用将发生历史性变化，从社会的边缘进入社会的中心地位，成为人类迎接新世纪挑战的首要因素，而且教育自身也将经历前所未有的深刻变革和创新。教育将成为国家发展水平和国际竞争力的决定性因素。

这就是说，面对我国日益加剧的人口压力，面对经济全球化、政治多极化、文化多样化、科技高新化和信息网络化的发展大趋势，面对知识社会和信息时代的到来，高等法学教育将在培养和训练具有创新观念和能力的高素质法律人才，从事法学研究，发展法学理论，为经济社会发展和民主法治建设提供知识、人才服务等方面肩负更多的社会责任，具有不可替代的重要作用。

“从某种意义上讲，作为社会变革的晴雨表的法学教育，既是社会变革的催化剂，又是社会变革正负效益的重要标志。法学人才往往站历史航船的前头，对社会变革起着重要推动作用，因此，我们在改革开放深化的今天，更需要法学教育。需要法学教育来培养治国之才，需要法律人才来参与推进依法治国的进程。”[①]在建设法治国家的系统工程中，法学教育肩负着伟大的时代任务。依法治国、建设社会主义法治国家是一项复杂的社会系统工程，涉及立法、司法、执法、普法、法律服务、法律监督、法律文化建设等方面，法学教育是法治建设的先导和基础。法学教育不仅要为建设高素质的法律职业共同体服务，而且要面向全社会培养大批治理国家、管理社会的高层次法律人才。随着经济、社会的发展和民主、法治的完备，随着工业化任务的逐步完成并向管理型社会的发展，我国经济生活、政治生活和社会生活都将纳入法治的轨道，各类经济关系、政治关系和社会关系将越来越多地归结为法律关系和法律问题，各类纠纷最后也将越来越多地通过法律手段来解决。因此，在我国社会主义现代化建设事业中，哲学社会科学与自然科学具有同等地位、同样重要；建设社会主义现代化国家，不仅需要大批理、工、农、医等科学类高级专门人才，同样也需要大批优秀法律人才。面向 21 世纪，法学教育肩负着实施“科教兴国”战略和“依法治国”方略的双重历史使命，不仅要为立法、司法法律服务和法律监督等法律

① 曾宪义、张文显：《中国法学专业教育教学改革与发展战略研究》，高等教育出版社，2002，第 60 页。

部门服务，而且要面向全社会培养法治国家的建设者。

可以说，没有法学教育的发展和大批高素质法律人才，依法治国、建设法治国家就是一句空话。在新的历史时期，全面实施依法治国，建设社会主义法治国家的方略，不仅对法学教育提出了新的更高的要求，同时也为法学教育的改革发展提供了新的机遇和内在发展动力。教育的本质和功能决定法学教育在建设社会主义法治国家中具有基础性、全局性、先导性的战略地位。从一定意义上讲，法学教育已成为衡量社会文明程度和法治建设进程的重要标志。尤其是随着我国社会主义市场经济的发展和改革开放的深入，与各种重大经济行为和社会进步、社会稳定密切相关的法律事务，无论在规模或水平上都日益深化、专门化和国际化，立法、司法、检察和法律服务部门急需补充大量高素质的专业和管理人员，需要一大批适应市场经济和法治建设需要的高层次法律实务人才和管理人才。正是在这一现实需求下，我国于 1995 开始设置法律硕士专业学位教育(JM)，并于 1996 年开始招生，以培养立法、司法、行政执法、法律服务与法律监督以及经济管理、社会管理等方面需要的高层次法律人才和管理人才。[①] 正是因为西南民族法治建设具有统一性和特殊性的特点，所以作为西南民族地区法治建设基础和前提的法学教育也具有统一性与特殊性。尤其是作为培养立法、司法、行政执法、法律服务与法律监督以及经济管理、社会管理等方面需要的高层次法律人才和管理人才的法律硕士专业学位教育(JM)也相应地具有统一性与特殊性，所以开展西南民族地区法律硕士培养的研究与实践具有重要的理论意义与实践价值。

---

① 霍宪丹:《中国法律硕士专业学位教育的实践与探索》,法律出版社,2001,第 52 页。

这里还需要说明的是，本课题所说的“西南民族地区法律硕士培养”是指我国西南民族地区6个省、自治区，即广西、贵州、云南、四川、重庆、西藏6个省区所进行的培养法律硕士人才以及相关的活动。这个概念是在地理意义上使用的，主要研究的是我国特定的民族区域法律硕士培养及相关问题，从根本上还不是一个法律意义的专门概念。也就是说，并不存在一个与全国整体的法律硕士培养相区别的、具有独立性质的法律硕士培养制度。

西部开发的总的战略目标是：经过几代人的艰苦奋斗，到21世纪中叶全国基本实现现代化时，从根本上改变西部地区相对落后的面貌，显著地缩小地区发展差距，努力建成一个经济繁荣、社会进步、生活安定、民族团结、山川秀美、人民富裕的新西部。[①] 根据党和政府做出的西部大开发的战略决策意图和实施西部大开发的总体目标，我们可以看到，西部大开发不像许多人惯常理解的那样，仅仅是一个经济意义上的概念，它还被赋予了重要的社会政治内涵。西部地区的经济、文化、教育的发展和现代化建设的实现，从根本上说必须依靠科技和教育的快速发展，依靠高素质的劳动者，依靠一定数量的高素质的专门人才。要高起点地发展西部地区的经济和教育，最紧迫的是现有劳动者的文化知识教育和科技教育、普及义务教育，大力发展中、高等教育，加快培养西部开发所需要的科技、管理、金融、外语、会计、法律等多样化人才。

西部大开发，从某种意义上说，其实是在实现西部社会的现代化。而法律人才是建设法治国家的第一资源，法学教育的改

---

① 国家统计局：《中国西部统计年鉴2001》，中国统计出版社，2002，第4页。

革与发展在我国民主法制建设中具有先导性、基础性和全局性的重要意义。从一定意义上讲，法学教育已成为衡量社会文明程度的法治建设进程的重要标志。[①] 对于属于西部的重要组成部分的西南民族地区，正是由于西南民族地区法制建设的迫切需要，对法学教育和法律人才提出了更多的期待和更高的要求，要求西南民族地区的法学教育承担更多的职责，更好地发挥服务社会的职能。同时，西南民族地区法学院校（系）大多属于教学型机构，这类院校要获得发展空间，必须密切关注当地社会经济法制建设进程，使法学教育资源能够为当地社会更多地共享，成为其不可缺少的有机组成部分，才能有更广阔的生存和发展空间。

因此从这个角度提出了西南民族地区法学教育改革、发展与法学人才培养的问题。西南民族地区的发展是在依法治国、建设社会主义法治国家这一基本治国方略下开展的，那么维护、保障法治的机制当中，当然离不开法律人以及相关机构设施等相关环节。事实上，随着国家西部大开发战略的实施，西南民族地区法学教育与法律职业的实际状况如何；西南民族地区法律教育在改革与发展中存在哪些方面的有利因素与困难、障碍；法律职业者如何有利地为地方社会的发展提供服务和保障，以及相应地怎样建立适应接轨国际法治要求的法学人才培养模式；等等，是法学教育研究的面临的一项重大课题。它一方面旨在服务并尝试推动区域司法保障的提高和进步；同时也将深化我国法学教育理论研究的地方性特色。因此研究西南民族地区的法学教育有重要意义。

① 郭捷等:《中国法学教育改革与法律人才培养》，中国法制出版社，2007，第61页。

## 二、西南民族地区法律硕士专业学位教育与人才培养现状

2009 年 6 月,学位办[2009]35 号文件的出台,完成了法律硕士培养单位的第八轮扩军,法律硕士招生院校已达 115 所。我们可以通过已获法律硕士培养单位的法学教育机构的分布、法学师资的规模等方面情况的统计,对西南民族地区法律硕士专业学位教育的总体状况有一个初步了解。

### (一)西南民族地区法律硕士专业学位教育的发展进程

1. 根据国务院学位委员会第 13 次会议决定,国务院学位委员会办公室于 1995 年 5 月发出《关于开展法律专业硕士学位学位试点工作的通知》(学位办[1995]36 号)。通知确定了中国人民大学、北京大学、中国政法大学、对外经济贸易大学、吉林大学、武汉大学、西南政法大学和华东政法学院共 8 所院校为首批试点单位。其中,属于西南民族地区的有 1 所,即西南政法大学。

2. 1997 年 12 月,国务院学位办批准南京大学、中山大学、厦门大学、中南政法学院、西北政法学院共 5 所院校为新增试点单位。其中属于西南民族地区的院校为 0 所。

3. 1998 年 10 月,国务院学位办批准复旦大学、浙江大学、山东大学、四川大学、苏州大学、安徽大学、郑州大学、黑龙江大学、湘潭大学共 9 所院校为第三批新试点单位。其中,属于西南民族地区的院校只有 1 所,即四川大学。

4. 1999 年 11 月,国务院学位办批准清华大学、南开大学、山

西大学、兰州大学、云南大学、辽宁大学共5所院校为第四批新增法律硕士培养试点单位。其中属于西南民族地区的院校为1所,即云南大学。

5.2003年,国务院学位办批准贵州大学、海南大学、河南大学、湖南大学、南京师范大学、中国社会科学院研究生院、江西财经大学、烟台大学、中国人民公安大学、上海交通大学、西南财经大学共11所院校为法律硕士培养单位,其中属于西南民族地区的院校为2所,即西南财经大学与贵州大学。

6.2004年,国务院学位办批准大连海事大学、湖南师范大学、华中师范大学、福州大学、内蒙古大学、解放军西安政治学院共6所院校为法律硕士培养单位,其中属于西南民族地区的院校为0所。

7.2007年,国务院学位办批准中央民族大学、北方工业大学、北京师范大学、天津师范大学、河北经贸大学、中国刑事警察学院、沈阳师范大学、上海大学、同济大学、东南大学、宁波大学、浙江工商大学、安徽财经大学、华侨大学、南昌大学、江西师范大学、中国海洋大学、青岛大学、中南民族大学、中南大学、暨南大学、广东商学院、深圳大学、华南理工大学、广西师范大学、重庆大学、西安交通大学、西北大学、青海民族学院、新疆大学共30所院校为新增法律硕士培养单位,其中属于西南民族地区的院校为2所,即重庆大学与广西师范大学。

8.2009年,国务院学位办批准北京交通大学、北京航空航天大学、北京理工大学、北京科技大学、北京工商大学、首都经济贸易大学、天津财经大学、山西财经大学、东北师范大学、延边大学、长春税务学院、华东理工大学、上海海事大学、上海师范大学、上海对外贸易学院、中国科学技术大学、山东科技大学、中国地质大学、武汉理工大学、华南师范大学、广西大学、广西民族大学、西南交通大学、西南科技大学、西南民族大学、贵州民族学院、云南财经大学、云南民族大学、西北民族大学、扬州大学、甘肃政法学院、中国青年政治学院、广东外语外贸大学、中共中央党校、四川省社会科学院共35所院校为新增法律硕士培养单位，其中属于西南民族地区的院校为9所，即广西大学、广西民族大学、西南交通大学、西南科技大学、西南民族大学、贵州民族学院、云南财经大学、云南民族大学，四川省社会科学院。

从上可以看出至2011年止，全国共有法律硕士培养单位115所，其中西南民族地区占16所，其具体分布与获得时间如下：(1)重庆(共2所)：西南政法大学(1995)、重庆大学(2007)；(2)四川(共6所)：四川大学(1998)、西南财经大学(2003)、西南交通大学(2009)、西南科技大学(2009)、西南民族大学(2009)、四川省社会科学院(2009)；(3)云南(3所)：云南大学(1999)、云南财经大学(2009)、云南民族大学(2009)；(4)贵州(共2所)：贵州大学(2003)、贵州民族学院(2009)；(5)广西(共3所)：广西师范大学(2007)、广西大学(2009)、广西民族大学(2009)；(6)西藏自治区目前还没有获得法律硕士培养的单位。

## (二)西南民族地区法律硕士专业学位教育机构与人才培养现状

### 1. 西南政法大学[①]

西南政法大学是一所以法学为主，法学、经济学、管理学、文学、哲学等学科协调发展的多科性大学，是新中国最早建立的高

---

① 参见西南政法大学学校简介，http://202.202.80.13/se/html/5.htm，2011年4月10日访问。以下基于研究需要所引各网站资料，读者若需进一步了解，均以最新资料为准。

等政法学府之一。学校已经形成了从高等职业教育、本科教育到硕士研究生和博士研究生教育以及继续教育、留学生教育等多层次、多类型的人才培养格局;在法学教育方面,成为全国公认的规模最大,学科体系齐全,教学科研力量雄厚,社会贡献突出,在全国法律界有良好影响的高级法律人才培养基地。建校60多年来,学校共为国家培养了各级各类高级专门人才10多万人,是全国培养法学专门人才最多的学校。

西南政法大学设有民商法学院、经济法学院、法学院、行政法学院、国际法学院、法律硕士学院、刑事侦查学院、政治与公共事务学院、管理学院、经济学院、新闻传播学院、外语学院、应用法学院等13个学院,18个职能处(部)、室,5个教学辅助单位,有18个本科专业、2个专科专业、33个二级学科硕士学位和法律硕士学位授权点、11个二级学科博士学位授权点,是全国首批法学一级学科博士学位授权单位和全国首批法律硕士专业学位授权单位。学校有经济法学科和诉讼法学科2个国家级重点学科;法学省部级重点一级学科覆盖10个法学二级学科,政治学理论、新闻学2个省部级重点学科;国民经济学、外国语言学和应用语言学为省部级立项建设重点学科。学校拥有法学博士后科研流动站,6个省部级人文社科重点研究基地。在教育部对全国数百所高校的法学一级学科评估中,西南政法大学法学学科排名全国第六;在中国管理科学院科学研究所主持的大学研究生院二级学科评价中,西南政法大学经济法学科在全国同类学科中排名第一。

西南政法大学拥有一支数量充足、结构合理、素质优良、创新和攻关能力强的教学、科研队伍。西南政法大学现有教职工1404人,其中专任教师1044人。学校有国家级教学名师1人,享受国务院政府津贴的专家22人，入选“新世纪百千万人才工程”国家级人选1人、教育部“新世纪优秀人才支持计划”4人，获得“全国十大杰出青年法学家”称号的2人、提名奖的5人次，重庆市教学名师2人，重庆市“322重点人才工程”第一、二层次人才5人，获准设立“巴渝特聘教授”岗位2个，特聘教授2人，重庆市高校优秀中青年骨干教师35人，进入重庆市“优秀中青年骨干教师资助计划”序列59人。

2.四川大学法学院①

四川大学法学院现下设法律系与人口研究所。根据教学需要，设有法理、宪法与行政法、刑法、民商法、经济法、诉讼法和国际法教研室。

四川大学法学院现有教授15人，副教授26人，硕士生导师27人，博士生导师4人。

四川大学法学院坚持教学与科研并重，基础与应用并重的办学传统，是四川省法学人才培养基地。本科以培养系统掌握法学理论和知识，熟悉我国法律和党的相关政策，具有运用法学知识分析和解决问题能力的复合型高级人才为目标。本科学生主要学习法学的基本理论和基础知识，受到法学思维和法律实务的基本训练，具有运用法学理论和方法分析问题与解决问题、处理法律事务的基本能力。本科毕业生应获得以下几方面的知识和能力：掌握法学各学科的基本理论与基本知识；掌握法学的基本分析方法和技术；熟悉我国法律和党的相关政策；了解法学的理论前沿和我国法制建设的趋势；具有运用法学知识分析问题和处理问题的实际工作能力；掌握文献检索、资料查询的基本

---

① 参见四川大学法学院简介，http://fxy.scu.edu.cn/xyjs/ArticleShow.asp?ArticleID=877，2011年4月10日访问。

方法，具有一定的理论研究能力。在教学上，除教育部门规定的14门法学核心课程外，学院还开设了30余门的选修课，从2001级开始，试行学分制，并充分利用四川大学作为综合性大学的多学科优势，指导学生在全校范围内选修课程，拓展学生的视野；聘请有丰富司法实践经验和精深法学专业知识的司法干部为学院兼职教授，加强理论与实践的联系；组织和开展观摩审判、模拟审判、法律咨询、社会调查、专业实习等教学实践活动。

3. 云南大学法学院①

云南大学法学院设有三个系，一个法学本科专业和一个禁毒学本科专业，下设法理教研室、刑法教研室、民法教研室、宪法与行政法教研室、经济法教研室、国际法教研室；云南大学民族法研究所、云南省法学研究所、云南大学经济法律事务分析研究中心以及《云南大学学报·法学版》编辑部。法学院可招收民族法学专业的博士生。有法理学、经济法学、宪法与行政法学、民商法学、刑法学、法律专业硕士等硕士学位授予点。随着我国社会主义市场经济建设和民主法制建设对法律人才需求总量的进一步增长，云南大学法学院办学规模将日益扩大。

云南大学法学院的学科建设与发展独具特色。结合云南少数民族众多和与越南、老挝、缅甸接壤的区位优势，本着立足边疆、服务云南、面向东南亚的办学宗旨，云南大学法学院设立了民族法学学科和民族法学研究所。近年来，重点开展“民族法学”和“东南亚国家法律”研究，造就了一支高水平的研究队伍，大批有较高学术水平的著作和论文，在国内外产生了一定影响。目前，“民族法学”已发展成为省级重点学科。

① 参见云南大学法学院简介，http://baike.baidu.com/view/186878.htm#2，2011年4月10日访问。

云南大学法学院现有专任教师 91 人，其中教授 12 人，副教授 35 人；博士生导师 4 人，硕士生导师 30 人。拥有 1 个民族法博士学位授权；法学一级学科硕士学位授权，下设 9 个二级学科硕士学位授权（法学理论、法律史、宪法学与行政法学、刑法学、民商法学、经济法学、诉讼法学、国际法学、环境与资源保护法学），还有法律专业硕士学位授权。云南大学法学院建有两个符合国家标准的审判法庭，设施齐备，能充分满足模拟审判等实践教学活动的开展，目前正在筹建的东南亚法律实验室，建成后将极大提高实践、实训教学水平；学院还与昆明市中级人民法院等 10 多家法律实务部门共建实践教学实习基地，充分保障了学院实践性教学环节的开展。在学术交流方面，除与北京大学、中国人民大学、中国政法大学、厦门大学等国内知名大学长期保持交流外，还与美国、英国、挪威、越南、中国香港、中国台湾等国家和地区的大学开展广泛的学术交流。

4. 贵州大学法学院①

贵州大学法学院的前身是贵州大学法律系，它渊源于 1942 年成立的国立贵州大学法商学院。随着贵州大学被纳入国家“211 工程”重点建设大学的行列，法学院进入了以学科建设为龙头，以教学科研发展为中心，以师资队伍建设为基础，进一步整合资源，加强管理，全面快速发展的新时期。

贵州大学法学院现有法学、社会工作、政治学与行政学三个本科专业，有法学一级学科硕士点（涵盖法学 10 个二级学科）和人口学、社会学、政治学理论等二级学科硕士点及法律专业硕士授权点、社会工作专业硕士（SMW）授权点。已形成本科教育与

---

① 参见贵州大学法学院“学院简介”，http://law. gzu. edu. cn/? list－535. html，2011 年 4 月 10 日访问。

研究生教育并重，研修班、函授、社会培训等多层次、全方位的办学格局。截至 2010 年 9 月，贵州大学法学院有在读研究生 1150 人，统招本科生 643 人。贵州大学法学院现有教师 94 人，其中教授 18 人，副教授 39 人，具有博士学位和在职攻读博士学位的 19 人，具有硕士学位的 61 人，享受国务院特殊津贴 2 人，贵州省高校哲学社会科学学科学术带头人 2 人，省管专家 2 人，贵州省教学名师 2 人，校学科学术带头人和中青年学术骨干 10 人。

5. 西南财经大学法学院①

西南财经大学法学院是西南财经大学“211 工程”重点建设学院，经 2010 年国务院学位委员会第二十八次会议审议获批成为法学一级学科博士学位授权点，招收民商法学、经济法学、刑事法学、理论法学专业博士研究生；拥有法学一级学科硕士学位授权点，有权招收法学各专业硕士研究生，目前招收民商法学、经济法学、刑事法学、国际法学、法律经济学、法学理论、诉讼法学和法律硕士专业学位（JM）等 8 个专业硕士研究生。法学学科整体实力连续多年稳居全国财经院校前列。

西南财经大学法学院有四川省高校重点实验室“法治量化与信息工程”，法学专业为国家级特色专业、省级教学质量工程项目及省法学本科人才培养基地，法学一级学科是省级重点学科，经济法教学团队为省级优秀教学团队。拥有经济法、民法、刑法、国际经济法、商法 5 门四川省精品课程。西南财经大学法学院现有学生 1400 余人，其中，全日制在校本科生 700 余人，硕士研究生 700 余人，博士研究生 50 余人。20 年来，西南财经大学法学院累计培养毕业生近 3000 人，并为全国党政系统和金融

① 参见西南财经大学法学院“学院简介”，http://lawschool. swufe. edu. cn/version1/ShowClass. asp? BigClassName，2011 年 4 月 10 日访问。

系统完成研究生课程等各类培训千余人。

西南财经大学法学院积极推进“以科研促教学”“研学合一”“理论与实践并重”的发展思路。通过实施科研精品工程，强化科研激励机制，不断提高学院教师科研水平和科研成果质量。截至目前，西南财经大学法学院教师共主持国家及省部级科研课题80余项，仅2006年以来就获国家社科基金立项15项，其中“汶川大地震灾后恢复重建相关重大法律问题研究”获得国家社科基金重大招标项目立项。在《中国社会科学》《法学研究》《中国法学》《经济研究》《管理世界》等权威期刊上发表论文500余篇，并在法律出版社等知名出版社出版专著70余部。近几年来西南财经大学法学院共有50余项成果分别获得中宣部“五个一工程”奖、全国青年优秀社科成果奖、教育部社科成果著作奖、司法部法学教材与法学优秀科研成果奖、钱端升法学研究成果奖以及四川省哲学社会科学优秀成果奖等省部级以上奖励。

西南财经大学法学院建立了长效的科研奖励机制，采取多种措施鼓励和支持教职工多出科研成果。近年来西南财经大学法学院全院教职工出版学术专著41部，公开在《中国法学》《法学研究》《中外法学》等各类刊物上发表论文878篇(其中核心期刊以上文章有174篇)，承担和完成各类科研课题182项(其中国家级科研项目9项)，省社科优秀成果一等奖1项，二等奖3项，三等奖6项。

西南财经大学法学院现有法学院综合实验室(模拟法庭、刑事侦查实验室)、文书司法鉴定所等现代化教学设备，有法律硕士(JM)专用图书室、院图书资料室、专门的学生阅览室，有中文图书2万余册，中外期刊157种，是培养高级法学人才的理想摇篮。

6.广西师范大学法学院[①]

广西师范大学法学院成立于2005年12月,其前身的主体为原广西师范大学法商学院法律系,在整合原政治与公共管理学院的社会学系、社会文化与旅游学院的社会工作系的基础上组建而成的新的二级学院。学院下设法律系、社会学与社会工作系以及法制与社会发展研究所、WTO研究中心、法律援助中心、社会调查与研究中心等研究机构。广西法理学研究会、广西国际法学研究会挂靠在本学院。首任院长为广西首届十大杰出法学家、博士生导师周世中教授。

广西师范大学法学院拥有法学图书资料室、模拟法庭、法律诊所、多媒体教室、案例库、电子阅览室、物证技术分析室、社会调查实验室、学生活动室等教学与学生活动场所,学院主体在雁山校区。

广西师范大学法学院始终把师资队伍建设放在优先发展的战略地位,注重加强学科带头人和骨干教师队伍的培养,已形成一支由中青年教师组成的基础扎实、学识渊博、年富力强、视野开阔、锐意进取的师资队伍。学院现有教职工62人,有博士生导师3人,教授12人,副教授13人,讲师29人;教师中有博士学位13人,在读博士13人;有校级教学名师1人,广西"十百千人才工程"第二层次人选1人,广西高校优秀人才资助计划人选1人,广西十大杰出法学家2人。

广西师范大学法学院科研力量雄厚,科研成果显著,学院教师目前承担国家级课题8项,国际合作课题2项,省部级课题15项,横向合作研究课题2项。近年来,全院教师出版学术专著和

① 参见广西师范大学法学院"学院介绍",http://www.law.gxnu.edu.cn/GaiShu_xyjs.asp,2011年4月10日访问。

教材30多部,发表论文500多篇。科研成果获省部级一等奖1项,二等奖10多项,学院教师还在全国和省市学术机构和法律实践部门兼职,积极参与国家和地方法治建设。

广西师范大学法学院法学专业始建于1992年,1998年开始招收法学专业本科生,2001年招收社会学和社会工作专业本科,现有法学、社会学、社会工作3个本科专业,有法学和社会学等函授、自学考试本科和专科专业。1995年起招收法哲学硕士研究生,2001年招收法学理论硕士研究生,2004年招收社会学、国际法学专业硕士研究生,2006年获得宪法与行政法学、社会保障的硕士授予权,2007年获得法律硕士专业学位授予权,2009年获社工专业学位授予权;现拥有法学理论、国际法、宪法与行政法学、社会学、社会保障、法律硕士、社工硕士7个硕士学位授予点,形成了研究生与本、专科生并存,全日制教育与成人教育并举的多层次办学结构。

广西师范大学法学院多年来致力于人才培养和教学改革,立足广西,面向全国,培养适应社会需要的法学、社会学、社会工作专门人才,多数毕业生已成为各条战线的骨干。学院共培养了本科生3000多人,专科生2000余人,硕士研究生500多人,在职研究生2000多人,为广西的法制建设和社会发展作出了应有的贡献。目前学院有全日制在校硕士研究生430人,全日制本科生1100多人,在职法律硕士80多人,在职研究生班学员600多人,函授自考生1000多人。法学专业是国家级特色专业建设项目,"应用型法律创新人才培养基地"是广西创新人才培养基地建设项目,法学院承担为全区乃至全国司法、社会经济发展等战线培养更多合格高素质人才的光荣使命,正在朝应用型民族地区一流师范大学法学院的目标迈进。

7.重庆大学法学院①

重庆大学法学院具有环境与资源保护法学博士学位授予权、法学一级学科硕士学位授予权和法律硕士(JM)专业学位授予权,在法理学、宪法与行政法学、民商法学、国际法学、法律硕士等专业招收研究生,并设有法学本科专业1个。环境与资源保护法学是重庆市重点学科、经济法学是重庆市重点建设学科。

重庆大学法学院依托重庆大学作为拥有研究生院的综合性大学优势,加强自然科学、工程科学与社会科学的交叉与融合,在环境与资源保护法学、经济法学、法理学、民商法学等学科领域形成了特色与优势。经过辛勤耕耘和持续发展建设,目前学院已积聚了较为雄厚的实力和丰富的办学经验,并荟萃了一批法学界具有较大影响的专家、学者,逐渐成为我国西部地区具有广泛影响,享有良好声誉的法学教育与研究基地。学院现有教职工50余人,其中教授12人,副教授17人,在校博士生100余人、硕士生400余人及本科生600余人。

8.广西大学法学院②

广西大学法学院于1997年成立。学院着重培养具备"三个一"素质(即"一颗公心、一支硬笔、一张铁嘴"),突出知识和技能,着重为地方民主与法制建设服务的应用型法律通才。20多年来,全体教职员工以创建名牌学院为目标,爱岗敬业,积极进取,艰苦创业,各项事业均获得迅猛发展。

目前,广西大学法学院已形成以硕士研究生教育为龙头,全

---

① 参见重庆大学法学院"学院简介",http://law.cqu.edu.cn/xygk/,2011年4月10日访问。

② 参见广西大学法学院"学院简介",http://law.gxu.edu.cn/ChirldPage.aspx?classID=2&parentID=1&typeID=1,2011年4月10日访问。

日制本科教育为主体，成人系列本科教育、专科教育为两翼的完整的法学教育体系；设法学本科专业；拥有法学理论、宪法与行政法学、民商法学、经济法学、刑法学、国际法学、诉讼法学、环境法学等8个硕士点及研究生班。另外还承担全国高等教育自学考试(广西)法律、律师、经济法学专业的主考任务。广西大学法学院业已发展成为广西壮族自治区的法学科学研究基地、法律人才培养基地和法制决策咨询基地。

法学专业是自治区重点建设学科、自治区高校重点学科、广西大学“211工程”重点建设学科。教学改革与专业建设取得突出成绩，以教学管理改革为内容的课题“以人为本，制度为先——地方大学法学院教学改革研究与实践”获广西壮族自治区第四届优秀教学成果一等奖，以法学专业人才培养模式改革为内容的课题“一般院校法学专业建设和人才培养模式改革问题研究与实践”获广西壮族自治区第五届优秀教学成果一等奖。

广西大学法学院现有各类在校学生2469人，其中全日制硕士研究生64人，本科生500人，在职研究生95人，自学助考班和成教生1810人。本科学生综合素质和竞争能力全面提升，已能与全国知名法学院校同台竞争。英语四级通过率连续多年名列广西高校第一；在2004年和2005年JESSUP国际法模拟法庭中国赛区选拔赛中，法学院代表队力战群雄，分别取得大赛第十四名和第十名的佳绩。

广西大学法学院现有教职工40人，专任教师35人，其中教授9人(博士生导师1人)、副教授16人。已获得博士学位14人，正在攻读博士学位4人，具有副高职称以上的教师占教师总数71%，具有博士研究生学历(含在读)的占教师总数51%，具有硕士学位以上的教师占教师总数83%，形成了一支职称、学历、年龄和学缘结构合理的以中青年教师为主体的教师队伍。其中1人获得全国“五一劳动奖章”,1人被评为国家级教学名师,1人被评为全国优秀教师,2人享受国务院政府特殊津贴,2人入选广西“十百千人才工程”,2人列入“广西高校百名中青年学科带头人资助计划”,3人被授予广西“杰出法学家”称号。法学院教师积极参与地方法制建设,在自己的岗位上做出了应有贡献,其中12人受聘为自治区人大、自治区检察院、自治区纪委等单位的立法咨询专家、法律咨询专家和政策与决策咨询专家,为自治区人大、政法委等领导干部做法制报告120余次,产生了广泛的社会影响。

广西大学法学院现拥有4300平方米的教学办公大楼、下设东盟法研究中心、人权与地方法制研究中心、财产法研究中心、金融法研究中心、刑事司法研究中心、环境法研究中心以及法学理论、刑法、民商法、经济法、国际法教研室、法律实践教研室;设有专业资料室、电子阅览室、模拟法庭等教学辅助机构。

9.广西民族大学法学院①

广西民族大学法学院的前身为广西民族学院政治系(创建于1960年6月,是学校最早成立的3大系之一)法学教研室。1997年,开办法学专业专科;1999年,办学层次上升为法学本科,同时增设法律事务高职专科。2003年,政法学院设立理论法学、实体法、程序法3个教研室,形成了法学院的初步规模。2010年2月,法学院正式成立。

长期的法学教育为广西民族大学法学院的发展搭建了良好的平台。广西民族大学法学院现有与中国法学会合作的培训基

① 参见广西民族大学法学院简介,http://law.gxun.edu.cn/show.asp? id=61,2011年4月10日访问。

地1个,即中国—东盟法律培训基地;研究中心1个:中央和地方共建的"民族地区政治与法治建设研究中心"。

广西民族大学法学院确立"以国家法教学与研究为基础,以东盟法、民族法研究为特色"的发展思路,全面贯彻学校"国际性、民族性、地方性"的办学定位宗旨,正面临良好的发展机遇。广西民族大学法学院现有刑法学、诉讼法学、法律硕士3个硕士点。现有在校硕士研究生135人。法学一级学科是自治区规划和建设的硕士学位授权点建设单位。

广西民族大学法学院设有法学本科专业一个,现有在校本科生745人。

广西民族大学法学院现有教职工34人,其中专任教师27人,兼职教师11人,教授13人,副教授11人,讲师9人;博士(包含在读)13人(其中留越越南法博士2人,留泰泰国法博士1人),硕士12人。设法学理论、诉讼法、刑法、宪法与行政法、民法与经济法、国际法等6个教研室;中国—东盟法律研究中心、中国—东盟法律信息中心、民族法治研究中心、知识产权研究中心等4个研究中心。

广西民族大学法学院教师自2005年以来,承担国家社会科学基金课题3项,省部级课题15项,出版著作和教材10余部,发表学术论文300余篇,获省部级一等奖1项,二等奖3项,三等奖2项。

广西民族大学法学院始终坚持社会主义办学方向,以专业特质培养为导向,坚持"树立一身好品格,精通一部好经典,撰写一篇好文章,练就一副好口才,通过一次国家考试"的法学人才成才标准,以培养高素质复合型的法律专业人才和民族干部为己任,不断改革培养模式,突显特色办学优势,为中国—东盟自由贸易区、民族区域自治制度的不断完善提供专业人才支撑，为国家改革开放、当代广西新发展贡献力量。

10. 西南交通大学人文社会科学学院①

西南交通大学人文社会科学学院由唐山铁道学院马列主义教研室逐步发展而来。1951 年成立唐山铁道学院马列主义教研室。1984 年 11 月成立了学校第一个文科系——社会科学系。1996 年 4 月成立西南交通大学人文社会科学学院。人文社会科学学院是我校人文社会科学教学、研究的一个重要基地，也是学校人文社会科学建设与发展的母体。西南交通大学人文社会科学学院现设有政治理论课教研部（包括马克思主义基本原理教研室、毛泽东思想—邓小平理论—“三个代表”重要思想概论教研室、中国近现代史教研室）、政治学系（包括政治学教研室、世界经济与政治教研室）、法学系（包括理论法学教研室、诉讼法学教研室、民商经济法学教研室）、国际经济系（经济学教研室、国际贸易教研室），有 6 个校级研究中心、4 个院级研究中心、14 个教学实践基地以及综合实验室、信息中心。西南交通大学人文社会科学学院现有马克思主义基本原理、思想政治教育 2 个二级学科博士点，有马克思主义理论一级学科硕士点 1 个、二级学科硕士点 11 个，拥有国际经济与贸易、经济学、法学、政治学与行政学 4 个本科专业。现有在校本科生 1142 人，研究生 218 人，成人学生 300 余人。学院承担全校大部分本科生及研究生的思想政治理论课程与文化素质课程，以及学院 4 个本科专业、硕士点、博士点的课程。学院教学科研成绩突出，2002 年以来，获得省级教学成果奖 6 项、科研成果奖 7 项，获得国家社科基金

① 参见西南交通大学人文社会科学学院“学院概况”，http://202.115.65.97/class/xygk/xygk01.shtml

项目5项、省部级科研教改项目26项，发表论文400多篇，其中CSSCI期刊论文36篇，核心期刊论文72篇，出版教材、专著、译著等46部。

西南交通大学人文社会科学学院拥有一支高水平的师资队伍，现有教职工94人，其中专任教师75人，教授13人，副教授29人，讲师22人，助教11人，并聘请有一批著名专家、学者担任兼职教授。教师中具有博士学位的教师22人、具有硕士学位的43人、具有学士学位的10人、在读博士14人、在读硕士1人。具有博士学位的教师占学院专任教师的比例为29%，具有硕士学位的占专任教师的比例为58%，具有学士学位的占专任教师的比例为13%，具有硕士、博士学位的占专任教师的比例为86.6%，从动态来看，随着在读博士的毕业以及新调入，人员基本上以博士为主。西南交通大学人文社会科学学院具有博士学位的教师占专任教师的比例将进一步提高，“十一五”期间将会超过45%。教师中有校外学缘者占86%，有留学经历者7人。

西南交通大学是教育部直属重点大学，是一所以工科为主，工、理、管、经、文、法等诸学科并举发展的大学，是我国铁路交通运输行业和西部地区高层次专业管理人才的主要培养基地，是国务院学位委员会首批批准的博士、硕士学位授予单位，也是国家实施“211工程”重点建设并列入国家优势学科创新平台建设的全国重点高校，2000年经教育部批准设立研究生院。

西南交通大学为开展法律硕士(JM)专业学位教育已经进行了多年的准备，2000年正式成立了法学系。目前下设理论法学教研室、民事与经济法学教研室、诉讼法学教研室、刑法与行政法学教研室、知识产权与技术创新中心、交通运输法律研究中心、中国法制建设研究中心、法律援助中心等教学科研机构，组建了JM专业学位培养的专职师资队伍和校外兼职教师队伍，建设了较高标准的模拟法庭、案例讨论室、JM专用教室、心理测评与咨询实验室、电子政务综合实验室和交通安全工程与管理实验室，正在筹建物证技术研究与监测中心等教学实践基地，并拥有藏书丰富、管理规范的信息资料中心，制定了JM专业学位的培养方案和教学计划，已经完全具备了培养JM专业学位研究生的基本条件。

同时，西南交通大学还有理论法学、经济法学、中外政治制度、思想政治教育、马克思主义基本原理、马克思主义中国化研究、交通运输规划与管理、行政管理、计算机应用技术、管理科学与工程、企业管理等一大批与JM专业学位教育相关的博士点、硕士点，取得了大量有重要影响的科研成果，形成了对JM专业学位教育强有力的支撑。西南交通大学JM专业学位教育的发展定位是:交通法(尤其是铁路法)专门人才培养基地、西部地区高水平的法律职业与交通运输专业技能相结合的复合型人才培养基地。(1)学科专业特色。依托该校以工为主、多学科发展的学科优势，设置以交通法(铁路法、道路交通法、海运水运及航空法)为特色的专业方向，培养具有交通工程专门知识背景的高水平、宽基础、实务型的法务人才。(2)职业导向特色。针对交通运输特定领域的社会需求，以铁路和城市交通为主的立法、司法和执法为职业导向，为交通部门和相关国家机关培养专门化、高素质，具备技术和工程背景的有一定广度和深度的专业型法律人才。(3)实践教学特色。在长期的办学过程中，该校已建立了模拟法庭、交通运输法研究中心、知识产权与技术创新中心、中国法制建设研究中心、法律援助中心、政法经济社会服务中心、心理测评与咨询实验室、电子政务综合实验室、安全工程与政务管理实验室，同时正在筹建物证技术研究与监测中心，知识产权学院，拥有电子政务模拟系统、测评培训系统等一批专业管理软件和相应的硬件设施，能够实现法律现象及其发生过程的模拟（如交通事故的发生过程模拟），进行典型化、情景化和模拟操作，以提高和强化管理者、纠纷处理者在复杂多变的境况中从容面对和正确处理各种复杂交通运输事务和疑难案件的能力。

11. 西南科技大学法学院[①]

西南科技大学1996年正式举办法学专业并招收第一届法学专业本科学生，同年，学校调整学科专业结构，成立经济与法律系，法学专业归属经法系。2000年在全校文科类专业中第一个获得硕士（经济法学硕士）学位授予权。随着法学学科专业建设水平的不断提高，2001年，西南科技大学法学院正式成立，设有法学本科专业和经济法硕士点。为进一步整合资源，2005年，学校社会科学学院并入法学院，开始承担全校思想政治理论课建设和教学，并负责政治学与行政学本科专业建设。2006年，应用心理学专业首届招生。2009年，思想政治理论课建设与教学、政治学与行政学本科专业划转新成立的政治学院。在法学院改革发展的过程中，始终坚持并保证了法学学科、专业的快速发展不动摇，高度重视应用心理学新办专业建设不松懈，经过10余年的努力，法学院走出了一条追赶式、跨越式发展的成功之路。

西南科技大学法学院现设有法学、应用心理学2个本科专业，有经济法、刑法2个硕士学位授予权点，有法律硕士专业学位授权点。学院现有全日制本科生、研究生1000余人。法学专

---

① 参见西南科技大学法学院简介，http://www.law.swust.edu.cn/BigClass.asp?Typeid=2&Bigclassid=5，2011年4月10日访问。

业为第一批次录取招生。2008年学院的法学专业在武汉大学科学评价研究中心发布的“中国大学本科教育分专业排行榜(192个)”中获得了A级的评价,在被统计的全国415所高校的法学专业中排名第76位,在四川省列第3名。2009年国家教育部学位与研究生教育发展中心公布2007—2009年全国高校学科评估排名,西南科技大学法学院法学学科排名位列第34名,省内排名第2位。

西南科技大学法学院现有专职教师51人,其中正教授8人,副教授17人,讲师26人。具有硕士以上学位的教师占96%,其中有博士6人,在读博士5人,1名教育部“新世纪优秀人才支持计划”获得者,1名四川省学术带头人后备人选。

近年来,西南科技大学法学院强化特色优势学科和特色专业建设,积极服务于绵阳科技城和西部区域经济、社会发展需要。2004年四川省级法学学科重点研究基地——四川省犯罪防控研究中心成立,中心设在西南科技大学法学院。2007年,西南科技大学法学院被批准为四川省哲学社会科学重点研究基地,为全省高等院校教师开展犯罪研究,与司法实践部门共同合作开展犯罪防控与犯罪人的改造及社会法研究提供平台。近年来西南科技大学法学院承担了绵阳地方司法机关、公安机关、教育管理机关委托的黑社会性质有组织犯罪的防控、监狱减刑假释听证程序设计、汶川地震灾后重建中纠纷解决机制研究、服刑犯罪人的心理矫正、警察心理咨询与辅导、灾区中小学生心理辅导等课题的研究。出版专著、教材30余部,发表论文数百篇,主持和主研了多项国家社科基金项目和部(省)级科研项目,获省市级科研成果二、三等奖30余项。西南科技大学法学院十分注重开展学术活动,近年来,先后有30余位国内外知名专家来学院讲学，西南科技大学法学院成功举办了“中国犯罪学年会暨中日犯罪防治与和谐社会构建研讨会”“宽严相济的刑事政策与和谐社会建设研讨会”“海峡两岸刑事司法发展趋势研讨会”三次大型学术会议。

西南科技大学法学院坚持以本科教育为重点，积极发展研究生教育，努力为西部地区培养宽口径、厚基础、强实践、重创新，适应经济社会发展需求，具有艰苦奋斗精神的高级应用型人才。西南科技大学法学院已经建成标准化的模拟法庭，拥有先进仪器的心理测试中心；建设有可以对外从事司法鉴定业务的物证技术实验室，教学科研仪器设备总值 300 余万。西南科技大学法学院拥有独立的法学、心理学图书分馆，中外文书刊文献 60000 余册，国内外报刊、电子出版物等 100 余种，购置专业数据库，提供国内外法律信息资源查询。10 余年来，西南科技大学法学院已经向国家和社会输送了 2000 多名本科、研究生人才，学院毕业生以其基础知识扎实，动手能力强，深受用人单位和社会各界的好评。

12. 西南民族大学法学院①

西南民族大学法学教育始于 1952 年为培训民族地区司法干部而兴办的“司法专业”。1986 年成立法律系，招收法律专业本科生。2000 年法学院设立。

西南民族大学法学院的法学专业是四川省“法学本科人才培养基地”“国家级特色专业”“四川省特色专业”和校级“示范性专业”，法学理论学科是国家民委和四川省重点学科。

西南民族大学法学院现有教职工 75 人，在 63 位专任教师

---

① 参见西南民族大学法学院简介，http://222.210.17.171/fxy/page.asp? id=29，2011 年 4 月 10 日访问。

中教授7人、副教授22人、博士13人、在读博士14人,有研究生学历的教师占专任教师的87%。教师中有四川省有突出贡献专家1人,四川省学术技术带头人后备人选2人,四川省师德标兵1人,校学科带头人2人,校教学名师1人,校优秀教师和优秀教育工作者5人,四川省优秀教学团队1个。

西南民族大学法学院高度重视学科(专业)建设,现有"民族地区经济发展与法制保障"博士培养方向(隶属于学校"中国少数民族经济"博士点)、法学硕士一级学科点、法律硕士点和法学专业,是国家"政法干警招录体制改革试点"招生单位和学校双学位培养单位。

西南民族大学法学院法学专业作为四川省法学本科人才培养基地和国家级特色专业,长期坚持面向民族地区和少数民族服务的办学方向,以民族平等和民族团结为教育重点,突出民族地区法治建设和民族法学教学与研究;注重实践教学,致力于学生创新能力和实践能力的培养。除专门设立刑侦与物证技术、模拟法庭、模拟仲裁庭等实验(实践)机构为学生搭建校内实践平台外,与四川省农民工法律援助工作站、武侯区人民法院、武侯区人民检察院、成都市总工会、成都仲裁委员会、凉山州人大常委会、泰和泰律师事务所、云南千和律师事务所、武侯区司法局、名川律师事务所等14家单位互建"实践教学基地"和"理论研究基地",并聘请20余位法官、检察官、律师为客座教授(兼职导师)强化学生实践能力的培养。同时,西南民族大学法学院通过诊所法律教育、社区法律咨询和法制宣传、学生法律援助、暑期社会实践等活动,增强学生创新能力。法学理论学科作为省部级重点学科,主要以"民族法学"为特色研究方向,形成了比较合理的学术梯队,研究成果丰硕,相关老师参加了国家社科基金重大招标项目的研究，多位老师主持了国家社科基金项目研究。

西南民族大学法学院一贯奉行“以教学带动科研，以科研促进教学，教学科研相长”。西南民族大学法学院下设法理学与法史学、宪法与行政法、民商法、经济法、刑法、国际法、诉讼法等7个教研室和西南民族大学民族法学研究所、西南民族大学宪政制度研究中心、西南民族大学环境与资源保护法研究中心等科研机构。西南民族大学法学院教师热心教学科研事业，教学科研成绩突出，近5年来，主持、参与省部级以上科研项目25项，其中国家社科基金项目7项；获省部级以上教学、科研奖励20余项；出版著作、教材30余部，发表学术论文300余篇；承担4门省级精品课程和11门校级精品课程的建设工作；有16人/次获学校教学质量奖、青年教师授课技能大赛、电子课件大赛一、二、三等奖；民族法学教学团队是“四川省优秀教学团队”。

西南民族大学法学院十分关注人才培养质量，25年来毕业的5000多名学生受到用人单位的普遍好评，并涌现了全国人大代表、全国优秀法官和全国检察业务专家等多人。

13.贵州民族学院法学院[①]

贵州民族学院法学院的前身是1986年5月经国家教委批准成立的贵州民族学院法律系。1986年9月开始招收法学本科专业。1993年，增设涉外经济法专科专业。1998年增设国际经济法本科专业。1999年，按照教育部“宽口径、厚基础”的要求，将法学和国际经济法合并为一个法学本科专业。法学是我校的品牌和优势学科，是贵州省唯一的法学省级重点学科和省级示范性专业。2003年经教育部批准，与西南政法大学联合培

① 参见贵州民族学院法学院简介，http://www.gznc.edu.cn/yxsz/fxy//plus/view.php? aid=898，2011年4月10日访问。

养刑法专业硕士研究生，至今已毕业 3 届总计 21 人。2006 年学校获得硕士学位授予权，现有刑法学、经济法学以及高校教师在职攻读硕士学位授予点，并在社会学、民族学硕士点分别设有法社会学及民族法学方向，在读硕士研究生 135 人。

贵州民族学院法学院现有教授 17 人（其中在校外兼职任博导的 5 人），副教授 23 人，讲师 8 人。教师中获得博士学位的 16 人，占专任教师总数的 50%，另有在读博士 3 人，85%的教师具有硕士以上学位。法学院现有 2 位国务院特贴专家，5 位省管专家，1 位省政府津贴专家，2 位贵州省高校哲学社会科学学术带头人，11 位校级学科带头人，12 位硕士研究生导师。教师中 82%以上为有着丰富法律实践经验的兼职律师或兼任仲裁员、人民陪审员、特约检察员。自 2002 年开展“法律诊所式”教学以来，先后从省内外司法机关聘请了 53 名实践经验丰富的法律工作人员作为兼职教师。

贵州民族学院法学院下设 5 个教研室、6 个研究所、1 个贵州省高校人文社科研究基地（法制与民族地区发展研究中心）、1 个刑事侦查实验室、1 个图书资料室、1 个模拟法庭和 11 个法律诊所以及教学实习基地。其中，5 个教研室包括综合教研室、刑法教研室、民商法教研室、经济法教研室和诉讼法教研室，5 个研究所包括民族法学研究所、房地产法学研究所、教育法学研究所、国际经济法学研究所、信托法学研究所和农村经济法制研究所。刑事侦查实验室配有指纹捺印仪、指纹比对仪、放大镜、翻拍仪以及刑事照相机等仪器设备。学院资料室藏书 1.2 万余册，光盘 300 多盘，订阅国内期刊 120 多种，外文资料 10 多种，并建立有规范的教学管理制度。

14. 云南财经大学法学院①

云南财经大学法学院成立于2000年3月，现有一个法学本科专业，经济法学、法学理论和民商法三个硕士点。

云南财经大学法学院现有正式在编教职工32人，本科学生14个班639人，在校硕士研究生86人，设有5个专业教研室，1个研究生教研室；专任教师26人，专任教师中教授2人，副教授10人，讲师11人，助教3人；博士5人，硕士或研究生学历16人，其中在读博士3人。专职教师毕业于北京大学、中国人民大学、清华大学、华中科技大学、厦门大学、西南政法大学、云南大学等知名高校，师资力量雄厚，学历、职称、年龄结构合理，具有较强的教学和科研能力，在全国法学本科教学评估中达到良好以上水平。

云南财经大学法学院依照“求实创新”的校训，采取一系列有力的办学措施，在抓好专业理论教学的同时，特别注重学生实践能力的训练与提高，通过“每周一讲”、“每月一辩”、每周案例录像、模拟法庭审判、参加社会实践等活动，使学生综合素质得以提升，办出了专业特色。2005年经省司法厅批准，正式成立云南省司法厅法律援助中心——云南财贸学院的法律援助站，指导该院学生对广大师生提供法律咨询和法律援助，得到广泛的支持和好评。

15. 云南民族大学法学院②

云南民族大学法学院的前身为法学与公共管理学院，是云

---

① 参见云南财经大学法学院，http://baike. baidu. com/view/2059401. htm # sub2059401，2011年4月10日访问。

② 参见云南民族大学法学院，http://baike. baidu. com/view/2047179. htm # sub2047179，2011年4月10日访问。

南民族大学成立最早并享有良好办学声誉的学院之一。1951年云南民族大学建校时设立“政训部”，1972年改建为“政治系”，1977年开始招收本科学生，1987年更名为“政治法律系”，2002年更名为法学与公共管理学院，2007年6月组建法学院。

云南民族大学法学院现有法学、政治学与行政学、国际政治3个本科专业，经济法、民商法、民族理论与政策、政治学理论、国际政治、法律专业硕士(JM)等6个硕士学位点。有法学、政治学、马克思主义民族理论与政策3个专业教研室，民族法学、民族理论、政治文化3个研究中心。

云南民族大学法学院拥有一支师德高尚、教学经验丰富、治学严谨、科研实力强的教师队伍。在职教师35人，其中，具有正高职称教师9人，副高职称教师10人，中级职称教师11人。在学历结构上，有博士6人(其中在读博士2人)。青年教师中，具有硕士学位的占90%。已逐步形成了专业结构、职称结构、学历结构、年龄结构相对合理的师资队伍。1978年至今该院教师已在国内多种刊物上发表了大量的学术论文，出版专著、教材多部，主持、参与并完成了多项国家级、省级科研课题，并有多项科研成果和教学成果获奖。

16. 四川省社会科学院[①]

四川省社会科学院下属的法学研究所于1987年成立。法学研究所拥有一支理论功底深厚、结构合理的法学科研教学队伍，已在公司、证券、企业产权制度、破产法律制度、知识产权法律制度等经济法学、民商法学领域理论及应用研究方面形成了优长学科。1996年正式开始招收经济法研究生，2004年开始招

① 参见四川省社会科学院，http://www.sass.cn/s.asp?newsid=1，2011年4月10日访问。

收民商法学研究生，具有法学硕士学位授予权。

法学研究所现有专职科研教学工作人员 25 名，其中研究员 5 名（包括两名省学术带头人）、副研究员 6 名，助理研究员 13 名，行政人员 1 名。专职科研教学人员中博士 8 名，在读博士 2 名，硕士研究生 16 名，其中，享受国务院特殊津贴专家 1 名，省学术技术带头人 2 名，省学术技术带头后备人选 3 名。该所先后承担过“八五”“九五”及“十五”多项国家社科基金课题和部、省法学重点课题的研究，出版了一批在全省乃至全国有影响的学术成果，在省内法学界享有较高的学术地位。在开展基础理论研究的同时，法学研究所科研人员还面向改革开放实践，在经济法学与民商法学应用对策研究方面也取得显著的成绩，参加过国家证券法、破产法和省内地方性法规的立法起草工作，并为省内一些重要政策的制定提供了不少咨询建议，得到有关部门的重视和采纳。与此同时，法学研究所还进行开门办所的尝试，创立了四川社科律师事务所，现有专兼职律师 20 余名，并与众多的省内党政机关、司法部门和企事业单位建立了广泛良好的合作关系。历经数载耕耘，法学研究所已形成法律人才集中、智力密集的特点和优势，成为四川省重要的法学理论、经济法学和民商法学研究教学基地。

## 三、西南民族地区法律硕士专业学位教育的成就与问题[①]

### （一）西南民族地区法律硕士专业学位教育的成就

在基本完善的法律硕士专业学位培养体系的形成、法律硕士专业学位教育规模与结构的发展、法律硕士人才培养的数量和质量、法学科学研究与学科建设、具有特色的法律硕士人才培养模式的探索等方面，西南民族地区的法律硕士专业学位教育与人才培养都取得了突出的成就。

#### 1. 法律硕士专业学位教育形成了基本覆盖西南民族地区的格局

西南民族地区基本形成了覆盖西南民族地区各省、自治区、直辖市的法律硕士培养单位的合理的地域分布格局。除了西藏，西南民族地区各省、自治区、直辖市都拥有了 2 所或 2 所以上的法律硕士培养单位。

截至 2010 年底，全国共有法律硕士培养单位 115 所，西南民族地区占 16 所。其中，重庆占 2 所：西南政法大学、重庆大学；四川占 6 所：四川大学、西南财经大学、西南交通大学、西南科技大学、西南民族大学、四川省社会科学院；云南占 3 所：云南大学、云南财经大学、云南民族大学；贵州占 2 所：贵州大学、贵州民族学院；广西占 3 所：广西师范大学、广西大学、广西民族大学。

---

① 这一部分主要参考了郭捷《中国法学教育改革与法律人才培养》，中国法制出版社，2007，第 26—42 页。

西南民族地区高等法学教育机构主要是综合大学的法学院系，以西南政法大学、四川大学法学院和云南大学法学院为代表。这些机构培养法学人才的实力和条件比较好，无论在质还是量上，都是西南民族地区法学教育事业的重要力量，在努力与全国总体平均水平保持一致的同时，也对西南民族地区其他各地的法学教育发展起着示范、引导和辐射的作用。

四川大学法学院坚持教学与科研并重，基础与应用并重的办学传统，是四川省法学人才培养基地，设有法理、宪法与行政法、刑法、民商法、经济法、诉讼法和国际法教研室。研究生有刑法学、诉讼法学、民商法学、人口学、宪法学与行政法学、经济法学、法理学硕士学位授予点及法律硕士专业学位授予点，2001年获得法学博士学位授予权。该校法学院诉讼法学研究颇具实力，成为西南民族地区第一个诉讼法学博士点，其中1998年获得法律硕士专业学位点。为适应培养复合型跨世纪人才的需要，创造条件和司法机关联合建设教学实习基地，开辟与社会各界联合办学的新途径，把四川大学法学院办成西南地区的一个拥有多专业层次的高水平的法学高等教育园地和复合型、研究型与应用型相结合的法律人才的培养基地。

云南大学民族法学学科实力雄厚，拥有授予法学博士学位的民族法学一级学科博士授权，可在民族学、马克思主义民族理论与政策、中国少数民族经济、中国少数民族史、中国少数民族艺术学科招收培养博士研究生。除以上二级学科外，还自主增设了民族法学、民族政治与公共行政、民族生态学博士。

2.法律硕士人才培养的能力增强，人才培养质量不断提高

改革开放后，在适应依法治国宏观战略和高等教育体制不断改革的形势下，经过20多年的努力，西南民族地区法学教育

机构的数量、规模和各类法律专门人才的培养方面都有了很大的发展。

从法学教育机构的类型上看，既有历史悠久、培养实力较强的综合性大学，如四川大学、云南大学；又有近年发展起来的多科性大学中非文科院校设立的法律院系，如西南科技大学、西南交通大学等。西南民族地区除西藏以外，都有了自己的法律硕士培养机构。法学教育规模的扩大和机构的增加，法学教育与人才培养的总体能力的提高，为西南民族地区法学教育事业的发展提供了重要保障。

西南民族地区法学院校积极探索和实践法律硕士人才培养目标，进行专业建设、课程体系、教学内容和教学方法改革，教育质量稳步提高，社会评价和声望较高。以云南大学法学院为例，云南大学法学院下设法律系、禁毒系、知识产权系、法学实验室、《云南大学学报(法学版)》编辑部、法律援助站和民族法学研究中心、东南亚国家法律研究中心等9个研究中心，开设法学和禁毒学2个本科专业。拥有1个民族法博士学位授予权；法学一级学科硕士学位授予权，下设9个二级学科硕士学位授予权(法学理论、法律史、宪法学与行政法学、刑法学、民商法学、经济法学、诉讼法学、国际法学、环境与资源保护法学)，同时还设有法律专业硕士学位授予权。法学院是云南省最主要的法学教育与研究基地，结合云南少数民族众多和与越南、老挝、缅甸接壤的区位优势，重点开展“民族法学”和“东南亚国家法律”研究，形成了自己的优势和特色，在国内外具有较高影响。学院建有两个符合国家标准的审判法庭，设施齐备，能充分满足模拟审判等实践教学活动的开展，目前正在筹建的东南亚法律实验室，建成后将极大提高实践、实训教学水平；学院还与昆明市中级人民法院等10多家法律实务部门共建实践教学实习基地，充分保障了学院实践性教学环节的开展。在学术交流方面，除与北京大学、中国人民大学、中国政法大学、厦门大学等国内知名大学长期保持交流外，还与美国、英国、挪威、越南、中国香港、中国台湾等国家和地区的大学开展广泛的学术交流。这说明了西南民族地区法律专业硕士学位教育培育能力的不断增强，这必然不断促进法律硕士人才培养质量的提高。

3. 积极开展学术研究，法学学科建设成就显著

可能再没有任何其他地方能像西南民族地区的高校那样有着发展特色学科研究的巨大优势和有利条件了。由于特殊的地理环境、社会和民族宗教历史传统的原因，西南民族地区有着无比丰富的法律文化研究资源。多年来，西南民族地区许多法学院在确立学科发展定位时，都努力结合地域性研究特色，大力发展特色研究领域。

如，贵州是一个多民族省份，在籍少数民族49个，其中世居民族17个，少数民族人口1333万，占全省总人口的38%，各民族大聚居而形成的深厚的民族文化，为民族文化研究提供了得天独厚的条件。贵州民族学院法学院依托贵州深厚的民族文化氛围，突出民族特色，利用贵州民族学院法学院地处西南民族地区的优势，民族法学研究起步较早，成果较多，影响较大，研究方向独具特色，在贵州省法学教育和科研方面始终处于领先地位。贵州民族学院设有民族法研究所，在西南民族地区少数民族习惯法研究方面走在全国的前列。这些具有浓郁地方特色的优势学科研究领域，开拓了新的学术研究领域，为弘扬祖国优秀的法律文化做出了重要贡献。贵州民族学院法学院结合自己的科研优势，在法律硕士人才培养过程中增设了民族法学相关课程，如

“少数民族刑事政策与民族法制”“民族地区司法制度”“少数民族民事习惯法概论”和“法人类学”，为其他高校和社会事务实践部门培训民族法律人才，为西南民族地区培养民族法制人才。

贵州民族学院法学院根据自己的科研优势，重点面向民族地区招生，将大力培养为民族地区服务、为少数民族服务的专业人才作为办学宗旨。民族法学课程立足于培养从事民族法学研究的理论型人才和培养民族法学司法实务的应用型人才，把自己的科研与人才培养定位在为西南民族地区、为西部乃至全国民族法制建设服务，为少数民族和民族地区的经济社会发展服务。①

可以说，西南民族地区法学院坚持以为国家和地方经济发展、民主法制建设和社会进步服务作为科研的目标，注重培养优势学科和特色学科，不断提升解决社会实践中重大的理论和现实问题的能力，科研实力和优势明显增强。西南民族地区法学院系长期坚持以学科建设为龙头，以优化专业结构为重点，不断加强学科专业建设力度，取得显著成绩。

4.积极探索具有自身特色的人才培养模式

作为培养现代法学人才的专门机构，西南民族地区的法律硕士专业学位教育根本上遵循着国家统一的法律硕士人才培养政策的法学教育的一般规律。这是由我国社会主义法律体系的统一性决定的。西南民族地区各法学院系都以我国现行宪法和各个部门法律、法规为基础的法学教科书为基本的教学内容。因此，在法律硕士人才总的培养目标和一般培养模式方面，西南民族地区的法学院系与全国别的地区没有差异。

① 参见徐显明主编《中国法学教育状况(2007)》，中国政法大学出版社，2009，第163—165页。

但就具体的办学目标和教育定位来讲，西南民族地区的各个法学院系大都比较明确地以当地或地方经济社会与发展需求为教育服务目标。例如：云南大学即以“立足云南，服务边陲”为办学目标，法学院针对云南省禁毒斗争的特殊需要而设置的禁毒学专业，侧重要求所培养的学生要系统掌握禁毒工作的基本理论，了解我国及世界的毒品问题现状与对策，熟练掌握禁毒的方法、措施、手段，学会鉴别各种毒品的制毒配剂，成为有较强的观察能力、逻辑分析能力、快速应变能力及研究创新能力的专门人才，学生毕业后主要进入公安机关、公安边防部队、国家安全部门、海关待执法机关或从事相关司法工作。

广西师范大学法学院长期坚持以培养适应西南民族地区需要的少数民族司法工作者为目标。先后培养出来的少数民族司法工作者，都充实到各基层司法机关，他们深受各民族地区父老乡亲的欢迎与爱戴，对民族地区的社会稳定和法制建设做出了有益的贡献。这里要特别指出的是，西南民族地区法学院系承担着培养我国少数民族法律人才的重要任务，是开展少数民族法律教育的主要力量。如广西师范大学法学院自 2008 年开始与广西各公安系统、各检察系统与各法院系统合作举办在职法律硕士，为广西地区培养了大批少数民族党政司法工作者。2011 年开始在法院与检察院系统聘请法官与检察官担任法律硕士的兼职导师，实行和落实双导师制。这些法律硕士人才培养模式的探索与实践都为法律硕士人才培养质量的提高做出了重要的贡献。

## （二）西南民族地区法律硕士专业学位教育存在的问题

随着高教体制改革的步伐的加快和现代化建设的发展，东西部之间法学教育资源的分布呈现出非均衡的发展趋势,使西部地区的法律硕士专业学位教育与人才培养面临着严峻的挑战,法律硕士专业学位教育在艰难中发展。西南民族地区法律硕士人才培养的艰难发展基于以下三个方面:一是法律硕士专业学位教育的理念与管理;二是法律硕士专业学位教育为地方和区域社会经济政治发展的实际需要;三是西南民族地区与东部地区法学教育的横向比较。

1. 法律硕士专业学位教育的理念模糊不清、管理探索不足[①]

一方面,法律硕士专业学位教育的理念模糊不清。法律硕士专业学位教育的理念是法律教育专业学位教育的灵魂。办好法律硕士教育需要有一个体现自身规律的先进理念来指导。但我国目前对我们的法律硕士教育的理念是什么还没有达成共识。缺乏理念往往导致教育实践的盲目。当前,在学科建设发展上,一些培养院校往往没有给法律硕士教育确定一个清晰、长远的发展定位,在法学本科教育、法学硕士教育、法律硕士教育之间不能建立一个和谐的差序格局。对待法律硕士教育,各培养院校仍更多地沿用了法学硕士的培养模式,甚至是法学本科的培养方式,从而导致法律硕士教育与其他法学教育的混同,导致法律硕士教育的设计初衷与现实之间存在巨大落差,这一不足,可以说正是法律硕士教育缺失理念治理所致。近年来,一些院校在师资力量不足的情况下,连年扩招,把法律硕士教育单纯地当做扩大创收的手段。正如有研究者所认为的,"办学理念不正确,大多数法律硕士专业办学主体在利益的驱动下把法律硕士专业作为一项产业来做,所关注的不再是如何培养出符合教

① 参见何跃春:《对当前我国法律硕士教育的思考》,载《中国高教研究》,2006(5)。

学和专业设置目标的人才，而是如何从这个专业中赚取更多的利润”[1]。这显然是没有把握数量与质量辩证统一的教育理念。

所以，必须改变当前各法律硕士培养单位过于追求法律硕士教育经济效益性的狭隘思想，重新认识法律硕士教育巨大意义所在。作为法律硕士教育的参与者不仅要认识到法律硕士教育对我国西南民族地区法治建设的重大社会意义，还需要充分认识到法律硕士教育对传统法律教育弊病的革新意义。法律硕士教育的参与者一定要具有办好法律硕士教育的神圣使命感与责任感，也只有在此基础上才能弘扬法律硕士教育的巨大意义，才能树立正确的法律硕士教育理念。

另一方面，法律硕士专业学位教育管理探索不足。对于法学硕士的教育管理体制是一种“放羊式”的管理，主要目的是给予法学硕士充分的时间和空间以更好地开展学术研究。但对于法律硕士的教育管理是否也“一刀切”，照搬即可呢？这是值得探索的。因为法律硕士教育的学生生源原本有一部分是非法律专业，入学后出于对法律知识的渴望，学习的主动性、自觉性很强，非常需要对法律专业的“入门”引导，作为法律硕士教育的组织者就应当考虑提供什么样的平台给予指导。应该架立法律硕士教育运行的组织体系：有一个起宏观指导作用的校、院级法律硕士教育指导委员会；有一个极具法律硕士教育理念和富有创新精神的专职主管院领导；有一个负责法律硕士教育日常事务管理的法律硕士办公室；有一个组织法律硕士教学计划、开展法律硕士教学、进行法律硕士教育研究的法律硕士教研室；还要支持成立一个能充分发挥学生自身作用的法律硕士协会；并有一

① 冀祥德等：《中国法学教育现状与发展趋势》，中国社会科学出版社，2008，第76页。

个能反映校内外法律硕士教育动态、法律硕士各项成果的法律硕士论坛。而从西南民族地区获得法律硕士培养资格的单位的具体运作来分析，大部分法学院校还没有建立该种组织机构。这不利于法律硕士人才的培养。

2.培养的满足民族区域发展需要的法律硕士人才数量不足，质量仍需提高

为西南民族地区的经济与社会发展提供良好的法制环境保障所需的各类法学专门人才，是西南民族地区法律硕士培养的首要任务，是西南民族地区绝大部分法学院系的首要任务，因此，西南民族地区法律职业状况就成为考察西南民族地区法学教育问题的一个基本点。西南民族地区广大地区法律人才的数量和质量随着不同地域、不同区域（如中心城市和非中心城市）而不同，甚至有着较大差异。就条件相对落后的地区来讲，法律职业队伍的状况还是非常令人担忧的。

改革开放以来，西南民族地区法学教育已有很大发展，法律人才培养的数量已有很大的提高，但是司法系统还面临着法律人才严重缺乏的窘境。有研究者对西南民族地区法官断层的原因进行过分析，认为云南法官断层的主要原因在于：(1)云南省通过司法考试的比例低，只有3.9%，而在职法院工作人员的通过比例更低；(2)云南教育水平低，云南边疆一些民族自治县人均受教育年限仅为1.4年；(3)法院缺乏经费，无法进行在职工作人员的培训。[①] 广西法官断层的成因主要在于：(1)招录法院工作人员门槛高、条件高，录用程序烦琐、严格。(2)法院对优秀人才缺乏吸引力。法官审判任务繁重，工作压力大，责任重，风

① 刘坤轮：《法学教育与法律职业衔接问题研究》，中国人民大学出版社，2009，第116页。

险多，而各方面待遇又不高，导致一些法官改行或者外流到发达地区。①

从而我们可以分析得出，西南民族地区文化教育仍然比较薄弱，人才队伍建设的基础不够雄厚，人才队伍总量不足，结构失衡，分布不合理，高层次人才紧缺。尽管采取了各种吸引人才的措施和办法，但由于条件和政策总是无法与东部地区相比，加之许多条件得不到落实，于是致使大批人才流失。经济发达省份以优厚的待遇和条件纷纷到西部"挖人"，造成了西南民族地区人才流失的局面。当然，东部高校的法律专业毕业生尽管一再被倡导和鼓励到西部地区建功立业，但总体上看，愿意主动到西部来工作的还很少。

以上情况凸现了西南民族地区法律职业人员数量严重不足的难题，这种环境直接关系到西南民族地区法治的发展和西南民族地区法学院系功能的实现：一个是西南民族地区的法学院系如何能够培养出满足区域发展需要的足够数量法律硕士人才；一个是如何使培养出来的法律硕士人才能够留下来，为区域发展所应用。前者更多地涉及法律硕士专业学位教育自身的问题，而后者则更多地涉及其他一系列复杂的因素，政府宏观调节政策作用的发挥应当是其中的一个重要因素。所有这些，都为西南民族地区的法学教育提出了严峻的挑战。

3. 西南民族地区法律硕士专业学位教育与法律硕士人才培养改革的客观环境有待改善

从西南民族地区与东部地区法律硕士专业学位教育的横向比较上看，由于西南民族地区自然状况、社会经济发展总体水平

① 刘坤轮：《法学教育与法律职业衔接问题研究》，中国人民大学出版社，2009，第121页。

等条件限制，以及政策因素，特别是随着高等教育体制改革的深化，东西部地区之间法学教育资源的分布逐渐呈现出非均衡的发展趋势，法学教育在艰难中发展，突出表现在以下几个方面：

(1)受经济、社会、文化、教育发展落后状况的制约，西南民族地区法律硕士专业学位教育的规模和水平总体上与东部地区形成较大差距。当代中国西南民族地区是中国最不发达的地区，改革开放以来，社会经济获得了很大发展，但是必须正视的事实是东西之间发展的差距正在拉大。从 1978 年到 1997 年在全国 GDP 所占的比重，东部地区从 52%上升为 61.4%，西部地区则由 17%下降为 14.8%。[①] 经济的落后必然导致社会其他各项事业的落后，到 2000 年不能完全普及九年制义务教育的地区都在西部地区。东西社会发展进程差距的加大，必然会不同程度地反映在法律硕士专业学位教育领域的各个方面。

(2)20 世纪 90 年代末全国高校实行管理体制改革，一些高校重新整合后，过去一些属于中央政府的院校被划转由地方政府管理。限于西南民族地区地方政府有限的财力，一方面使西南民族地区法学院系的办学经费不足的问题更加突出，另一方面也使学校在吸引外部优秀生源等方面受到影响，从而不同程度地影响到法学人才培养的质量。

(3)西南民族地区法学院系师资严重外流和人才匮乏，使西南民族地区法学院系要做出跟东部地区法学院系同样的贡献，要比东部地区法学院系付出更大的代价。一般的规律往往是，在西南民族地区多年培养成长起来的中青年骨干学术人才，或博士攻读毕业、或取得教授等高级专业技术职称、或完成出国进

① 吴仕民：《西部大开发与民族问题》，民族出版社，2001，第 109 页。

修学习，每每完成“原始积累”后，转眼便服务于提供优厚待遇的东南部的高校。这在西南民族地区各高校几乎是一个普遍的现象，极大损害了西南民族地区法学教育事业的利益。大力稳定已有人才和多方设法引进东部地区人才（或聘请东部高校知名学者，或招聘高学历毕业生）成为西南民族地区法学院生存、发展的一项重要工作。这无疑增大了西部地区法学院校的教育成本，并成为长期困扰西南民族地区法律硕士专业学位教育发展的一个难题。

（4）我国目前学术评价制度中存在的某些不尽完善的环节，使西南民族地区法学院系难以获得培养高层次法学人才的制度性条件，给西南民族地区法学院系的生存和发展带来很大的困难。从上面的数字统计中我们可以看到，西南民族地区法律硕士培养机构的分布，如同西南民族地区差异极大的自然环境一样，并不均衡，从 0 所到 6 所多少不等。与全国相比，西南民族地区 6 省区法律硕士教育机构的数量等于北京的数量（北京 16 所）。这反映了东西之间的差距。缺乏高层次法律硕士人才培养条件所产生的不良的后果：其一是无法发挥本已宝贵的少数专业从事高水平教学和研究的作用；其二是无法为西南民族地区高校培养法学师资或法学高级研究人员；其三是造成打算攻读博士学位的本地硕士生的外流。因此，大量法学硕士研究生毕业后，若想继续攻读，只能到东部高校。其他如各种国家科研项目、各类学科基地的立项与评审等方面，存在着许多西南民族地区法学院难以克服的制度性障碍。囿于区位的不利条件，西南民族地区法学教育的国际交流与合作尚待有效开展。

（5）西南民族地区法学院系之间就人才培养目标和定位等基本问题缺乏合作、协调，在如何为地方、区域乃至全国经济与社会发展提供法学人才保障方面尚未完全达成共识,人才培养中带有一定的盲目性。近年来高教体制改革使西南民族地区法学专业的规模有了较大的发展,特别是四川这个高校较多的省份。但同时也存在着新建法律硕士培养单位培养目标不明确,定位不甚清晰等情况,加之西南民族地区法学院校之间缺乏必要的协调、沟通与合作,以致法学教育有限的资源不能得到有效的利用和发挥,人才培养的水平不高或在低层次中徘徊。

总的来说,自 1995 年创设法律硕士专业学位教育以来,西南民族地区法律硕士专业学位教育取得了前所未有的巨大成就。一是形成了基本普及的法律硕士培养单位的地理分布;二是法律硕士培养的能力增强,人才培养质量不断提高;三是积极开展学术研究,法学学科建设成就显著;四是积极探索具有自身特色的法律硕士培养模式。但随着改革的深化,东西部之间法律教育资源的分布呈现出非均衡的发展趋势,使西南民族地区的法律硕士培养面临着严峻的挑战,法律硕士教育在艰难中发展。这主要表现在:一方面法律硕士人才的数量不足以满足区域发展的需要,质量仍需提高;另一方面西南民族地区法律硕士培养改革的客观环境有待改善。如受经济、社会、文化、教育发展落后状况的制约,西南民族地区法律硕士专业学位教育的规模和水平总体上与东部地区形成较大差距;西南民族地区法律硕士培养单位师资严重外流和人才匮乏;西南民族地区法学院系之间在法律硕士培养上缺乏合作、协商,法律硕士培养中带有一定的盲目性等等。所有这些都是西南民族地区法律硕士培养改革与发展必须考虑的背景因素。

# 第三章

# 面向民族地区法律硕士培养的目标、理念与基本思路

## 一、面向民族地区法律硕士培养的目标

中国特色社会主义法律体系已经初步建立，推进依法治国、构建社会主义和谐社会，需要你我共同的参与，其中固然少不了法律工作者这一重要群体。然而西南少数民族地区法律职业人才紧缺相当严重，这种现象不仅会直接减缓我国民主法治建设的进程，而且会对整个社会的和谐稳定产生一定的负面影响。构建社会主义法制建设，主要是要达到司法公平、公正和司法效率，维持一个稳定的社会环境。说得通俗些，就是有罪的人得到相应的处罚，无罪的人不应该受到法律的追究。我们党现在工作的重心就是为了广大人民群众的根本利益服务，其中一项就是民生问题。法律源于生活和现实，在一定程度上又滞后于生活和现实。老百姓的日常生活中，司法保障已经成为了老百姓权利的最后一层环节，如果人民群众的合法权益都得不到保障

的话，如果不能实现“让老百姓在每一件司法案件中都能感受到公平正义”的愿景和要求，那就谈不上关注民生，谈不上社会的公正稳定。党的十八大明确提出了社会主义法制建设这个战略思想，指出依法治国是社会主义民主政治的基本要求，是中国特色的基本要求；社会主义法治的基本原则即是一切权力属于人民，并由人民依法行使；坚持公民在法律面前一律平等，维护公平正义，维护法制统一、尊严、权威；尊重和保障人权。① 从党的十八大精神中我们也不难看出，法律与老百姓的生活息息相关。

（一）民族地区发展法学教育的紧迫性

法治建设的进程要在全社会范围内进行，普法是个至关重要的环节。老百姓的法律觉悟与法律意识的提高，与我国的普法教育有非常大的关系。我国自十一届三中全会以来，法律法规逐渐完善，对老百姓的普法教育使全国人民的法律意识普遍提高，有效地维护了法律在人们心目中的权威性。但是在一些少数民族地区，在尊重当地习俗的同时，由于历史、语言、地域等各方面的限制，法律的普及依然会存在着很多死角。比如我国还缺少很多少数民族语言文字编写的法律教材；在很多偏远民族地区，当地居民的法律觉悟不高，人民有问题想不到用法律的武器保护自己，而采用原始的方式和手段解决问题，这往往就触犯了现行法律的规定，暴力事件层出不穷，导致很多人犯了法还不知道。

要想摆脱这种现象，民族地区的法律教育问题是个关键的突破口，但是民族地区的自有环境与自身条件却成为了民族地区开展法律教育的最大障碍。在 13 所全日制本科民族院校中，

---

① 摘自中共十八大报告。

大部分院校都分布在经济文化相对落后的少数民族地区或者偏远的西部地区，远离政治、经济、文化中心，地广人稀，信息传播速度较慢，与发达城市还存在着比较大的差距。比如广西民族大学、云南民族大学、贵州民族学院就分布在我国的大西南地区，地处发展相对滞后的云贵高原；西北民族大学、北方民族大学、青海民族大学、西藏民族学院等就在气候条件严酷，发展最滞后的大西北地区，与黄土高原、青藏高原密切相连；内蒙古民族大学、湖北民族学院等也都在该省区比较偏远的民族地区，远离这些省区政治、经济、文化中心的首府（省会），在区位分布上没有任何优势。[①] 这些学校的分布地区自然条件艰苦恶劣，制约了当地的政治、经济、文化的发展，教学条件自然也相对落后，法学教育也落后于发达城市；此外，人才资源的缺失也是造成民族地区法律教育相对落后的原因。像法学这样的长线专业，需要的人才需具有很强的通用性。由于民族院校处于这样的地理环境，加上物质生活的相对落后，但凡稍有成就和能力的法律人才，就会向发达城市流动以谋求更好的发展。再者，民族地区经济条件落后，缺少培养高层次人才的硬件条件，最终也导致了法学人才缺失的局面。这几方面原因将形成恶性循环，使民族地区一直陷入自我限制的怪圈。

民族地区经济的发展、社会的稳定、人民生活的幸福以及建设美丽、富裕的民族地区都离不开民族地区人民的艰苦奋斗、自力更生，离不开良好的社会秩序和较高的公民素质，也离不开民族地区培养复合型、应用型、实践型法学人才的努力。在中华民族传统美德的引导和约束下，在民族地区文化教育的影响下，在

① 周继红：《民族高等院校法学教育之困境与出路》，载《西南民族大学学报》（人文社科版），2010(6)。

法律权威的规则下，使得人人依法行事，人人敬畏规则、敬畏法律、敬畏人民。要想达到这样的社会效果，必须加大对教育的投入，尤其是重视法学教育，培养法律方面的人才。培养出的法律人才势必会为当地民族地区的发展做出贡献，势必会充实到民族地区的人才队伍中，充实到民族地区发展的人力资源库中，使得培养出来的法学人才更好地服务民族地区乃至全国的经济社会建设。所以民族地区经济社会的稳定、健康、有序的发展离不开法学教育和法律人才的支撑。

（二）民族地区开展法律硕士专业教育的目标

从国务院学位委员会批复的具有法律硕士研究生招生权限的高等学校来看，民族地区的各院校中都有开办法律硕士专业学位教育的高校了，每年研究生招生中报考法律硕士的本科生或者在职人员也日益增多。以广西师范大学为例，2008 年法律硕士招生人数为 28 人，2009 年法律硕士的招生人数为 65 人，而 2010 年，法律硕士的招生人数增加到了 100 多人，其中包括法学专业的法律硕士与非法学专业的法律硕士。是什么原因让这些民族地区的高校纷纷努力增设法律硕士专业呢，笔者认为原因有以下几点：

1. 民族地区地理环境恶劣，经济条件相对落后，教学的硬件条件也相对滞后，特别是法律这种应用性很强的学科，民族地区缺少合适的环境让学生们学以致用。参加法律硕士学习的学生，本科时往往都学习了一些应用性比较强的学科，比如工商管理、经济管理、计算机软件开发、英语等专业等。这些学科使他们已经形成了一种成熟的思维模式，并且本科的实习阶段也让他们积累了一定的社会经验。本科时这种思维与践行的能力更有助于他们研究生阶段对法律的学习，使他们能更好地将法律运用于实践，这恰恰弥补了民族地区硬件条件落后的缺陷，而法律硕士有助于为民族地区培养更多的实践型法律人才。

2.民族地区在政治、经济、文化等方面与发达城市相比，显得落后，笔者认为落后的根本原因在于人才的流失，法律方面人才更是一样。好不容易取得成就的法律人才不满足于民族地区物质的匮乏，迫不及待地到北京、上海等这样的大城市谋求更好的发展。这使得民族地区的法律人才越来越少，直接影响着法学教育的开展。法律硕士专业的开办正好可以改变这样的局面。法律硕士专业的开展可以增加法律方面的人才，使更多的人有机会接受法律的教育。这既可以增强民族地区的普法教育，使越来越多的人可以懂得法律，善于运用法律，还可以向司法部门输送越来越多优秀的人才，实现司法的公正与效率。最重要的是可以培养更多优秀的法律人才留在少数民族地区，为那里的法律教育事业添砖加瓦，使法律教育事业源源不断地发展，不至于因为人才的流逝而停滞不前。

3.民族地区的执法人才缺失严重，执法能力比较低。解决与老百姓密切相关的问题的能力低，就使得法律在老百姓中的威信得不到提高。发生了问题，人们想不到运用法律的武器，而是习惯于暴力解决，这不利于社会的稳定，也不利于民族地区的发展。法律硕士专业教育正是致力于培养法律运用型人才，它要求既有扎实的法律知识基本功，又侧重于法律实务的处理能力。这样可以为民族地区输送优秀的执法人员。这些人本科时又大多接受了不同学科的教育，这种复合型人才也正是民族地区需要的。有了这些通用型人才，民族地区才能有实力追赶发达城市的步伐，才能有信心缩小与发达城市之间的差距。

4.国家对中西部地区法学教育的重视以及我国实施文化强

国战略、人才强国战略、西部大开发的人才培养的需要,能够缓解大学生就业压力,也是国家为了培养出更多的高素质复合型、应用型法律人才以适应我国经济社会的飞速发展的需要。社会主义法律体系的初步建立,社会主义法治国家的运行,与全社会每一个人紧密联系,法学人才的培养质量和数量都要与时俱进,适应市场的需要和发展,国家加大对中西部和民族地区法学教育的倾斜,以及民族地区具有法律硕士招收权的高校越来越多,充分体现了对法学教育发展的期待;要想提高人民的思想文化水平,提升全社会的文明程度,众所周知必须加大教育投入力度,法律硕士教育是研究生层次的教育,对于提高学习者的法律素养和综合素质具有引导作用,培养出来的法律硕士充实到人才队伍中去,反哺社会,为人才强国战略、为法律事业的兴盛、为社会和谐稳定必将带来新的力量;西部大开发是经济、社会、文化、教育、民生、医疗等各方面的大开发大发展,民族地区抓住机遇,大力发展教育,通过招收、培养教育法律硕士,为社会输送了一大批高素质的法律人才,为西部大开发和民族地区自身提供了强大的人力资源、智力资源和法律资源的支持;法律硕士专业学位教育作为研究生教育的一种,办学十七八年来,为社会、市场输送了大量的法律人才,成绩是有目共睹的,而且这些人才已经在社会各行各业产生了一定的影响力,因而法律硕士教育方兴未艾,前景会更好。

在培养目标上,法律硕士的培养目标一要紧跟国家对法律硕士培养目标的要求,二要结合民族地区的实际,为民族地区培养立足、面向、服务、扎根民族地区的法律人才。在国家层面,法学培养目标是法学教育思想的核心,是法学教育思想的集中体现,也是教育教学、人才培养以及教学改革的方向和焦点。法律硕士的培养目标与定位不管是从1995年设立时的初衷，1996年试办的目标，还是到1999年和2006年的修改完善，都一致规定：法律硕士专业学位是培养具有特定法律职业背景的职业性学位，即它的定位是强调法律硕士专业的专业化和职业化特征，主要培养面向立法、司法、律师、公证、审判、检察、监察及经济管理、金融、行政执法与监督等部门、行业的高层次法律专业人才与管理人才。再具体到民族地区层面，法律硕士的培养目标必须与民族地区的实际相结合，如在培养学习过程中融入民族地区的条例、政策、习俗以及当地的经济社会政治文化生态等各个方面；在培养学习过程中到民族地区的公安、检察、法院、狱所、经济管理等实务部门进行实践性学习，为民族地区输送大量真正了解民族地区、立足民族地区、扎根民族地区的高层次法律职业人才；在培养学习过程中积极参与当地的立法、执法、司法、法律援助等工作，为服务民族地区的法制建设、平安建设和美丽建设输送优秀的法律硕士人才，必将为民族地区社会管理的加强和创新以及社会稳定起到重要作用。

## 二、面向民族地区法律硕士培养的理念

### （一）服务民族地区的理念

我国的西部作为相对落后的地区要实现科学发展、跨越式发展，必须有相当的法律人才为其保驾护航。目前西部地区法律人才特殊需求问题已经成为制约西部经济社会和谐发展的“瓶颈”。

长期以来，民族地区人们在生活习性、受教育程度、教育方式、对事物的认识接受等方面受民族习俗的影响很大；群众解决

问题沿袭传统讲武力，现代法制观念淡薄；受封建迷信思想影响较深；群众居住较分散，交通不便，寻求法律援助十分不便；经济落后，民生困难，无钱打官司；弱势群体数量庞大。法律工作受经费等因素制约，举步维艰。民族地区由于其“边、山、穷”等共性，财政困难，人才难引进，法律援助工作受经费、编制、人员素质等因素影响，开展十分困难。没有专职律师，没有交通工具，也没有独立的办公场所，其设置与业务发展极不适应。由于经费不足，办理的法律援助案件远远不能满足需求量，供需矛盾突出。

西部地区是我国少数民族聚居地区，少数民族法律人才的可持续发展对西部地区的法制发展至关重要。近年来，随着经济和社会的发展，西部地区少数民族法律人才得到了迅速的发展，但西部地区少数民族法律人才尤其是高级法律人才仍然很少，在整个法律人才队伍中少数民族法律人才所占比例仍然较低。根据《中国教育统计年鉴》和《新疆教育统计年鉴》的资料表明：2003 年，在新疆 9 所高校在校研究生中，汉族学生占到研究生总数的 91%，少数民族学生仅占到总数的 9%，2003 年，新疆少数民族研究生仅占新疆高校在校生的 0.22%，其中法律专业的少数民族学生更少。[①] 西部地区少数民族法律人才的缺乏直接影响了少数民族事业的发展，不利于对少数民族合法权益的维护，也不符合中央“各民族共同发展”的民族政策。例如，贵州省遵义市 2006 年全市法院系统在编人员 1352 名，少数民族仅有 246 人，仅占 18.19%，对于少数民族聚居的地区，少数民族法

① 李儒忠：《新疆少数民族人才培养的瓶颈问题研究》，载《新疆财经学院学报》，2006(2)。

律人才显然是不能满足司法实践的需要的。[①] 随着司法改革的深入,少数民族法律意识的增强,少数民族法律人才在对少数民族事务的正确解决方面作用尤为重要。例如,在涉及少数民族的案件中,法院审理主要依靠少数民族语言翻译人员,而翻译的质量会直接影响当事人合法权益的维护,特别是死刑案件,对翻译的正确率、精确度就要求甚高,如果翻译稍有不慎,错一个字就可能导致冤假错案的发生,造成无可挽回的后果。所以当案件一旦涉及不懂汉语的少数民族人士,必须有精通少数民族语言的法官来开庭审判才有利于案件的公正处理,而少数民族法律人才的缺乏则是长期困扰西部地区的现实问题。[②]

我国已有 115 所高等院校开展法律硕士教育。但是 2007 年 50 所招收法律硕士专业研究生的高等院校中有 4 所是在民族地区,2008 年新增 4 所民族地区高校,2009 年又增加了 10 所民族地区高校招收法律硕士专业研究生。也就是说在全国 115 所高校可以招收法律硕士专业研究生的情况下西部民族地区仅有 18 所,比例仅为 15.7 %,而中国西部占全国国土面积 56%;目前有人口约 2.87 亿,占全国人口总数的 22.99%。虽然民族地区的高校有所增多,但仍然不能满足人们对法律的需求。民族地区对法律的急需和教育资源分配的不平等使得开展法律硕士教育尤为重要。

据统计,事实上在国家司法考试通过的人数中及公务员考试通过的人数中,法律硕士研究生都超过学术型的法学硕士。由于国家对民族地区法律人才培养的重视以及近几年可以招收

① 此数据由遵义市中级人民法院政治处 2006 年 6 月 10 日提供。

② 许林贵、曹志恒:《死刑制度改革促进中国加快培养少数民族法律和语言人才》,http://www.china.com.cn/2007—03/13。

法律硕士的高等院校的逐步增加，使得法律硕士数量大幅增加，选择在民族地区工作的毕业生也越来越多。这给法律硕士一个展示平台的同时也缓解了民族地区法律人才匮乏的现状。

（二）有特色、高质量的理念

法律硕士是专业学位之一，我国自 1996 年试办法律硕士按照国务院学位委员会第 14 次会议审议通过的《专业学位设置审批暂行办法》规定设置。法律硕士学位是具有特定法律职业背景的职业性学位，主要培养面向立法、司法、律师、公证、审判、检察、监察及经济管理、金融、行政执法与监督等部门、行业的高层次法律专业人才与管理人才。自 1996 年试办至今，我国已有 115 所高等院校开展法律硕士教育。实质上，全日制法律硕士由于跨专业报考，难度极大。从 2002 年开始至今，法律硕士总分及单科分数线均处研究生考试中较高分数，竞争极其激烈，所以一般为原本科学习成绩较优异的本科生报考，大多数为理工科出身，逻辑思维较好，素质也较高。

有特色的内涵就是，法学院不断鼓励教师在教育中努力形成教育特色，如根据实际情况创新法律硕士教学方式方法、创新法律硕士轻实践重理论的现有教学理念、创新法律硕士毕业论文的写作要求和方式、创新法律硕士的培养途径、创新法律硕士法庭辩论对抗模式等；鼓励法律硕士学生将理论知识主动付诸实践的学习氛围和特色，如鼓励引导学生积极参与实务运作和社会调查研究，鼓励引导学生在模拟审判中自学成才，鼓励引导法律硕士到少数民族聚居的地方了解习俗、化解矛盾等。高质量，是高标准的教育质量。培养院校可以设定高质量的量化标准，如参与实务研究的次数、参与社会调研的频率、参加模拟审判的效果、参加专业实习的成效、司法考试的通过率、专业知识与本科知识联系的紧密程度、就业的渠道等等，在这样培养理念的指导下，通过培养院校的探索、教师的努力和法律硕士学生的不断追求和创新，法律硕士教育的质量必将提高到一个新的高度。

这不仅仅是研究生在考试中考取好的成绩，还应培养个性发展的有志之才，让学生和谐多面发展，成长为高素质的人才。法律硕士学制 2—3 年，教学内容与法学硕士有很大不同，侧重于实务方面。根据 1999 年修订的《法律硕士专业学位研究生指导性培养方案》，课程设置覆盖法律二级学科的主要内容，课程结构要体现应用型和复合型的要求，将职业道德和职业能力作为重要的培养任务和内容。职业能力包括法律职业思维方式和能力、法律职业行动方式和技能。培养的主要内容为：(1)对各种社会现象(包括案例)能够自觉地运用职业思维和法律原理来发现问题、分析问题和解决问题；(2)较熟练地进行法律推理；(3)熟练地把握各类诉讼程序，进行事实调查与取证；(4)熟练地从事代理与辩护业务，从事非诉讼法律事务(如法律咨询、谈判、起草合同)以及法律事务的组织与管理；(5)有起草法规的一般经验。

### (三)培养少数民族地区复合型、应用型法律硕士人才的理念

法律硕士专业是我国培养学位硕士的一种，其前身是我国为适应法学教育的发展，而在借鉴欧美等发达国家的法学教育发展成果上，结合我国自己的法治发展现状，以及法学教学的实际情况发展而来的一个崭新的专业。1995 年 4 月 11 日，国务院学位委员会办公室在《关于设置法律专业硕士学位的报告》中这样写道："为适应我国现代化建设和改革开放，特别是建立社会

主义市场经济体制的需要，进一步改变法律高层次人才培养规格比较单一的状况，加快培养国家急需的高层次法律专业人才和管理人才，在全面总结以往改革经验的基础上，并经专家充分论证，拟在我国设置法律专业硕士学位。”自 1995 年国务院学位委员会第 13 次会议决定开展法律硕士专业学位教育算起，至今已有十几年的发展过程。而法律硕士专业学位教育也由第一批包括北京大学、中国人民大学等 8 家试点单位扩展到全国一百多所具有法学培养资格的高等院校，法律硕士的招生人数也每年呈递增趋势。法律硕士教育制度自 1996 年开始后到 2006 年正式进入正规化阶段。

1995 年国务院学位委员会通过的《关于设置法律专业硕士学位的报告》和 1999 年、2006 年全国法律硕士专业学位教育指导委员会两次修订的《法律硕士专业学位研究生指导性培养方案》中对法律硕士专业学位的定位就是要强调法律硕士专业的专业化和职业化特征。通过对第一学位非法学的高等教育人才进行再培养，实现我国在立法、司法、行政执法、法律服务与法律监督等法律实务部门以及经济管理、行政管理、社会公共管理部门培养高层次的实践型法律人才和具有复合型知识能力结构的高素质法律人才。法律硕士专业学位和学术型的法学硕士学位属于同一层次，其不过是更加侧重在法律实务部门中级以上专业和管理岗位的应用性，主要要求学位获得者在掌握了基础性的法律理论以及法律实务知识，在综合其第一学位优势的基础上，发挥其所长，服务于法律工作，具有宽口径、复合型、外向型的知识结构与能力。

民族地区高等院校是服务于民族地区，为民族地区培养高层次人才的重要基地，其在服务地方经济、政治、法律、文化等方面发挥着特殊作用，民族地区院校的人才培养工作也应当更加符合该地区经济社会发展的整体需要与趋势。从法学教育的发展趋势而言，我国的研究生规范化培养始于“文革”后，而在改革开放后的市场经济条件下，由于我国政法机构诸如人民法院以及检察院，更包括公安机关，政法工作人员的整体学术素质偏下，另外包括经济浪潮的影响，导致政法工作的应接不暇，人才短缺。全国各高等院校更是出现教师队伍从业人员短缺的局面。法律毕业生就业前景非常广阔，大批高等院校的法学毕业生流向东南沿海经济发达地区的大城市、大企业、大单位。极少的优秀人才去向老少边穷欠发达地区，以及西部少数民族地区，这就直接造成了民族地区的法律人才短缺，法学教育严重落后。

教育部在 2005 年明确提出，高等院校要以社会需求为导向，走多样化人才培养道路。该要求落实到地方，尤其是少数民族地区，就是要在进一步适应少数民族地区的经济社会发展的基础上，密切关注社会发展要求，紧密跟踪高等教育发展趋势，以及结合院校自身发展的实际状况，把握院校服务地方区域经济的实际作用。而落实到少数民族法学教育上，就是在先天法学教育落后的现实基础之上，密切关注本少数民族地区的经济社会发展需要，既要跟踪关注当今最前沿的法学理论以及发展趋势，同时又要结合自身法学院的法学教育实际状况，为服务本地区的政法工作准确定位法学教育方式，将研究型的法学硕士培养与职业教育型的法律硕士培养方式相结合，既实现法学理论研究上的突破又达到法律职业教育上的改革。而对于法律职业教育上的改革，即是要大力培养适应民族地区的复合型与应用型的法律硕士人才。

改革开放以来，中国的法学研究以及法律教学事业发展迅猛，不但取得了骄人的成绩，而且也切实改变了国家法律人才严重不足的劣势局面。但是目前法学毕业生无论从数量上还是质量上看，都不能适应新时期我国社会主义市场经济和地方法制建设的需要。每个时代对于人才的需求无不客观地反映这个时代的脉搏，这是符合马克思主义观点的，经济基础决定了上层建筑。如何培养适应时代要求的法律人才成为法学教育成败与否的一条重要标准。

在社会主义市场经济条件下，现代化社会生活中，法律正不断通过民事活动、商事活动、行政行为等方式渗入人民生活的各个方面。在如此环境下，许多的法律问题已经不单单是法律自身即可解决的，更多是必须综合其他各个学科，一起解决实际问题，这不仅仅要求从事法律事务的法律工作者，这其中包括律师、法官、检察官、公安干警、公证人员等一切与法律有关的职业者，必须在掌握了扎实的法律理论以及实践经验的情况下，还要具有与所需解决的实际问题相关的其他专业知识，并且能够很好地将自身所学的法律知识与其他专业知识相融合，进而灵活地运用到实际的法律工作当中。从这一点即可看出法律硕士专业设立的必要性以及前景性。这也同时可以预见，在不久的将来，我国也会和西方发达国家出现的状况一样，大批具有法律知识的医生、会计师、化学家甚至是政治家的出现。这也就是我们所要持有的法律硕士教育中开展培养具有复合型、应用型教育的理念。

法学培养目标是法学教育思想的核心，是法学教育思想的集中体现，也是教育教学、人才培养以及服务管理的最终归宿。法学高等教育的基本任务就是培养人才，它决定着法学高等教育的人才培养模式，而培养模式是高等教育的发展方向和培养目标的具体体现。法学高等教育的培养模式应是高等教育意图达到的人才培养的理想形式和目标。从法律教育的培养模式上讲，就目前有影响的学说综合而论，有一种学说为“精英说”，即将我国的法学教育目标定位于法律精英教育，认为其是作为高度经验理性的法制的需要，同时法律职业者具备高尚的职业道德、职业品格以及深厚的法学知识。[①] 另一种学说为“职业说”，即将我国的法学教育目标定位于在培养适应社会经济、政治、文化等方面发展要求的职业法律人才，法律教育的最终目的在于对有志从事法律事务的人进行科学且严格的职业训练，使他们掌握法律的实践技能以及操作技巧，在社会当中面对各种错综复杂的矛盾能够熟练地解决，因此法学教育的使命在于进行职业教育或职业训练。[②]

经过 10 余年的不断探索和试验，我国法律硕士专业学位教育已经取得了较大成绩。对此，2004 年 6 月 16 日司法部原部长张福森在第二届全国法律硕士专业学位教育指导委员会成立大会上发表讲话时曾经指出：法律硕士专业学位教育工作在大力为新时期依法治国和政法队伍建设服务、探索中国特色的高层次的复合型实践型法律人才培养模式和发展道路、推进我国法学教育的改革和完善，以及提高中国法学教育国际地位和影响等多方面取得了显著成绩，积累了丰富的经验，为今后的工作打下了坚实的基础。[③] 我国自上世纪 80 年代即开始以法学第二学士学位教育的方式来培养复合型的法律人才。该学位是对已经

---

① 曾宪义：《中国法律硕士专业学位教育的创建与发展》，载《法学家》，2007(3)。

② 王保树、王振民：《略论复合型法律人才的培养》，载《清华大学教育研究》，2000(1)。

③ 张月明：《论复合型法律人才的培养》，载《广西大学学报》(哲社科版)，2005，27卷(4)。

获得一个非法学的第一学士学位的学生进行学制为期两年的法律教育。在这两年内,学生学完法学学士的主要课程。[①] 其目的就是通过这些受过四年非法学专业学习的学生进一步学习法律知识,从而使学生可以成为既具有一门专业知识同时又掌握了法律知识的复合型的法律人才。实践证明这样的毕业生在适应能力上有较强的能力与优势,但由于我国的特殊社会环境,用人单位多数认为第二学位的含金量不足,层次偏低,人才市场更追求高学历。法律硕士专业学位类似于美国的JD学位,在中国开办这种专业的学位教育更能适应我国经济社会发展对高层次、应用型的法律人才的需求。这是对我国培养复合型法律人才的很好尝试。

西部少数民族地区作为相对落后的地区要实现跨越式发展,必须有相当的法律人才为其保驾护航。目前西部地区法律人才特殊需求问题已经成为制约西部经济社会和谐发展的"瓶颈"。近几年西部少数民族地区的高等院校已经培养了大批的各类层次的法律人才,但是由于区域经济发展、司法考试的难度及通过率、基本待遇等实际问题造成了少数民族地区的经济发达地区诸如省会城市、大型工业城市等高层次的法律人才相对集中,而在边远贫穷地区、工作条件艰苦地区法律人才相对欠缺,使司法工作相对困难。同时从全国的范围而言,随着市场经济的激烈竞争,即便是少数民族地区的相对发达地区,仍然比东部沿海发达地区更欠缺高素质法律人才。这种现象在涉及金融、房地产、知识产权、对外贸易等领域矛盾尤其明显。仅以广西壮族自治区为例,中国—东盟自由贸易区是经济一体化的重

① 邵俊武:《再论新时期高等法学教育的目标和人才培养模式》,载《法学评论》(双月刊),2004(5)。

要体现，建设中国—东盟自由贸易区必然需要法律制度的支撑，而要实现贸易的顺畅必须要有大批的高层次、复合型、应用型的法律人才。而在广西壮族自治区内目前能够接受涉外经济贸易法律服务的律师事务所明显偏少且规模小、专业分工较粗泛、专业从业的法律人员法律专业水平不高，综合能力偏低，尤其通晓外语的专业律师较少。[①] 对于能够熟练运用外语以及法律知识参与到对外贸易订立合同，熟悉国际贸易法以及 WTO 贸易规则还有东盟国家法律法规以及相关贸易协定的法律高素质专业人才就更加匮乏。而在国际法方向硕士层次的培养方面也仅有广西大学以及广西师范大学两所院校有这方面的能力。

由此可见，人才需求旺盛，但人才供给明显不足。专业学位的法律硕士便体现出了其所具有的先天优势，复合型、应用型法律硕士人才更体现出了自身优势。因此对于如何培养复合型、应用型的高素质法律人才成为当务之急。首先要坚持法律硕士教育是法律职业教育的定位，继续大幅度地扩大法律硕士教育的规模，以适应社会主义市场经济建设尤其是少数民族地区的经济社会建设和法制建设对高层次法律人才的大量需要。在法律教学课程设置方面不仅要解决好通识课程和专业课程的比例问题，而且还要兼顾专业课中的必修课与选修课的关系问题。此外，专业课的充实到位，对于培养复合型、应用型法律人才至关重要，而选修课更是对于拓展学生的知识面大有裨益。在教学内容上，应注重培养学生的综合能力。诸如加强法哲学教育、开发非智力性因素。法哲学思想还可以在法律人才职业中形成有深度的法律文化氛围，使法律从业者获得敏锐的判断力、观察

① 赵胜菅:《构建中国—东盟自由贸易区对广西法律专业人才的挑战与对策》，载《当代经理人》，2006(6)。

力，还有对法学理论的深刻洞察力。

综上所述，我国在高层次法律人才的培养上，就是要以市场经济为导向，面向21世纪的法律人才培养模式与理念，在教育思想、教学内容与方法上有更高的创新。复合型、应用型法律硕士人才的培养应该成为我国高层次法律人才培养的主要途径，更利于培养高层次、复合型、应用型的法律人才，能够综合专业知识与法律知识，从而在法律工作当中发挥出更大的潜力。

## 三、面向民族地区法律硕士培养的基本思路

法律硕士的培养因为培养学校类型的不同、培养学校的实力级别不同、培养学校所在地方的经济发展程度不同等诸多因素的影响，导致各个学校的法律硕士培养也大相径庭，但是总的培养思路与国务院学位委员会的文件要求是一致的，即培养复合型、应用型高层次法律职业化、专业化的法律人才。对于民族地区而言，法律硕士的培养烙上了深深的民族特色与印记，而且最终的归宿是要服务民族地区的发展，所以民族地区法律硕士的培养思路是非常值得探讨和摸索的。

### （一）民族地区的法制现状及表现

改革开放以来，我国民族地区的社会经济、政治有了长足的发展，民族地区的法制环境也得到了很大改善，但与其他地区相比差距在不断扩大。因而不能适应全国建设小康社会以及构建和谐社会的需要，同时也阻碍了民族地区的社会发展。民族地区的法制环境主要存在以下几个问题：

1. 由于自然、历史等诸多因素，民族地区经济和社会发展落后，全国5000多万绝对贫困人群大多集中在民族地区，与发达

地区差距很大，因此法制环境相当恶劣；

2. 缺乏完备的民族法律体系，缺乏与《民族区域自治法》相配套的法律，中央与民族自治地方的权限划分不明；

3. 相关民族地区经济发展的法律法规比较原则，可操作性差，难以实施；

4. 民族自治作为我国特有的产物，导致在实践中立法技术不成熟，民族地方特色缺失；

5. 民族地区法制建设资金相对短缺，虽然中央加大了建设投入，但总体上与发达地区仍有较大的差距，导致很多司法活动难以落实；

6. 由于经济原因，民族地区司法人员素质不高待遇较低，检察官、法官等司法人员的受教育程度低，整体素质不达标；

7. 民族地区群众法制观念淡薄，法律意识不强，习惯于遵照传统的民族习惯和宗教教义行事。①

加快民族地区的发展是贯彻落实科学发展观、全面建设小康社会、构建社会主义和谐社会的需要，也是促进民族团结、维护祖国统一和社会稳定的需要。加快民族地区的发展，人才是根本，教育是保障。2009 年 9 月，在国务院第五次全国民族团结进步表彰大会上，胡锦涛总书记指出："大力培养选拔少数民族干部和各类人才，是做好民族工作的重要条件，要把选拔少数民族干部和各类人才工作摆在突出位置，采取更加有力的措施，努力建设一支政治上跟党走、群众中有威望、工作上有实绩的高素质少数民族干部和人才队伍。"②

① 吕涛：《民族地区法制建设》，百度文库，2010。

② 罗布江村：《推进民族高等教育科学发展　服务民族地区现代化建设》，四川政协网，2010。

我们目前民族地区不仅人民群众文化素质较低，且受到地方历史、政治、经济、人文地理、风俗习惯、宗教因素、道德风尚的影响和制约。因此容易滋生一些社会矛盾和冲突，不利于经济社会的建设和发展。比如2008年拉萨的3.14打砸抢烧事件、2009年的新疆打砸抢烧事件以及四川甘孜藏族自治州发生的暴力袭警事件，就是少数叛乱分子利用民族宗教和信仰分裂民族团结和企图分裂国家的例证。

据云南省高级人民法院统计，全省29个少数民族自治县法院中，法官本科文化占法官总数的22.85%，专科文化占法官总数的37.28%。这些学历中多数还是法院"业大"毕业生，正规院校分配较少，不超过总数的15%。有的法院甚至没有一名国民教育大专以上法律专业的毕业生。贵州省的情况也大体相似，由于贵州经济、文化、教育发展滞后，致使贵州经济社会发展所需要的高学历、高素质的各类专业人才极为缺乏。全省法院系统平均缺编30%左右，每万人中仅有律师0.39名，明显低于全国万分之一的平均数。

面对民族地区的法制现状，我们需要加快民族地区急缺的法律人才的培养，不断提高民族地区的法治水平，保证民族地区在法治的保障下持续、快速、健康地发展。而在20世纪90年代中期我国开始探索并试行的法律硕士专业教育，其设立的目的就是为社会培养紧缺的高层次、应用型法律人才。经过10多年的摸索与改革，法律硕士专业教育日趋规范化、科学化，为我国进一步扩大法律硕士教育的规模奠定良好基础。

而且，近年来，随着法律硕士专业学位教育规模的不断扩大，我国法律硕士专业学位教育已经为国家培养了大批适合社会需要的高层次的复合型、应用型法律人才，为我国的法治建设做出了应有的贡献。既然法律硕士专业为民族地区培养了高素质的法律专门人才，那么就让我们一起来了解一下民族地区培养法律硕士的一些情况吧。

## (二)民族地区现有的培养法律硕士的教育资源

新中国成立以来，在各级党委和政府的正确领导下，在社会各界的关心和支持下，我国民族高等教育取得了较好的成绩。但由于民族地区多位于我国的中西部地区，而中西部经济文化发展相对滞后，使得我国民族地区的高等教育与发达地区相比存在较大的差距，作为培养社会急需的复合型、应用型人才的法律硕士专业的情况也是不容乐观的。

目前我国的民族院校以及民族地区其他具有招收法律硕士资质的高校一共有10多所，包括以下几个分类：

1. 民族院校中具有招收资质的：中央民族大学、西北民族大学、西南民族大学、中南民族大学、青海民族大学、广西民族大学、贵州民族学院、云南民族大学；

2. 民族地区其他非民族高校具有招生资质的有：内蒙古大学、新疆大学、广西师范大学、贵州大学、云南大学、广西大学、云南财经大学。

以上高校中中央民族大学是唯一一所中国"211工程"、"985工程"重点建设的民族院校。其他的多为一些省属重点高校以及一些"211工程"大学，因此民族地区培养法律硕士的任务是任重而道远！如何发掘目前这些高校的潜力，做好法律硕士的培养工作是摆在我们面前一个无法回避的问题。

## (三)充分利用民族地区现有的法制教育资源

为了建设民族地区良好的法治环境，促进民族地区政治、经济、文化的和谐发展，民族地区的法学高等院校需要在以下几个方面下功夫：

1. 中央和各民族地区政府加大投入，提升法学教育水平

一般来说，民族地区的法学教育专业都不是学校学科体系中的特色优势学科，原因是多方面的。首先，民族院校大多数发展历史较晚，且处于中西部经济落后地区，国家和当地政府的投资不足，缺乏资金支持；其次，民族地区在长期的办学实践中已经形成了自己的办学特色，有各自院校的优势学科。法学学科的发展作为新兴学科很难得到大力的支持，导致学科的建设进展缓慢，这也在一方面致使中西部急需的法律人才得不到有效缓解。

我国以高等学院法学学科为主的法学教育，可以说是国家推进依法治国的生力军，而这一基本方略的落实则是培育宏大专业人才队伍的关键。这对高质量法律人才奇缺的民族地区而言，更具有重要战略意义。各级政府，尤其是民族院校所在地的各级政府和政府的教育管理部门，应该提高重视，把法学学科教育上升到民族经济和社会发展的优先位置考虑，建立以国家和地方财政拨款为主，多渠道筹措经费的教育投资体系。并从学科建设以及人才队伍建设等多方面给予支持，解决目前法学学科发展中的难题，不断提高民族地区法学教育专业的办学水平。在法学学科的建设过程中，我们相信民族地区会有更多的高等院校获得法律硕士培养的资格。这样，将加快法律硕士的培养进度，为民族地区提供更多的高素质、复合型、应用型法律人才。

2. 现有法律硕士培养院校苦练内功，提高法律硕士的培养质量

民族地区目前具有法律硕士培养的高等院校应该从社会主义现代化建设事业和建设“法治国家”的战略高度出发，主动配

合国家重大战略部署，重新认识法律学科建设的重要性，提高其在学科体系中的地位，大力支持法律硕士专业的培养。

民族地区法学院应该提高对法律硕士专业的重视，可以设立"法律硕士工作委员会"，对培养方案、教学体系、社会交流、学生奖罚等重大事项进行决策论证。打破导师和学生之间的鸿沟，方便学生和导师之间的交流，这样有利于全学院教学工作的协调和统一。

法学院应该始终把师资队伍建设放在优先发展的战略地位，注重加强学科带头人和骨干教师队伍的培养，对教师队伍中普遍存在的学历偏低，教授、副教授较少，讲师较多等不足的地方，可以通过开展在职培训、校际交流合作、出国访问等手段进行强化弥补。建设一支由中青年教师组成的基础扎实、学识渊博、年富力强、视野开阔、锐意进取的师资队伍。

3. 利用各地司法资源，强化对学生应用型能力的培养

目前在国内法律硕士的培养过程中存在着重理论、轻实践的误区，很多高校采取的是填鸭式的教学方法，对几十个甚至上百个学生进行大班授课。我们也很难相信在这种教学方法下，学生能较好地和教师进行交流、互动，这就造成了目前法律硕士的培养不很理想的现实。

教师在给法律硕士学生上课时该加强案例教学法、诊所式法学教学方法、模拟法庭教学法等。老师在教学的过程中可以尝试专题教学，将要讲述的内容分为一个个专题，让同学在课下准备相关内容。上课时让同学进行讲解，然后由老师进行点评。这样使学生更好地参与其中，同时也可以锻炼学生的实际操作能力和表达能力，为社会培养优秀的人才。

更重要的是高校应该和当地司法机关进行合作，组织学生

到法庭旁听案例,可以使学生们理论结合实际,从而更好地了解司法审判的程序,加深知识的学习。在这方面笔者所在的广西师范大学法学院就已经迈出了实质性的步伐。广西师范大学法学院为了更好地凸显法律硕士专业学位研究生实践能力的培养,于2009年4月依托桂林市人民检察院,成立了广西师范大学法律硕士专业学位研究生教育创新人才联合培养基地,该基地通过广西师范大学法学院和桂林市人民检察院共同为国家培养应用型、复合型高级法律人才,已极大地提高学校法律硕士的培养质量,取得了理想的社会效果。

邓小平同志在20世纪80年代就明确地指出"科学技术是第一生产力",而民族地区由于地理位置、历史因素等原因造成了目前的贫穷落后局面。那么该如何改变民族地区贫困落后的状况呢?那就是大力发展民族地区教育,为民族地区培养急需的专门人才。

国家设立民族院校的宗旨是通过培养民族地区紧缺的人才,为当地经济、政治和社会发展服务。但由于我国民族地区大多地理位置偏僻、经济状况较为落后,结果是民族院校培养的人才往往流向发达地区,不仅仅"孔雀东南飞",更形成了"麻雀也向东南飞"的局面,而民族地区积贫积弱的情况并未得到改善。

在法律硕士培养的过程中也出现了同样的情况,经济条件好的地区的生源毕业后往往也是倾向于回到自己的家乡,而不是选择留在民族地区。民族地区院校反而由人才培养基地变成了人才外流的中转站,而民族地区急需高素质、应用型法律人才的情况却没有得到有效改善。

面对这样的人才培养现状,我们该怎么应对呢?怎样才能使民族院校培养的人才自愿落户到民族地区,并志愿为当地的经济建设、社会发展服务呢？那就需要我们在法律硕士培养的过程中使他们树立起面向民族地区服务的意识，通过相关政策和措施的引导，最终实现这些高素质法律人才留在民族地区，为当地经济社会服务的目的。

具体我们要做好以下几个方面：

(1)在法律硕士的教学过程中，我们要加强马克思主义理论与党的民族政策的学习，树立服务于民族地区的意识

党的民族政策是以毛泽东为首的中国共产党人，在将马克思主义民族理论与中国的国情、民族实际相结合的过程中产生的，马克思主义是民族政策的基础。充分理解和掌握马克思主义的民族理论有助于我们理解和深入贯彻党的民族政策，可以鼓励更多高素质、应用型的法律人才学成后留在民族地区，为民族地区良好的法制环境的创建，做出自己应有的贡献。

强化对民族政策、区域自治相关法律法规以及民族宗教政策的学习，加强学生的马克思主义的民族观和宗教观教育，培养学生的爱国主义思想和维护民族团结的意识，使法律硕士自愿留在民族地区，为当地经济、政治、社会的持续健康发展服务。

(2)国家应该在民族地区实行特殊优惠政策，支持民族地区法律人才的培养

国家和民族地区在加大对民族院校资金投入的同时，可以在招生政策上给予包括法律硕士招生院校在内的高校更多的自主权，让高校可以根据自己的师资和办学条件，灵活招生，适当扩大招生规模，加速人才的培养。这些年国家对教育部直属的几所师范高校的学费减免政策，也可以在民族地区的法律硕士招生院校中广泛推广。鼓励更多学生报考法律硕士，加速对地区急需的高素质法律人才的培养。

在法律人才的培养过程中，国家、政府和高校可以设立一些奖学金，提高大家学习的热情。对于家庭经济困难的学生，通过银行贷款和设立针对性的奖学金，帮助他们顺利完成学业。对于家庭困难且自愿留在偏远民族地区的学生，可以减免他们读书期间的学费，并适当给予经济补助。对于特别优秀的法律硕士毕业生可以通过提高待遇、住房补贴等手段予以挽留。改变民族地区人才资源的劣势，通过各种手段增加毕业生的归属感，积极地融入西部开发的大潮中。

总之，国家在民族经济发展和法律硕士培养的过程中发挥着举足轻重的地位，国家通过制度和机制创新，营造有利于人才成长和发展的环境，从而真正地稳定人才和留住人才，创造有利于经济发展的稳定的法治环境。增强民族地区人力资本存量，以促进民族地区的跨越式发展，逐步缩小西部与东部地区的差距，实现我国区域的协调发展。

(3)加强师资队伍建设，改进教学方法，为民族地区输送合格的高素质法律人才

在培养法律硕士的过程中，教师是重要的一环。长期以来，高校的法学教师普遍都是以学术见长的，法律实务不够，基本上谈不上具备丰富的法律实践经验、过硬的法律职业技能，导致在法律硕士的培养过程中出现了重理论、轻实践的误区。而法律硕士的培养目标是：为实际部门培养德才兼备、适应社会市场经济和社会民族、法制建设需要的高层次的复合型、应用型法律专门人才。这就为民族地区能否培养出合格的法律人才打上了一个问号。

在师资队伍的建设中需要做好以下几个方面：第一，教师自身长期坚持不懈地学习，提高自身专业素质，坚持跟踪社会热点

问题，更新知识结构；第二，积极参加教学科研活动，组织高校之间的交流和合作，参加各类学术交流活动，“三人行必有我师焉”，在与同行专家学者的交流中，取长补短；第三，在不影响学校教学活动的情况下，组织一定比例的教师外出进修、访学，提高教师队伍的学历和职称；第四，加大力度制定具有吸引力的人才引进政策，引进国内具有影响力的专家和学者，加入民族地区的法律硕士教育队伍中来。

在10多年的法律硕士教育中存在着重理论、轻实践的弊端，法律硕士的课程设置是以法律理论课程为主和以法律实践课程为辅，并且在普遍采取课堂讲授的情况下，很难指望教师们能够使学生具有较强的法律实践操作能力。尽管法律硕士教育在理论上应当属于法律职业教育，但法律院校在实践中却培养不出适合法律职业需要的法律硕士毕业生。

理想与现实之间之所以出现差距，并不在于法律硕士教育本身的定位，而在于法学院校没有按照法律职业教育的要求对法律硕士研究生进行职业训练。因此，要想实现法律硕士教育的培养目标，就必须强化法律职业教育。在实践中已经有很多法学院校通过举办模拟法庭、法律诊所、案例教学、毕业实习以及邀请专家型的法律职业者授课等途径来加强法律硕士研究生对法律职业的感知和体验[①]。我们还可以成立大学生法律援助中心，与当地司法机关，保持密切合作，为公众提供法律咨询和诉讼代理服务，培养学生的职业素质和技能。

---

① 朱立恒：《论法律硕士专业学位教育的现状与改革》，载《河北法学》，2008(05)。

(4)地方政府和高校合作,做好法律硕士学生在当地就业的相关服务

如何使民族高校培养的学生能留在民族地区也是摆在地方政府和高校之间的一个难题。很多学生毕业之后还是会选择回到自己的家乡,这样的结果会导致民族院校仅仅成为一个人才的中转站,在完成学生的培养之后,留不住人才。因此,地方政府和高校应该站在为地区经济发展的高度重视法律硕士学生的就业问题。

当前我国正处于法制建设、政治与经济体制改革以及成为贸易大国的高速发展时期,可以想象,跨学科综合素质高的法律专门人才仍将是社会需求的大势所趋,法律硕士走俏也符合当今社会的发展,社会需求行情高涨。法律硕士作为复合型、应用型人才,就业方向主要从事立法、司法、行政执法、法律服务和企业管理等实际工作,工作单位当然可以是法院、检察院、律师事务所、公证处,也可以是国家机关、事业单位、大型企业,亦可以从事原有专业与法律结合的管理工作等等。

面对民族地区法院、检察院等部门工作人员受教育程度低、整体素质不高,且严重缺编的现状,民族地区在以后公务员的招录过程中可以适当向法律硕士倾斜,以满足社会主义市场经济发展和"依法治国"对高层次复合型、应用型法律专门人才的迫切需求。使民族地区的司法机关能做到切实维护司法公正、树立司法权威、发扬司法民主的司法理念。

学校可以主动出击,努力打造区域就业平台,推荐学生就业;可以开展市场调研,收集就业市场信息,及时向学生通报;加强与民族地区用人单位的联系,建立学生就业基地;可以邀请他们到学校招聘法律硕士毕业生。

(5)法律硕士可以参与民族地区的立法建设,为民族经济的发展保驾护航

我国目前专门制定了《民族区域自治法》来调整和规范我国民族地区的问题,但是相关的配套法律法规不够完善,给我们在实际操作中增加了很大的难度,可操作性差。从一定意义上说,民族法制体系不完善,势必会影响民族法律的形式合理性的完善和价值合理性的实现。同时在一定程度上会影响其在民族平等、民族团结、各民族共同繁荣和社会稳定等价值诉求上的真正实现。

而法律硕士作为高素质复合型应用型人才可以参与调研,在深入理解民族地区现有的法律法规和民族风俗习惯,宗教政策等因素的情况下,向国家和当地政府提出自己合理的立法建议。在尊重国家法制统一和尊重制定法的基础上,对民族风俗习惯做出适当的变通和取舍。

民族地区经济的发展是一项宏大的工程,我们既要推进经济建设,又要实现经济、资源、人口、文化、环境的协调发展,而这一切都离不开一个和谐稳定的社会秩序,而这些就是我们作为法律人所要努力实现的。

(6)培养院校应该加强对法律硕士在校期间的教育、引导、服务和管理,加强对法律硕士毕业生的跟踪联系

从目前全国有招生权限的培养院校来看,法律硕士在校期间面临着学费高昂、公费比例远远低于法学硕士、奖助学金竞争压力巨大、学业课程压力巨大等诸多现实、直接的难题,而不少培养院校把法律硕士招进来后采取大班教学、散养状态,给法律硕士留下了一种不受重视、交学费自学拿文凭的错觉,使得法律硕士毕业后大多选择回到经济发达的生源地或者回家乡就业,

不愿意留在待遇差、工资低的落后民族地区。

所以如何做到使培养院校培养出来的法律硕士想留、能留在民族地区,感受到母校和民族地区亲切温暖的关怀、广纳法学贤才的诚意,培养院校和当地政府要采取必要的有效措施。以培养院校为例,在校期间,在坚持对法律硕士进行理论教学的同时,多开展多创造机会让法律硕士参与到民族地区的立法、司法等实务工作和调研中去,加强他们的动手实践能力、运用已学法律知识解决实际问题的能力,采取案例教学、圆桌沙龙、法律援助等丰富教学形式,让法律硕士感受到自己与法学本科生的不同和差异,在学好法学专业知识的同时,能灵活运用,而且不荒废已有的本科非法学知识,让他们感觉到自己在院校受重视,能得到导师的悉心指导。在毕业论文写作上可以更加灵活,不要仅仅局限于理论类,法律硕士的毕业论文可以写案例分析类的,也可以写社会实践调查类的,也可以写理论类的。

对于法律硕士研究生毕业,培养院校要及时跟踪并收集毕业生对学校在教学、管理等方面的有益建议和意见,保持常态联系,不要等到校庆、捐款等事情时才想到。对于毕业生提出的建议和意见,校方要及时认真地整理归纳,为以后更好地培养法律硕士提供良好的借鉴,使法律硕士的培养步入健康正常的轨道。

(7)解决好法律硕士在就业上所遭遇的尴尬,需要用人单位,尤其是公法检系统的支持

前面讲到由于民族地区经济社会发展需要,在招录公务员的时候可能会大量招收法学本科、研究生毕业生,但是请不要歧视法律硕士毕业生。为什么这样讲呢?因为不少用人单位尤其是公法检系统在招录时候,在条件中设置了"学历:本科及以上;专业:法学本科或者研究生学历(硕士学历及以上的要求本科也

是法学专业)”;另外不少律师事务所对法律硕士也有招聘的限制;等等。这就使得所有的法律硕士(非法学专业)毕业生都报不了名。连名都报不了,谈何参与到法律实务中去?谈何留在民族地区的法律实务系统?国家设立法律硕士研究生学位至今已走过快 18 年了,它的定位、培养目标和培养理念以及培养所处的学院(法学院)都是非常明确的,是为社会培养复合型、应用型的高层次法律职业型的专业化人才,是法学专业的研究生学历教育。

所以为了解决好法律硕士在就业时遇到的尴尬,民族地区或者当地用人单位在上报用人计划及条件的时候,要考虑到法律硕士教育的实际。或者拿出一定数量的职位专门对口招录或者在招录公务员中的专业设限为法学类,避免出现上述现象,如果公务员招录专业设限为本科也是法学专业,那么势必会造成很多法律硕士不想考也不能考公务员的现实处境,而改投发达地区不限专业或者对国家政策熟知(即法律硕士是法学类研究生)的招录省份。

法律硕士教育在我国十七八年的飞速发展,已经圆了很多本科不是法律专业而又非常想学习法学专业同学的一个法学梦,也为我国进行法治社会建设和推进依法治国提供了大量的、奋战在各行各业的优秀法律人才。所以改变民族地区法律人才缺少、促进民族地区稳定发展,需要全社会共同努力,尤其是民族地区要将扩大法学教育、培养法律硕士作为一项重要措施来抓,使得法律硕士的培养目标、培养理念和培养成效与民族地区的和谐稳定发展相互促进、相映生辉,以达到相得益彰的效果。

# 第四章

# 面向西南民族地区法律硕士培养教师队伍建设研究

从办学主体来说，要办一所好的学校，必须有一批好的教师。法学教师更是教师职业中更为特殊的群体。师资是决定法律硕士教育成功与否的关键问题。一个好的课程体系是办好法律硕士的重要条件。那么，这些课程有没有人能教？能不能教得好？关键还是教师。所以，法律硕士教育能否办好，就是要看师资力量到底怎样；有没有足够数量和一定水平的教师开出实用的、高水平的课程来。也就是说，师资决定了法律硕士的培养质量。

## 一、我国西南民族地区法律硕士教育教师队伍的现状

从第二章有关西南民族地区所获法律硕士授予权各单位师资队伍的介绍，我们可以得出西南民族地区主要高校法律硕士教育教师队伍的基本情况。除了少数几所新近刚设立的法学院，绝大部分西南民族地区法学院的专任教师都在 40 人以上。

教师队伍数量的扩大，使法律硕士培养的人力有了重要的保证。虽然各民族院校在提高法学教学质量，尤其是培养学生实践能力方面采取了相应的各项措施，但并没有达到预期的效果，普遍存在实践课课时偏少、实践课流于形式等问题，不能满足实务部门对法律人才实践能力的要求。西南民族地区法律硕士教育教师队伍存在如下一些有待完善的地方：

### （一）法学教师法律职业技能缺乏的现状相当严重

虽然在岗教师中有不少兼职律师，也有不少教师在实践部门兼任仲裁员、人民陪审员、特约检察员等工作，但总体上看，西南民族地区法学院教师缺乏法律职业技能的情况还相当严重。如担任过兼职律师的，大多做的只是法律咨询服务，缺乏出庭的经验，缺乏审判的经验；甚至很多讲授票据法的教师没见过票据，更不知道出票的基本环节。从大背景上看，造成这种状况与我国法学教育的发展历程有很大关系。新中国成立后，我国先后经历了“反右”、“文化大革命”等一系列政治运动，在那期间，法律并没有成为治国的基本方略，法学教育非但没有受到应有的重视，反而受到严重破坏。20 世纪 70 年代末法学教育恢复时，摆在法学教育面前最紧迫的事情是如何解决师资力量严重匮乏的问题。[①] 为了解决法学教师严重匮乏的问题，当时不得不从法学专业毕业的学生中直接选拔人才充实到教师队伍之中，甚至也有从其他专业转行直接充任法学教师边学边教的情况。西南民族地区法学院（系）大多在 20 世纪 90 年代末或 21 世纪初建立，当时我国法学教育虽然从数量和质量上已经取得了重大的发展，但正值高校扩招阶段，法学教育规模急剧扩大。这一

---

① 甘绩华：《法学教育的成就与改革》，载《政法论坛》，1989(2)。

现实又成为高校法学教师迅速扩大的推动力。在法学教育规模高速发展时期，西南民族地区法学院（系）为了挤进法学教育快车道，法学教师队伍的建设主要是解决师资不足的问题，无法顾及师资结构和法律职业技能方面的素质，因此，法学教师法律职业技能缺乏的现状依然严重。

（二）法律硕士教育培养的专门化程度小

即没有专门从事法律硕士教育培养的师资队伍。担任法律硕士生导师的教师基本同时需要承担本科、法学硕士、法律硕士、在职硕士等各种教学任务，有一部分教师还在外兼任各种实务工作，如法律顾问、律师、仲裁员、独立董事等。加上目前各学校招收的法律硕士人数较多，分到各位导师手下的硕士生数量较多，因此，基本上无法做到师徒式指导。

（三）师资队伍保障乏力

近年来，由于地理位置偏僻，经济发展相对落后，信息相对闭塞，原有办学基础和条件较差，自身造血功能不强等原因，西南民族地区法学教师流失现象比较严重。在我们的调查中发现，各高校法学院高职称、高学历的教师向沿海、东部地区同类院校调动都不同程度地存在。目前西南民族地区法学院仍然不同程度地存在教师整体素质不高，结构不合理，高学历、高素质教师补充困难，学科带头人缺乏等问题。可以说中青年骨干教师和学科带头人流失严重的状况仍然是教师队伍建设面临的主要问题，也是困扰和制约少数民族法律人才培养的重要因素。

（四）培养单位综合化不足

综合化是指法律硕士培养机构能力、条件的综合性。目前我国西南民族地区法学院的发展还属于起步阶段，基本还是模仿传统的政法院校，按照传统的思维模式、教学模式来继续培养法律人才，这对于培养我国西南民族地区需要的基础法律人才起到了不可替代的作用。但法律硕士是培养复合型、应用型的高层次法律专门人才，单一性的培养条件、方式和环境不符合我国对于法律硕士的人才培养规格的要求，也不符合依法治国的时代的要求。人才的复合型要求、社会变化的加快、知识本身的综合化趋势，都需要教师教育的综合化，需要学校自身的综合化。

（五）教师的“民族特色”缺失

我国是一个多民族国家，然而教育的民族特色缺失现象还相当明显。就法律教育和法学研究而言，少数民族地区的法律院校人才培养的民族特色缺失现象尤其严重。这主要有主客观两大方面的原因：从主观上看，国内尤其是少数民族地区的法律院校还缺乏自觉意识，陷入了一个共同的误区：法律人才培养市场定位的唯城市取向，以及法律学术生产市场定位的唯城市取向。从客观上看，少数民族地区法律院校缺乏具有培养民族人才意识和水平的教师队伍。因此，纯粹的现代法律教育及其人才培养模式，对于民族地区的高等法律院校来说，没有市场占有方面的优势；相反，却面临着极为严峻的挑战：本地市场对现代性法律人才的有效需求不足，外地即发达地区市场已出现现代法律人才供给相对过剩的情形，[①]造成法律人才供给与需求脱节，致使法科毕业生“有人无位”，实务部门“有位无人”的问题比

---

① 王勇、李玉璧：《中国西部地区法律教育和法学研究的比较优势》，载《甘肃政法学院学报》，2003(5)。

较突出。[①]

## 二、面向民族地区法律硕士教育对教师的要求

### （一）面向民族地区法律硕士教育的教师队伍结构要求

应该说，我国的研究生教育还属于精英教育阶段，这就需要研究生的培养由规模扩张全面转移到质量提升上来。这给法学教师队伍建设的重点从单纯数量的扩大转移到结构调整和素质提升带来了契机。按照我国当前高等教育对人才规格的设计，法律硕士是培养复合型、应用型的高层次法律专门人才。这一人才规定是很高的，它突出了各法律硕士培养单位必须具有全面的、综合的人才培养能力。这一人才培养能力的设计在很大程度上体现在承担人才培养关键力量的教师队伍身上。那么，这样全面性、综合性人才培养能力最理想的状态当然是落实到每位法律硕士教师身上。但由于对于人的生命时限来说，人的时间和精力总是有限的，所以综合性的能力不可能在每位法律硕士身上得到全面的体现。但作为一个培养复合型、应用型的高层次法律专门人才单位，应该具备我国当前对于法律硕士教育的人才规格设计要求。这可以从各培养单位的教师队伍结构中体现。西南民族地区高校人事部门和法学院的领导应该重视法学教师专业技能的特点，将建设一支既具有深厚理论功底，又具备一定实践技能的双师型的法学教师队伍作为一项长期的工

① 顾龙涛、臧兴东、冷传莉：《西部地区对法律人才的特殊需求及其对策》，载《贵州民族学院学报》（哲学社会科学版），2007(5)。

作来抓。

1.从学生的知识结构和能力结构需要出发,民族地区法律硕士教育的教师应该是以技术型教师为主,以理论型教师为辅的结构组合

法律硕士教师队伍的这一结构要求是基于我国对于法律硕士人才培养规格和目标来提出的。对于法律人才的规格,人们有不同的观点和具体要求,至今人们已经普遍认为,法律人才必须有职业技能。[①] 这一要求在法律硕士培养的规格和目标中更是得到充分的体现。我国现行的法律硕士培养方案指出,法律硕士专业学位的培养目标是为法律职业部门培养具有社会主义法治理念、德才兼备、高层次的复合型、实务型法律人才。从这个表述上看,“高层次”、“复合型”和“应用型”便是法律硕士培养规格和目标。按照我们的理解,所谓“应用型”,是指法律硕士的就业方向主要是法律实践工作以及涉及法律实践的管理工作,并且具备很强的法律实践能力。应该说这个目标是切合实际的,也是可以达到的。所谓“高层次”,是指法律硕士是本科之上的硕士研究生教育,掌握了全面、扎实的法学学科体系的基本知识。即,法律硕士不同于法律本科教育,是培养高层次的、具备硕士研究生水平的法律专门人才。所以“高层次”的目标也是实事求是的。

而当前的实际情况是我国法学专业毕业生职业技能普遍不

---

① 但也有观点强调独立于法学院之外的由实务部门主导的实务研修阶段。认为只有经过法科的专业熏陶、司法考试的严格筛选、实务研修的艰苦磨砺,才能完成法科生向法律人的进化。以此为由将普通高校的法学教育和实务部门主导的实务研修进行严格的划分,主张法学院作为大学的一部分,另有一个立场,即基于大学理想、淡化职业主义的立场。见黎枫:《法学教育和法学院的教育》,载《杭州师范大学学报》(社会科学版),2008(4)。

高。对于如何解决这一难题，我国著名法学教育家霍宪丹认为，从根本上讲，法律职业决定了法学教育的培养目标、培养规格、培养要求和培养模式，决定了法学教育的布局结构和办学层次，决定了法学教育改革发展的方向和内在动力。[①] 高校的法学教育在重视理论教学的基础上，还应加强对学生职业技能的培养，在一体化法律人才培养模式下，有效衔接专门的职业准入考试和职业培训。这一观点受到法学界和法律界的普遍认同，简单地说，法科学生不仅要学好专业理论知识，也要训练专业技能。而学生能否达到"专业理论＋专业技能"的规格，关键还是看教师的培养能力，这就需要在法学院中培养一批有较深理论造诣，又具备较强的实务能力的教师队伍，即双师型教师队伍。

所谓双师型教师，就是既有深厚扎实的理论功底，又具有较强的专业实践能力，能在理论和实践结合的层面胜任实践教学，既能培养学生的理论思考能力又能训练学生的专业实践能力的教师。至今，我国法学教育采取的仍然是以课堂教学为主导，兼涉校外实习的教学模式。这种模式对于学生法律技能的训练来说存在明显的不足。[②] 因此，改革教学方法确有必要。目前普遍观点认为，一个优秀的法学教师还应该拥有法律职业的实践经历，掌握法律服务所需的基本技巧。如果连老师都不具备法律职业技能，如何谈得上重视和培养学生的职业技能？正如苏力教授所说的，也许更重要的问题不是法学院应当教什么，而是法学院的教授有什么可教的？[③] 有调查显示，以下现象在法学教师

① 霍宪丹：《中国法学教育反思》，中国人民大学出版社，2007，第 48 页。

② 房文翠：《法学教育价值研究：兼论我国法学教育改革的方向》，北京大学出版社，2005，第 153 页。

③ 苏力：《当代中国法学教育的挑战与机遇》，载《法学》，2006(2)。

队伍中比较常见：教诉讼法的教师没有出庭经历，甚至没有观摩过一次完整的审判；教合同法的教师从来没有起草过一份合同；教票据法的教师不知道票据法之票据为何物，甚至误以为邮政局的汇款单就是汇票；如此等等，不一而足。[①] 于是教学过程中的照本宣科、脱离实际的流弊就在所难避；虽然目前很多法学院开始注重实践的教学环节，对传统的教学方式进行了一些改革，但是绝大部分流于形式，收效甚微。而有一些政法院校依靠一支优秀的师资队伍，在教学改革中取得了成效，如西南政法大学推行案例教学和双师多向互动式教学法，得到绝大多数学生的欢迎。[②] 首创者王学辉和谭宗泽再加上其他很多参与者都是典型的双师型教师，既有深厚的理论功底，又有丰富的律师从业经历。

如何解决目前存在的双师型教师缺乏问题？主要有几种途径：一是积极引进拥有法律职业的从业经历教师；二是加强教师队伍的实务能力培养；三是在法学院现有师资不能适应法学实践教学需要的情况下，适当聘请法律实务部门的具有一定理论水平的法官、检察官和律师担任兼职教师，以弥补学校教育资源的不足。

另一方面，培养学生的基本专业理论知识是普通高等院校的传统教学和培养目标。尽管随着社会的发展对人才要求产生了许多变化，但培养学生的基本专业理论知识这一传统的教学和培养目标依然不变。“在法律职业中，理论与实践的辩证统一

---

① 李德恩：《法学双师型教师队伍建设的必要性与路径分析》，载《北京电子科技学院学报》，2010(3)。

② 徐显明主编：《中国法学教育状况(2006)》，中国政法大学出版社，2007，第88－112页。

贯穿整个司法实践活动。”[①]法律虽然是一种技能性科学，但又不同于一般的、具有物理运动方式完成的技能性科学，对于从事法律工作的人来说，抽象认识能力、解决疑难问题的能力比动手能力更为关键，而这两种能力的培养关键是来自理论教育结果。特别是对于在职法律硕士，他们已经有一定的实践经验，具备一定的职业能力，希望能够在理论上有较大的提高，因此也不能简单地向他们传授一些一般性技能，而是要使他们能够在更高的理论层面上深入探讨复杂的法律实务问题。[②]

因此，理论型教师应注重以下几方面的能力：

一是法律的抽象认识能力。法律硕士的教师不仅要谙熟本学科领域内基本理论、法律条文，而且要有能力看到法律元素背后的法律精神和法律价值，以及与之相联系的政治、经济、科技、历史、文化、社会、道德、伦理和传统等背景。要知道法律是什么，同时要知道法律为什么是如此安排，要能提出法律应当是什么这一具有前瞻性的问题。

二是解决疑难问题的能力。社会在发展，各种新型的疑难案件层出不穷，面对纷繁复杂的法律关系，法律界人士经常“剪不断，理还乱”。人们经常会看到，时下不少司法部门、执法部门的工作人员跑到法学院，就疑难案件请教有关专家学者。那么，作为培养应用型高层次法律人才的教师，应该具备较强的判断、分析和解决法律实务中热点、难点及焦点问题的能力。

① 霍宪丹：《法律职业与法律人才培养》，载《法学研究》，2003(4)。

② 王晨光、李红：《在职法律硕士专业学位教育管理探索》，载《清华大学教育研究》，2003(5)。

2.从目前法学院自身的师资力量现状看，西南民族地区法律硕士教育需要以专职教师为主，兼职教师为辅的结构组合

就如前文所涉及，虽然我国法学教育取得了重大的发展，法学教师数量也不断增长，但适合法律硕士教育的专职教师力量仍然比较薄弱，单靠专职教师执行国家法律硕士培养任务，很难达到培养的规格要求。因此，在不断充实专职教师队伍，以专职教师为师资力量主体的前提下，可以同时聘请兼职教师共同完成法律硕士培养工作。

所谓专职教师是指具有国家认定的教师从业资格，以教育、培养在校生为专门的工作职责，能胜任全日制正常教学活动的教师。专职教师为在校学生的培养和研究提供了最基本的专业依托，其很大的优势和作用在于为教育、培养学生提供基本的师资力量保证，因此是学校办学最重要的条件。但是，由于西南民族地区在地理位置、生活环境、教学条件等硬件方面明显差于东部发达地区，因此法学院在人才引进和人才稳定工作中所遇困难较大。为弥补法律硕士师资力量的不足，西南民族地区的法学院可以因地制宜，就近聘请理论造诣较深，实践能力较强的司法实务工作者、法律服务工作者作为兼职教师担任法律硕士的教学工作和研究生指导工作，即执行“双导师”制。

兼职教师在短时间内很大程度上改变了教育师资分布不均的局面，使得教育相对落后的西南民族地区的法学院师资力量得到补充。事实上，现在不少西南民族地区的法学院正在聘请当地法官、检察官参与法律硕士的教学和研究生指导工作。2008年以来，广西师范大学法学院安排了桂林市人民检察院检察官独立承担了《检察理论与实践》的实践课程；仅2010年就聘请了20多名当地理论造诣较深，实践能力强的法官和检察官担

任了法律硕士研究生导师，使每个学生同时获得教授和实务导师的指导。这样，不仅可以克服学理和实务常常脱离的这一难题，又能在教学中吸纳实务中的宝贵经验，充分利用实务部门的资源优势，有助于加强法学院与司法机关的联系。①

我国对于兼职教师的从业行为和教学活动没有明确完整的规定，同时相关法律对法官、检察官的兼职行为有一定的限制。但我们认为，在师资力量分布不均的情况下，兼职教师介入法律硕士研究生的教学和培养工作，有利于教育的平衡发展，是我国西南民族地区的法学院教育方式的有力补充，因此，必将得到社会的理解和支持。

## （二）面向民族地区法律硕士教育的教师素质要求

毫无疑问，教师队伍自身的素质是贯彻教育理念和进行教学方法改革能否取得成功的关键。中国法学教育诸问题中师资问题无疑是首要的，优秀法学师资的缺乏更是相当严重的问题。② 但如何判定一个法学教师是否优秀呢？有学者归纳法学教师的基本素质应包括：高度的职业道德、丰富的专业知识、高超的教学水平及较强的科研能力。③ 这些素质毫无疑问是任何一个高校老师都应该具备的，但没有显示法学教师的素质要求

---

① 实务导师是弥补法学院师资结构性缺陷的一个好办法。但同时我们还应该认识到，“双导师”在全日制法律硕士与在职法律培养中的作用并不太一样。因为在职 JM 研究生已经在工作岗位上接受了一定的、甚至是比较充分的实践锻炼，他们的知识结构，甚至是知识水平，特别是实践能力和水平与同样是来自实践部门的导师可能比较接近。所以对于在职 JM 研究生来说，实行“双导师”制时还是应该以法学院的教授和博士为主导。如此方能达到提高在职 JM 研究生的法律抽象认识水平，分析和解决疑难法律问题，以及提高理论水平的目的。

② 卓泽渊：《法学教育的问题与出路》，载《法制日报》，2007－06－03。

③ 参见冀祥德等《中国法学教育现状与发展趋势》，中国社会科学出版社，2008，第 232－238 页。

与其他学科高校教师有何不同。我们认为，优秀的法律硕士教师除了具备一般大学老师优良的素质之外，还应该具备以下两大方面的素质：

1.具有坚定的法治理念

法治建设所面临的最大威胁是法律的信仰危机。观念决定行动，在推进法制社会的初期阶段，克服法律信仰危机的主观要素是坚定的法治理念。法治理念是指人们对法律的普遍观点、认识以及所要达到的规格和标准，它是决定法律教育工作者素质的核心要素。法学教师，首先要树立法律至上观念。法律至上是指法律在社会规范中具有最高权威，所有的社会规范和人的社会活动都必须符合法律的精神。简单地说，在法治社会，法律至上就是法律说了算。其次，要树立平等的观念。法治国家的平等是平等主体之间的法律地位平等，包括社会地位平等和权利平等，离开平等就谈不上法治国家。再次，权力制约观念。权力制约就是要依靠法律的规定，界定权力之间的关系，使权力服从于法律。最后，权利本位。权利本位是相对义务本位而言的，在国家权力和人民权利的关系中，人民权利是决定性的、根本的；国家权力是受限制的权力，必须在法律规定的范围内行使，不能超出权力的界限。法律义务的设定必须出于维护相应的法律权利或公众利益的需要并经过必备的法律程序通过。

2.具有合理的专业知识和能力结构

第一，深厚的法律知识功底。作为法学教师，在面对日益完善和纷繁的法律关系、法律规定和法律制度时，不仅要掌握法律专业知识，熟悉法条和诉讼程序，而且要理解和掌握法律规则和法律制度背后的法律意识、法律精神和法律价值。不仅要知道法律是什么，还要知道法律为什么如此，在此基础上，还要求进一步创新思维，提出法律应当是什么。因此，作为法学教师还必须研究法学的基本理论，包括法理学、学术流派、法律思想、价值标准等法律学科基础理论，同时还要研究种类繁多的部门法体系，包括宪法、民法、刑法、行政法、经济法、社会法、诉讼法等法律部门；研究当代中国现行有效的法律、法规和国际法理论。通过长期不断地学习，形成自己比较深厚的法律知识体系。另外，需要教师不断地学习新的法律法规，不断更新自己的法律知识体系，完善法律知识结构。

第二，扎实的相邻学科知识体系。法学是以法律现象为研究对象的科学活动及其认识成果的总称，是一个由众多法学分支学科构成的学科体系。它与哲学、政治学、经济学、社会学、历史学等其他学科存在密切的关系。把握法学与这些学科的关系，把学习法学知识与学习这些学科的知识有机结合起来，对于学好法学知识、培养法学理论修养和法律实践技能大有裨益。在现代社会，法律渗透到社会的方方面面，有关法律现象的许多问题不单是法学的问题，而是属于法学与其他学科的双边问题或多边问题。因此，作为法学教师，要理解和掌握与之相联系的政治、经济、科技、历史、文化、社会、道德、伦理和传统等法治理论的背景，这是法律知识体系结构的基础。

### （三）面向民族地区法律硕士教育的教师的教学组织能力要求

教学环节是学生接受知识和培养能力的重要载体。要实现教学环节的最大化，关键是教师如何组织规范、合理的教学活动。民族地区法律硕士的教学过程基本要求：

1.坚持思想政治教育与专业教学并重

民族法学院校应该将思想政治教育渗透到教学各个环节，

渗透到教学、科研和社会服务各个方面，做到全过程育人、全方位育人，使同学们深入了解民族地区的法制状况、人才需求情况，让他们深切感受到肩上的责任和使命，帮助学生树立正确的国家观、民族观和正义观以及对法律的信仰，促使每个学生养成务实奉献的精神。积极引导法学学生树立正确的择业观，提倡和鼓励他们回到家乡、回到基层，不以毕业生到大城市、沿海发达地区和开放城市及高薪岗位作为评价指标，鼓励学生报效祖国，以服务于民族地方、服务于少数民族为自己的光荣责任和使命。①

2. 注重专业理论知识讲授与实践训练相结合

前文已提到，法律硕士学习较为全面的专业理论知识是掌握法律技能的前提条件。因此，教师首先要帮助学生打牢专业理论基础。同时，由于法律硕士是应用型人才，法学院应该增加实践教学的比重，教师应该有效地组织专业实践训练课程。目前，传统的以理论讲授为主的教学方法对于各法学院教师来说似乎已经轻车熟路了，但法律技能的培养和训练明显是先天不足。因此，理念创新和教学方法改革确有必要。但是，改革现有的教学方法和模式不仅是法学院宏观层面的战略举措，也是单个教师义不容辞的责任。可以说，在教学组织中，能否探讨和实践专业理论知识讲授与专业技能训练相结合的教学模式和方法

① 张殿军、王晓慧、丁利明：《凝炼特色因材施教培养高素质少数民族法律人才——以大连民族学院为例》，载《教书育人》，2007(5)。

是衡量法学院教师能否胜任法律硕士教育和培养工作的重要指标。[①]

3. 因材施教,开展个性化教学

虽然接受着相同的法律教育,甚至将来从事着相同的职业,但个性化却是法律人才的重要特征。这种个性特征表现为法律人"不仅富于才智,精通专业,而且个性突出,重'理'轻'仪'。在工作中不愿随波逐流,人云亦云,更羞于趋炎附势,与之相反,他们应该会为真理和追求而蔑视任何权威"。这是法律价值的内在要求。同时法律职业人员专职从事法律活动,具有相当大的自治性,不需取悦世俗和权势。个性化的法律人才需要多样性的教学模式来完成。多样性的教学模式也要遵循一定的规格和章法,法律教育个性化教学模式应贯彻以人性为基础,德性为方向、以个性为本质、以创造性为中心的原则;应充分采用启发式、双向式、双(多)师式、论辩式、案例式、诊所式等"民主"而又"权威"的教学模式和方法;应该积极形成允许质疑,倡导批判,重视程序,尊重裁判的教学氛围。

民族法学院校法律人才的培养过程中,应根据法学专业学生的入学前文理科构成、地域来源、民族构成、民族预科构成、大学前教育以本民族语言教学的学生状况、汉语书面表达和口语表达存在障碍的同学人数、零起点外语学生构成、宗教信仰状况、家庭经济状况等因素,分析民族院校法学专业学生在构成上

① 如何改革传统的以理论讲授为主的教学方法已经成为中国高校法学院不约而同的选择。应采用哪一种方法进行世界各国对于法律技能的培养可以归纳为同步模式和分段模式,美国实行的就是典型的同步模式,而德国和日本采用的就是典型的分段模式。我国法学教育采取的是以课堂教学为主导,兼涉校外实习的教学模式。这种模式对于学生法律技能的训练来说存在明显的不足。见房文翠《法学教育价值研究:兼论我国法学教育改革的方向》,北京大学出版社,2005,第 153 页。

的特殊性和规律，选准突破口，抓住特色。在教学方法和学科建设上，针对少数民族学生的具体构成情况、文化水平、心理特点和学习特点因材施教。近年来出现了用维吾尔语对少数民族学生进行法学教育的情况，如新疆大学法学院是少数民族独立编班，汉族学生编成另一个班，以照顾少数民族学生的语言学习需要。①

4.面向民族地方与面向国际化并举

一些民族院校的部分专业课如国际私法等课程实行双语教学，注重英语的应用性和实践性。同时编写了双语教材，实施全员参与，在所有的课程中都进行“渗透式”双语教学。教学中适当加入英语教学成分，把英语作为教学语言逐步渗透在各法学课程中。

5.探讨学历教育与职业教育相结合

民族院校在国家统一司法考试的背景下，教师应该探讨如何将教学大纲、讲授内容、练习形式和期末考试与国家司法考试紧密结合相互呼应，将理论培养和知识的传授与国家司法考试建立合理的关系。选定一些课程进行试点，在保证完成教学计划和正常教学的前提下，与国家司法考试的要求紧密结合形成良性互动，消除学生对于司法考试的畏难心理，提高司法考试通过率。

---

① 邹勇、蔡葵：《新疆少数民族法律教育模式研究》，载《齐齐哈尔师范高等专科学校学报》，2007(3)。

## 三、加强面向民族地区法律硕士教育的教师队伍建设的思路与实践

### （一）建立适合民族地区法律硕士教育的教师准入标准

近年来，随着人才数量的增多，法学教师进入教学岗位的要求大大提高了，优化教师队伍确实迎来了一个非常好的时机。招录时，各法学院通过面试、试讲、甚至试用的方法，尽量遴选优秀法学教师。但对于民族地区法学院来说，由于客观条件的限制以及人才主观认识的偏差，能引进理想的法学教师并非易事。我们发现，近年来，民族地区法学院在招聘条件中，在学位（学历）、职称、年龄、学术经历、研究成果要求与东部发达地区法学院的进人标准相差并不大，而事实上很少有学校能完全按照条件如期招到人才。至今，从整体上看，实事求是地说，西南民族地区法学院教师队伍水平较东部发达地区法学院要低得多。那么，民族地区法学院如何充实教师队伍，从而整体提升自身的教师队伍水平？是否都以东部地区法学院招聘法学教师的标准引进人才？我们认为，人才引进地区应该考虑到区域经济发展及当地教育条件的实际情况，不能把标准定得太低，也不能把标准定得太高。比如，虽然在正规法学院接受过法学专业的系统教育和必要的训练，但是如果并不具备法学教师的基本素质，没有较好的口头表达能力和思辨能力，没有坚定的法治理念，没有基本的社会交往能力，是不能胜任法律硕士这一应用型、高层次人才的教育和培养工作的。另一方面，如果把教师准入标准拔得太高也没有用，实事求是地说，不管从哪方面来看，西南民族地

区法学院要全部引进非常优秀的法学教育人才并不现实。

（二）打造法律硕士教师团队

在人才需求日益多样化和复合化的客观要求下，培养人才的队伍也逐步集成化，即教师队伍应是一个结构合理、能适应多样化和复合化人才培养需要的“集团军”，这就是所谓的教师团队。优秀的教师团队才是学校的核心发展力，在一个教师团队中，在团队带头人的带领和协调下，围绕工作目标，根据每位教师的特长，团结合作，最大限度地发挥每一成员的潜力，共同进取，发挥团队的整体力量。这样，不仅能激活团队中的每一个人，更好地促进每个教师的专业成长，而且可以提升整个法律硕士的培养水平。

法律硕士培养目标是为法律职业部门培养德才兼备的高层次的复合型、实务型法律人才。这一培养目标与法学硕士有着较大的区别，前者是应用型、复合型高级法律人才，后者是学术型、专业型高级法律人才。作为复合型、实务型法律人才，在未来的社会服务领域中，除了面向法律工作之外，法律硕士还可以为实务部门管理及行政管理培养综合素质的管理人才。在法律实务方面，很多法律硕士因其有跨专业的背景，在实务工作中更易发挥其专业优势，优秀的法律硕士生未来可以成为某个领域的专家。同时考虑到西南民族地区法学院现有的师资条件，单个教师在教学组织中不太可能独立、完整地组织法律硕士的所有教学环节的情况，因此，打造具有较高专业素质、年龄结构和学缘结构合理的法律硕士教师团队更显得有必要。

那么，法律硕士教师团队是否应当具备自身的特色？或者说，法律硕士教师团队和一般的法学教师团队是否应有差别？一般来说，法学教师团队从结构上应是具有较高专业素质、老中青结合、以中青年为主、年龄结构和学缘结构合理的教学团队。而法律硕士教师团队建设一方面体现出一般教师团队的结构要求和特点，同时也应该有自身的一些特色。

首先，对法律硕士教师的个人素质结构方面的要求，要适应法律硕士专业化、综合化的特点和法律硕士目标的特点。法律硕士团队教师的知识面应较广、实际经验、实践能力、创新能力均应较强，较高的专业素质保证了其较高的教学和研究水平。

其次，法律硕士教师团队学缘结构要合理。合理的学缘结构不仅能够防止“近亲繁殖”现象，而且来自不同学校的教师在人才培养过程中自觉或不自觉地采用母校的人才培养风格和优点，对于培养学生的个性具有重要的引导作用。

再者，法律硕士教师团队的年龄结构可以突出其年轻化的特点。一般观点认为，教师团队的年龄结构要体现老、中、青三结合，这样可以更好地实现团队的传、帮、带作用。但对于法律硕士教师团队来说，其年龄结构可以与一般的教师团队略有不同。原因是法律硕士是培养应用型、复合型人才，兼职实务的教师大多也集中在中、青年教师中。而且从实际情况看，在目前的西南民族地区法学院教师队伍中年轻教师的比重较大。

### （三）加强教师培训与进修，并使之制度化和经常化

总的来说，教师学历层次的提高和博士化是提高法学教师教学能力和综合素质的一般途径。但这只是其中的一个方面，教师必须经常进行培训与进修，以不断提高其专业素质和业务水平。在国外，法律教师培训与进修已经成为一种教师再学习的优良传统，如德国对从事应用型教学活动的教师的业务能力培训要求就比较严格，除参加许多考试、考核外，还要定期进修、考核和考取相应的技术证书以及在实务部门中实践实习等等。

注重增加实践教学的比重以及改革传统的教学方法已经成为中国高校法学院不约而同的选择。根据国内外的成功经验，西南民族地区法学院对法律硕士教师培训与进修可采取以下两种方式进行组织：

一是积极争取访学项目，吸取著名政法院校最新教学和研究成果。如近年来广西师范大学法学院按照法律硕士教学和研究的需要，利用年度"广西高等学校骨干教师培养计划"，要求教师选择对口学科积极申报，安排法学教师到国内著名的政法院校进修与培训，以提高教学水平和能力。以项目运作方式进行教师进修与培养是国内政法院校提高教师专业素质和业务水平的成功经验。在这个方面，吉林大学法学院大力鼓励与支持青年教师申请国内国外各种形式的留学或研修的资助项目，到国外著名大学留学或研修。同时，资助学术带头人和骨干教师出国参加重大的国际学术会议，从而使本团队教师与国际学术界保持经常性的学术联系。[①]

二是借助横向合作平台，提高教师实践教学能力培养的实效性。法律硕士教师培训与进修的内容和重点是加强对在职教师实践技能的培训。法院、检察院、公安局、律师事务所，以及政府相关的实务部门是提升教师实践教学能力的宝贵资源和重要平台，要充分加以利用。要争取实务部门的支持和参与，可采取"双挂"的方式，即教师到实务部门挂职锻炼，实务部门的领导或专家到学校做兼职教授，实现法律硕士培养过程中理论界与实务界的充分结合。首先法学院要发挥主动性，根据教学需要，组织、鼓励和支持专业教师到相应实务部门挂职或兼职，让广大专

---

① 陈幼德：《德国职业教育教师资格及其培养模式的启迪》，载《教育发展研究》，2002(2)。

业教师参与实务部门的司法实践、法律服务、行政管理。在这方面广西大学法学院和广西师范大学法学院做了一些有益的探索。近年来，广西大学法学院安排了若干名青年骨干教师到各地市人民法院、人民检察院和自治区人民检察院挂职锻炼，充分挖掘了高校与地方实务部门的各自优势，不仅大大提高了法学院青年骨干教师的实务业务水平，也加深了教师对当下我国边远民族地区法治现状的现实状况的了解。广西师范大学则就近与桂林市人民检察院签定了联合培养法律硕士的协议，在合作培养人才过程中，抓住机会向实务界专家学习，使法律实务能力得到提高。

### （四）完善教师教学工作效果的评价和反馈机制

教学工作是学校教育的核心环节，教学工作评价机制的完善是搭建学校人才评估体系的有机组成部分。对法律硕士教师进行评价的根本目的在于确立一个衡量法律硕士教师的标准，充分发挥评价的导向、激励、改进的功能。通过评价过程的反馈、调控的作用，促进每个法律硕士教师不断总结和改进自己的工作，调动广大教师的工作积极性和创造性，同时也促进法学院不断加强对法律硕士教师队伍的管理和建设，最终达到全面提高学校教育教学质量的目的。

需要特别指出的是，由于法律硕士是培养应用型、复合型的高层次专门人才，法律硕士的能力和水平不仅仅反映在学生的课堂教学过程中，也反映在其课外的学习和活动中，甚至在交往能力和生活能力方面。因此，对法律硕士教师的教学工作评价的观察点不仅仅设定在课堂教学活动中，而且要对其在整个法律硕士培养过程中的表现及效果进行评价和反馈。

根据法律硕士培养目标和要求，对法律硕士教师进行评价的内容可包括工作态度、工作数量和教学绩效等几个方面。工作态度是指法律硕士培养工作的认识水平,热情程度等;工作数量,是指出勤率、工作量、岗位工作等;工作能力,是指教学能力、管理能力、实践能力、教研能力等;工作实效,是指教学效果、教研成果等。

在评价的具体方法上,可采取开课前试讲、开课中听课、开课后学生打分等多元化的教学效果反馈和评价机制,帮助和激励教师提高教学水平。

第五章

# 面向民族地区法律硕士教育的课程体系改革

法律硕士教育的定位是法律职业教育，因此对于法律硕士的课程设置应当充分考虑到法律职业的特点，开设大量的与法律职业相关并且有助于提高法律职业技能和法律职业伦理方面的法律实践课程。

## 一、法律硕士课程设置存在的主要问题

由于法律硕士专业学位教育是我国在新的形势下发展起来的一项新的法学教育培养制度，因此，法律硕士专业学位教育在实施的过程中也难免出现一些问题和弊端。就法律硕士课程设置来说，综合我国西南地区法学院校的情况看，我国法律硕士课程设置存在的主要问题有以下几个方面：

### （一）法律硕士培养目标并未真正得到落实

我国法律硕士培养目标和定位自 1995 年制定，历经 1999

年、2006年两次修订完善，始终未改变，但是培养单位培养出的法硕人才质量并未达到预定目标和要求，究其根源是培养院校对指导性方案没有落到实处，由此导致了法律硕士培养模式的扭曲与错位。

众所周知，法学本科、法学硕士、法律硕士和法学博士是属于四种不同的法学教育类型，各自的培养模式是不相同的。然而根据笔者的实地走访和问卷调查发现，目前存在着法律硕士课程设置趋向法学本科与法学硕士培养模式雷同的现象，甚至对法律硕士的课程设置无所适从，只侧重理论教学的情形，这些都背离了法律硕士的培养目标，是对指导性方案理解的错位。

### （二）实践课教学时数过少，课程设置不尽合理

实践课教学时数过少主要反映在法律硕士培养方案的规定中，这是个普遍存在的问题；课程设置不尽合理是针对法律硕士培养目标而言的，具体说来就是JM教育在课程设置中缺乏"实践性"与"职业性"导向。我国法律硕士课程按法学一级学科为主设置，明显缺乏实践性强的课程，现行法律课程设置根本无法满足培养高层次的复合型、应用性法律专门人才的要求。显然就法律课程而言，仍以传统的法学科目为主，即重视法律理论课程设置，而很少专门针对法律硕士专业学位特点开设大量的法律实践课程。只不过考虑到法律硕士是研究生层次教育，法学教师在讲授课程时通常采取专题形式而已。这种课程设置不仅不符合法律硕士教育的要求，而且使教师在授课时很难掌握，如对于法律硕士的课程设置，许多老师不知道应当讲些什么。同时也无助于法律硕士培养质量（尤其是实践技能和水平）的提高。另外，现有课程体系中并不明确包含JM研究生职业素养中除知识结构外的其他教育问题，特别是法律解释、法律推理、

法律写作、证据原理与运用等技能的培养与训练。这就不可能为学生真正提高法学水平、成为职业人才提供条件,从而不可能达到培养目标的实践性要求。

这些都可以通过与我国JM教育相似的美国JD教育和我国台湾地区法硕乙教育所开设的课程相比较得知。

### (三)全日制法律硕士与在职法律硕士在教学上没有完全区别对待

在职法律硕士教育与全日制法律硕士教育最主要的区别表现在二者的招生对象有所不同。在职法律硕士教育的招生对象是大学本科毕业并工作5年以上的法院、检察院、司法、政法委、公安等政法部门工作人员、人大系统干部以及有关部门从事法律实务工作者;而全日制法硕招生的对象大多是应届非法学本科毕业生(2009年以后有变化),即使不是应届生,大多数法律硕士考生也是没有法律工作经历的,因此他们攻读法律硕士的初衷也就存在明显不同。对于已经具备相当法律基础和积累比较丰富法律实践的在职法律硕士来说,他们往往希望通过老师的讲授,能够获得更高的法律理论知识,而不在于法律职业技能训练。而对于那些全日制法律硕士来说,他们更希望在掌握一定法律理论知识的基础上从老师那里获得法律职业方面的训练,而非法律理论水平的提高。这就决定了在职法律硕士教育与全日制法律硕士教育应当实行不同的培养方案。但遗憾的是,我国现行的在职法律硕士和全日制法律硕士的课程设置基本上是相同的。因为培养单位侧重于培养法硕学生在法律职业方面的训练,而非法学理论水平的提高,而在职攻读法律硕士学位的学生恰恰不需要法律职业方面的训练。因为他们所掌握的法律职业技能可能比教师还要强,他们在职攻读法律硕士,目的主要在于“镀金”或者提升法学理论知识。因此，如果在教学过程中忽略了两者之间的差别，使用相同的教学方法，教学效果肯定要大打折扣。

（四）国家的法律硕士课程表（指导用）比较粗糙

依照国务院学委办公室《法律硕士专业学位研究生指导性培养方案》要求而制定的我国法律硕士课程表（指导用）是粗线条的。

**我国法律硕士课程表（指导用）**

| | 课程 | 学分 | 课程 | 学分 |
|---|---|---|---|---|
| 必修课（28 学分） | 邓小平理论 | 2 | 行政法与行政诉讼法 | 3 |
| | 外语 | 4 | 刑事诉讼法 | 2 |
| | 法理学 | 3 | 经济法学 | 2 |
| 选修课（18 学分） | 国际法 | 2 | 民商法学 | 4 |
| | 刑法学 | 4 | 民事诉讼法 | 2 |
| | 宪法学 | 2 | 金融法 | 2 |
| | 国际经济法 | 2 | 比较司法制度 | 2 |
| | 中国法制史 | 2 | 自然资源和环境保护法 | 2 |
| | 国际私法 | 2 | 知识产权法 | 2 |
| | 司法伦理学 | 2 | 其中推荐选修课 10 学分 | |

## 二、美国法学院和我国台湾地区法学院法律硕士的课程设置

美国法学院的学制为全日制在校学习 3 年，或在职兼读 4 年。在学期间需修满大约 90 学分，毕业时取得法律初级学位——法律博士（Juris Doctor，即 JD）学位。美国法学院在课程

设置上分为必修与选修，且都侧重与实际联系较为密切的课程，高年级的学生必须参加现场实习环节(Clinical Program，即法律诊所)，不合格不予毕业，可见美国法学教育的职业性与实践性导向特征非常明显。以美国最负盛名的耶鲁大学的法学院开设的课程为例来说明。

**2002年秋耶鲁大学法学院开设的部分选修课程**

| 课程 | 学分 | 课程 | 学分 |
|---|---|---|---|
| 成瘾与法 | 2 | 对抗司法及其过度表现 | 3/4 |
| 为残障人士辩护 | 3 | 公司法与证券法分析 | 3 |
| 英美法律史：指导研究 | 2/3 | 反歧视法 | 3 |
| 破产制度 | 4 | 商业组织 | 4 |
| 媒体法 | 3 | 社区法律服务广播讲话 | 1 |
| 社区法律服务 | 3 | 比较法 | 3 |
| 宪法诉讼讨论班 | 2 | 非洲当代法律问题 | 1 |
| 错判无辜 | 2/3 | 公司财政 | 3 |
| 公司治理讨论班 | 2 | 公司税制 | 3 |
| 腐败、经济发展与民主 | 2/3 | 刑事陪审团 | 3 |
| 法律实践中的伦理学 | 3 | 联邦所得税制 | 4 |
| 公共机构设计："小政府"和全球市场时代的限制与机会 | 4 | 国际与美国贸易法律、政策及磋商 | 2 |
| 女权主义和经济正义 | 4 | 电子空间的言论自由 | 2 |
| 正义 | 4 | 正义与法治讨论班 | 2 |
| 劳动法 | 3 | 美国国内法与政策 | 2 |
| 私法 | 3 | 所有权法 | 4 |
| 审判实践 | 2 | 中国法制改革专题讨论 | 1 |
| 基因与法 | 3 | 移民法律服务 | 3 |
| 知识产权讨论班 | 3 | 环境法律及政策 | 4 |

通过上表，我们在感慨美国法学教育选修课程之丰富的同时，不难发现其课程设置中所体现的"职业化"培养方向的显著特征。

我国台湾地区法硕乙的课程设置以大学法律系基础法学课程为主，通过开设大量的课程力图帮助学生全面了解、掌握法学基本理论知识；在教学方法上力求与实践相结合，以避免流于枯燥空泛；为了使学生能获得更多法律职业方面的实践知识，在任课教师选择上，除知名教授以外，还聘请了大量的法律实务界专家来担任。

从美国JD教育和我国台湾地区法硕乙教育所开设的课程来看，它们的课程有大量的实践课程。

**我国台湾地区东吴大学法硕乙课程表**

| 科目名称 | 必/选 | 学分 | 任课教师 |
|---|---|---|---|
| 第一学年 | | | |
| 宪法(含政治学) | 必 | 4 | 李念祖教授(执业律师) |
| 民法总则 | 必 | 6 | 李模教授(东吴大学法律研究所教授，务实法学基金会董事长) |
| 民法亲属 | 必 | 2 | 林秀雄教授(政治大学法律系教授) |
| 民法继承 | 必 | 2 | 林秀雄教授(政治大学法律系教授) |
| 刑法总则 | 必 | 6 | 黄常仁教授(政治大学法律系教授) |
| 商事法总论及公司法 | 必 | 3 | 刘邵梁教授(执业律师) |
| 票据法 | 必 | 2 | 戴立宁副教授("财政部"前次长，现任华侨银行董事长) |
| 国际公法 | 必 | 4 | 程家瑞教授(东吴大学法律系教授，法学院前院长) |
| 英美法概论 | 必 | 4 | 成永裕副教授(东吴大学法律系副教授，法学院前院长) |

续表

| 科目名称 | 必/选 | 学分 | 任课教师 |
| --- | --- | --- | --- |
| 第二学年 | | | |
| 行政法 | 必 | 4 | 翁治生副教授(台湾大学法律系副教授、现任“司法院”院长)<br>法治斌(政治大学法律系教授) |
| 民法债编总论 | 必 | 6 | 孙森焱(“司法院”大法官) |
| 民法债编各论 | 必 | 4 | 林诚二教授(中兴大学法律系教授、法律系前主任) |
| 民法物权 | 必 | 4 | 康炎村教授(“考试院”公务员保障培训委员会副主委、中山大学前教授) |
| 刑事诉讼法 | 必 | 4 | 朱石炎教授(“公务员惩戒委员会”委员,“司法院”前秘书长) |
| 刑法分则 | 必 | 4 | 林东茂教授(成功大学法律研究所教授) |
| 海商法 | 必 | 2 | 杨仁寿副教授(“司法院”秘书长) |
| 保险法 | 必 | 2 | 江朝国教授(中兴大学法律系教授) |
| 英美侵权法 | 必 | 2 | 何瞿琛副教授(文化大学法律系副教授) |
| 英美契约法 | 必 | 2 | 成永裕副教授(东吴大学法律系副教授,法学院前院长) |
| 研究方法及法律写作 | 必 | 2 | 李念祖教授(执业律师) |
| 第三学年 | | | |
| 民事诉讼法 | 必 | 6 | 姚瑞光教授(“司法院”法官) |
| 国际私法 | 必 | 4 | 马汉宝教授(台湾大学法律系教授,“司法院”前大法官) |
| 民法专题研究 | 选 | 4 | 王泽鉴教授(台湾大学法律系教授,“司法院”大法官) |

续表

| 科目名称 | 必/选 | 学分 | 任课教师 |
|---|---|---|---|
| 刑法专题研究 | 选 | 4 | 柯耀程副教授（中正大学法律系副教授） |
| 商事法专题研究（一） | 选 | 2 | 赖源河教授（"考试院"考试委员，政治大学法学院前院长） |
| 商事法专题研究（二） | 选 | 2 | 杨仁寿副教授（"司法院"秘书长） |
| 强制执行法研究 | 选 | 2 | 陈计男教授（"司法院"大法官） |
| 破产法研究 | 选 | 2 | 陈计男教授（"司法院"大法官） |
| 智慧财产法专题研究 | 选 | 2 | 谢铭洋教授（台湾大学法律系教授） |
| 国际经贸法研究 | 选 | 4 | 程家瑞教授（东吴大学法律系教授，法学院前院长） |
| 法理学 | 必 | 4 | 杨亦华教授（东吴大学法律系教授） |
| 硕士论文 | 必 | 2 | 各该指导教授 |
| 最低毕业学分总计：94 学分（必修 82 学分；选修 12 学分） | | | |

## 三、广西师范大学和贵州大学法学院在课程设置方面的探索

法律硕士教育的定位是法律职业教育，因此对于法律硕士的课程设置应当充分考虑到法律职业的特点，开设大量的与法律职业相关并且有助于提高法律职业技能和法律职业伦理方面的法律实践课程。在这方面，广西师范大学和贵州大学进行了有益的探索。

1. 广西师范大学法学院的探索

广西师范大学法学院结合自身的优势资源、办学特色、地区环境，以职业分工和就业选择为导向，在精练的课程体系基础

上，设计系列选修课程（选修课程群）和专题训练项目。初步的想法是：在专业课程设置方面，安排专业必修课、选修课程群（专业公共选修课、专业方向选修课）和专题训练项目三大模块。专业必修课只开设宪法、法理学、法律职业伦理学和三大实体法、三大诉讼法共七到八门课。其他课程由选修课的系列课程体系去安排。选修课程根据社会需要和学生需要决定开设科目，也可以根据本区域特点、学生需要和自身能力开设新课程。比如可以考虑开设“东盟法律制度概述”“民族区域自治法”“海事法”“房地产法”和“国家司法考试”等系列化选修课程。相对目前各高校比较固定的课程结构，上述的课程结构显然是一种开放的课程体系，这样可以给培养单位课程设置留下较大的空间，为建立菜单式培养模式打下课程体系基础，有利于培养区域特色人才。

**专业课程体系结构图**

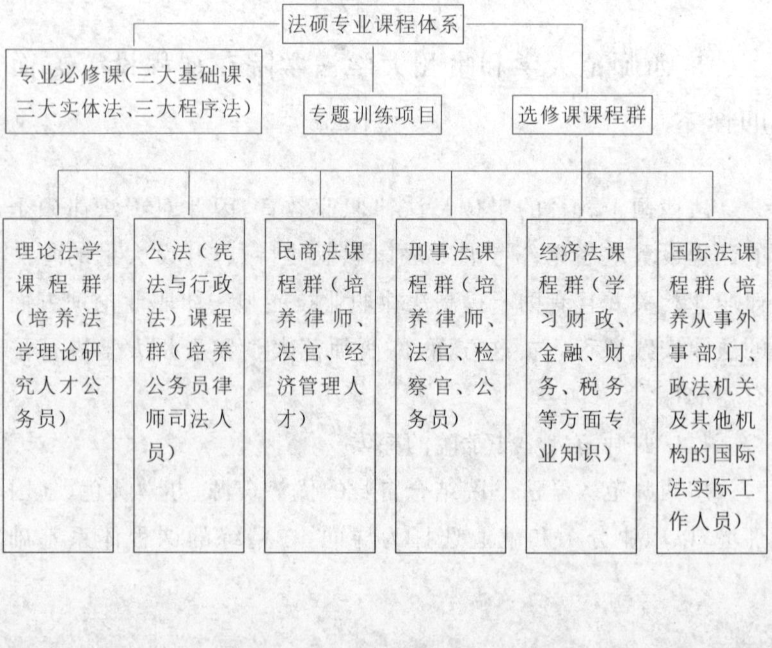

## 广西师范大学法律硕士专业学位研究生课程体系及教学计划表

| 类别 | 课程 | 学时 | 学分 | 授课学期 | | | | |
|---|---|---|---|---|---|---|---|---|
| | | | | 一 | 二 | 三 | 四 | 第五、六学期 |
| 必修课 | 邓小平理论（专题讲座） | 30 | 2 | √ | | | | 第五学期：中期教学检查、筛选淘汰；论文开题；法律实践；学位论文撰写 |
| | 英语 | 90 | 4 | √ | √ | | | |
| | 法理学专题研究 | 54 | 3 | √ | | | | |
| | 宪法专题研究 | 36 | 2 | √ | | | | |
| | 民法理论与实务 | 54 | 3 | √ | √ | | | |
| | 刑法理论与实务 | 54 | 3 | | √ | √ | | |
| | 刑事诉讼法理论与实务 | 36 | 2 | | √ | | | |
| | 民事诉讼法理论与实务 | 36 | 2 | | √ | | | |
| | 行政法与行政诉讼法理论与实务 | 54 | 3 | | √ | | | |
| | 法律职业伦理 | 36 | 2 | | | | √ | |
| | 学分小计 | | 26 | | | | | |
| 专业公共选修课 | 环境资源法专题研究 | 36 | 2 | √ | | | | |
| | 中国法制史专题研究 | 18 | 1 | | | | √ | |
| | 法律方法专题研究 | 18 | 1 | √ | | | | |
| | 东盟法律制度概述 | 18 | 1 | | | √ | | 第六学期：学位论文撰写及答辩 |
| | 民族区域自治法专题研究 | 18 | 1 | | | | √ | |
| | 民族民间法专题研究 | 18 | 1 | | | | √ | |
| | 海事法专题研究 | 18 | 1 | | | | √ | |
| | 国家司法考试专题 | 18 | 1 | | | √ | | |
| | 选满 6 | | 10 | | | | | |

续表

| 类别 | 课程 | | 学时 | 学分 | 授课学期 | | | | |
|---|---|---|---|---|---|---|---|---|---|
| | | | | | 一 | 二 | 三 | 四 | 第五、六学期 |
| 专业方向选修课 | 理论法方向 | 法律方法 | 36 | 2 | | | √ | | |
| | | 法社会学专题研究 | 36 | 2 | | | √ | | |
| | | 比较法学专题研究 | 36 | 2 | | | | √ | |
| | | 民族民间法专题研究 | 36 | 2 | | | | √ | |
| | 刑事法方向 | 刑事政策理论与实务 | 36 | 2 | | | √ | | |
| | | 犯罪学专题研究 | 36 | 2 | | | √ | | |
| | | 证据法理论与实务 | 36 | 2 | | | | √ | |
| | | 外国刑法专题研究 | 36 | 2 | | | √ | | |
| | 民商法方向 | 物权法理论与实务 | 36 | 2 | | | √ | | |
| | | 债与合同理论与实务 | 36 | 2 | | | √ | | |
| | | 知识产权法理论与实务 | 36 | 2 | | | √ | | |
| | | 婚姻法理论与实务 | 36 | 2 | | | | √ | |
| | 经济法方向 | 经济法学理论与实务 | 36 | 2 | | | √ | | |
| | | 金融与证券法 | 36 | 2 | | | | √ | |
| | | 企业法与公司法理论与实务 | 36 | 2 | | | √ | | |
| | | 房地产法理论与实务 | | | | | | √ | |
| | 行政法（公法）方向 | 外国行政法 | 36 | 2 | | | √ | | |
| | | 行政救济法理论与实务 | 36 | 2 | | | √ | | |
| | | 行政程序法理论与实务 | 36 | 2 | | | | √ | |
| | | 经济行政法理论与实务 | 36 | 2 | | | | √ | |
| | 国际法方向 | 国际法专题研究 | 36 | 2 | √ | | | | |
| | | 国际私法专题研究 | 36 | 2 | √ | | | | |
| | | 国际经济法专题 | 36 | 2 | | | √ | | |
| | | 国际商法专题 | 36 | 2 | | | | √ | |
| | 学分小计 | 选满10(在选完本研究方向基础上,可跨方向选课) | | | | | | | |

续表

| 类别 | 课程 | 学时 | 学分 | 授课学期 | | | | |
|---|---|---|---|---|---|---|---|---|
| | | | | 一 | 二 | 三 | 四 | 第五、六学期 |
| 实践必修环节 | 法律文书 | 36 | 2 | | | √ | | |
| | 法律谈判 | 36 | 2 | | | | | √ |
| | 模拟法庭训练(民庭、刑庭、行政各18) | 54 | 3 | | | √ | | |
| | 法律实践及社会调查报告 | 120 | 7 | | √ | | | √ |
| | 学分小计 | | 13 | | | | | |
| 注:(1)法学课程以18学时为1学分(外语课程、政治课除外)作标准。(2)必修课总学分26学分;专业公共选修课6学分;专业方向选修课10学分(在选完本研究方向基础上,可跨方向选课);实践必修环节15学分;学位论文10学分。(3)总共修满70学分可获毕业,学制三至五年。 | | | | | | | | |

这一课程体系有如下特点:

(1)突出了课程在培养方案中的核心地位,大大改进了传统培养方案的结构设计。

(2)打破传统课程设置以法学知识体系的划分为基础(如法学本科专业14门核心课),按照职业分工领域所涉及的专业知识作为设置课程的依据。

(3)精练了必修课体系,加大了选修课程数量;减少了讲授课学分,强化了我国法律教学向来欠缺和薄弱的法律职业道德、法律文书写作、法律研究方法、法律思维方式、法律技能实践训练等内容。

(4)突出了应用性课程,适当安排了区域特色课程。

2.贵州大学法学院的探索

在课程体系上更加强化实践教学,在课程内容上更加强化专业技术。强调“问题导向”式的学习，在方法上更注重团队学习、案例分析、现场研究、模拟训练等方法，在目标上更加着力于研究生实践创新能力的培养。

## 贵州大学全日制法律硕士研究生课程设置

（适用于非法学专业）

| 课程分类 | 课程名称 | 课程编号 | 学时 | 学分 | 开课学期 1 | 2 | 3 | 4 | 考试方式 |
|---|---|---|---|---|---|---|---|---|---|
| 必修课35学分 | 中国特色社会主义理论 | 10657M106 | 36 | 2 | √ | | | | 考试 |
| | 公共外语 | 10657M105 | 36 | 2 | √ | | | | 考试 |
| | 法律英语 | 410100M01 | 36 | 2 | | √ | | | 考试 |
| | 法理学 | 410100M02 | 54 | 3 | √ | | | | 考试 |
| | 中国法制史 | 410100M03 | 36 | 2 | √ | | | | 考试 |
| | 宪法学 | 410100M041 | 36 | 2 | √ | | | | 考试 |
| | 民法总论 | 410100M05 | 36 | 2 | √ | | | | 考试 |
| | 物权法 | 410100M06 | 36 | 2 | | √ | | | 考试 |
| | 刑法 | 410100M07 | 72 | 4 | √ | | | | 考试 |
| | 商法原理 | 410100M08 | 54 | 3 | | √ | | | 考试 |
| | 行政法与行政诉讼法 | 410100M09 | 36 | 2 | | √ | | | 考试 |
| | 经济法 | 410100M10 | 54 | 3 | | √ | | | 考试 |
| | 民事诉讼法 | 410100M11 | 36 | 2 | √ | | | | 考试 |
| | 刑事诉讼法 | 410100M12 | 36 | 2 | | √ | | | 考试 |
| | 国际法 | 410100M13 | 36 | 2 | | √ | | | 考试 |
| 推荐选修课（选满不少于13学分） | 外国法制史 | 410100M14 | 36 | 2 | | | | √ | 考查 |
| | 知识产权法 | 410100M15 | 36 | 2 | | | √ | | 考查 |
| | 法律方法 | 410100M16 | 36 | 2 | | | √ | | 考查 |
| | 合同法 | 410100M17 | 36 | 2 | | | | √ | 考查 |
| | 国际私法 | 410100M18 | 36 | 2 | | | √ | | 考查 |

续表

| 课程分类 | | 课程名称 | 课程编号 | 学时 | 学分 | 开课学期 | | | | 考试方式 |
|---|---|---|---|---|---|---|---|---|---|---|
| | | | | | | 1 | 2 | 3 | 4 | |
| 推荐选修课(选满不少于13学分) | | 国际经济法 | 410100M19 | 36 | 2 | | | | √ | 考查 |
| | | 环境保护法 | 410100M20 | 36 | 2 | | | √ | | 考查 |
| | | 法律职业规范与伦理 | 410100M21 | 36 | 2 | | | √ | | 考查 |
| | | 学位论文写作专题讲座 | 410100M22 | 18 | 1 | | | √ | | 考查 |
| 任选课程(不少于8学分) | 法理法史 | 法社会学专题 | 410200M14 | 36 | 2 | | | √ | | 考查 |
| | | 法律思想史专题 | 410200M16 | 36 | 2 | | | | √ | 考查 |
| | 宪法行政法类 | 中国宪政问题研究 | 410200M17 | 36 | 2 | | | √ | | 考查 |
| | | 人权法专题 | 410200M18 | 36 | 2 | | | | √ | 考查 |
| | | 行政法律实务 | 410200M19 | 36 | 2 | | | | √ | 考查 |
| | 刑法类 | 财产犯罪专题 | 410200M31 | 36 | 2 | | | √ | | 考查 |
| | | 刑事法律实务 | 410200M32 | 36 | 2 | | | | √ | 考查 |
| | 民商法类 | 侵权法专题 | 410100M23 | 36 | 2 | | | | √ | 考查 |
| | | 公司法律实务 | 410200M25 | 36 | 2 | | | √ | | 考查 |
| | | 保险法专题 | 410200M26 | 36 | 2 | | | √ | | 考查 |
| | | 证券法专题 | 410200M27 | 36 | 2 | | | | √ | 考查 |
| | 经济法类 | 竞争法专题 | 410200M28 | 36 | 2 | | | √ | | 考查 |
| | | 劳动法专题 | 410200M29 | 36 | 2 | | | | √ | 考查 |
| | | 法经济学专题 | 410200M30 | 36 | 2 | | | √ | | 考查 |
| | | 证据法学专题 | 410200M33 | 36 | 2 | | | √ | | 考查 |
| | 诉讼法类 | 仲裁法学 | 410200M34 | 36 | 2 | | | √ | | 考查 |
| | | 律师实务 | 410200M35 | 36 | 2 | | | | √ | 考查 |
| | | 国际贸易法 | 410200M38 | 36 | 2 | | | √ | | 考查 |
| | | 国际投资法 | 410200M39 | 36 | 2 | | | | √ | 考查 |

续表

| 课程分类 | 课程名称 | 课程编号 | 学时 | 学分 | 开课学期 | | | | 考试方式 |
|---|---|---|---|---|---|---|---|---|---|
| | | | | | 1 | 2 | 3 | 4 | |
| 实践课程(共16学分) | 法律文书写作 | 410200M51 | 54 | 3 | | | √ | | 考查 |
| | 模拟法庭训练 | 410200M53 | 72 | 4 | | | | √ | 考查 |
| | 法律谈判 | 410200M54 | 36 | 2 | | | | √ | 考查 |
| | 法律实务前沿讲座 | 410200M55 | 36 | 2 | 三年期间听6次讲座 | | | | 考查 |
| | 司法实习 | 410200M61 | 600 | 5 | 第三学年实习时间两到三个月 | | | | |
| 学位论文 10学分 | 学位论文 | | | | 第三学年 | | | | |
| 培养环节 | 在校学习期间参加学术活动不少于4次 1学分 | | | | | | | | |
| | 学位论文开题(第一学年结束或第二学年开始两周内完成) 1学分 | | | | | | | | |
| | 公开做一次学术报告 1学分 | | | | | | | | |
| | 省级以上刊物发表本专业领域学术论文1篇 | | | | | | | | |

第六章

# 面向民族地区法律硕士教学管理模式与制度研究

面向民族地区法律硕士专业教育是为西南地区培养实务型、复合型、高层次法律人才的专门教育活动。其教学质量的高低直接决定了法律人才培养质量的高低，关系到西南民族地区法律硕士专业教育的生存和发展，而要实现高水平的教学活动，对其进行有效管理显得尤为重要。目前，西南民族地区法律硕士招生单位对法律硕士教学管理进行了积极探索，取得了一些经验，但仍存在一些不足，应根据地方特色和民族特色改革和完善管理模式和制度，以促进法律硕士教育质量的提升。

## 一、高等学校教学管理的定位与主要任务

高等教育的任务是培养具有创新精神和实践能力的专门人才，而人才的培养要通过教学活动来实现。教学活动质量的高低决定着人才培养质量的高低，关系到学校的生存和发展，关系到高等教育的水平和发展方向，提高教学质量是高等教育永恒

的主题。要实现高质量的教学活动，就要对教学活动进行有效的管理，使得教学管理成为教学工作的核心，也就成为高等教育的核心。

高等学校教学管理是指高等学校根据一定的目标、原则对整个教学工作，包括组织教学活动，完成教学任务、实现教育教学目标所进行的职能管理工作，从而保证教学工作有序、有效地进行，以实现培养德、智、体全面发展人才的预定目标①；是对教育教学过程进行全方位、全过程以及全员性的管理过程，是保障高等学校教育教学质量不断提高的有效机制。教学管理的实质，就是设计和保持一种良好的教学环境，使教师和学生在教学过程中高效率地达到既定的教学目标。

从教学管理的对象范围来看，包括教师的教学和学生的学习；从教学管理的内容和任务来看，包括教学目标的确立、教学计划的制定、教学工作的安排、教学过程的监控、教学结果的评估和教学管理机制的调整改进等方面。

从管理学理论的角度，教学管理对教育教学工作起着不可替代的作用，主要体现在以下几个方面：第一，教学管理可以对教学工作的各要素、各环节和工作状态制定相应的子目标，有利于促进教学工作的目标的实现，同时在管理过程中加强对教学工作的各要素、各环节的有效反馈，有利于促进各环节的协调和发展；第二，由于教学管理设立总的教学目标和分层次、分阶段的目标和任务，可以对教育教学工作的各个要素、各个环节和工作状态的质量进行准确客观的评判，根据发展目标对教学过程的要素、环节进行有效的调整和改进，从而有利于促进教学工作

① 许彦：《我国高校教学管理改革研究》，天津大学硕士学位论文，2007，第3页。

质量的提升;第三,由于教学工作和教学管理的目标、执行、评估和调整改进都涉及不同机构和人员,要促进教学工作质量和教学管理水平的提升,需要在教学管理过程中,充分利用合适的约束方式和激励方式对不同机构和人员进行约束和激励,促进教学管理工作与社会发展相适应;第四,教学管理可以根据教学过程以及教学成果的评估,以一定的教学发展战略为依据对教学目标、教学计划、教学安排、教学评估和教学反馈机制等进行有效的调整和改进,促进教育教学工作质量的持续提高并进入良性循环和发展阶段;第五,随着教学管理工作的推进,促进教育教学其他工作围绕着提高教学质量进行有效调整和改革,促进整个高等教育发展和改革朝着规范化、程序化和科学化方向发展。

高等学校教学管理贯穿着高等教育教学工作的全过程,是一个多层次、多序列、多职能的完整体系。根据管理的基本职能和教学工作的特点,教学管理的职能可归纳为20个字:决策、规划;组织、指导;控制、协调;评估、激励;研究、创新;它们之间相互交叉,互为联系,是一个有机的整体。[①] 根据教学管理职能、发展历史及其规律,本研究界定教学管理的主要任务是:研究教学及管理的现状及其发展规律,提高教学工作和教学管理的质量和水平;保障稳定的教学秩序,确保教学工作和教学管理工作的正常运行,并逐步根据教学目标和发展战略的变化调整教学秩序和教学管理工作;在充分尊重教师和学生的基础上,以合适的制度和安排约束和激励老师提高教学质量,并以此推动学生的学习和提高综合能力的积极性;根据社会发展的需要,针对教学

① 许彦:《我国高校教学管理改革研究》,天津大学硕士学位论文,2007,第3页。

管理过程中凸显的问题,及时对教学管理进行调整和改进,不断调整相应管理目标和管理体系,促进高等学院教学制度和机制的调整和改进。具体而言,高等学校教学管理的主要任务包含以下几个方面:

1.认真组织学习,统一思想,确立科学合理的教学管理目标

管理思想决定着管理的方向,管理思想集中地体现在管理目标上。学校教学的管理目标对教师的教学活动起着支配作用,影响和制约着教学工作的展开进程。因此确立正确的管理目标是促进教学改革,保障教学工作得以顺利高效地进行的重要问题。教学管理的目标必须与学校管理的总体目标整合一致。学校教学管理目标又应以教育目标为依据,并为实现教育目标服务。从新时期学校的教育目标出发,学校教学管理目标理应致力提高教学质量和教学管理水平,使学生综合能力得到全面发展。

2.教学计划管理

教学计划管理是教学管理的出发点。教学计划是高等学校保证教学质量和人才培养规格的重要文件,是组织教学过程、安排教学任务、确定教学编制的基本依据。教学计划是在国家教委宏观指导下,由各校组织专家自主制定的,它既要符合教学规律,保持一定的稳定性和衔接性,又要根据社会经济发展的需要,对教学计划进行适时的调整和修订。

确定培养目标是制订教学计划的前提条件,依据国家教委制定的人才培养目标和经济社会发展的需要,结合学校实际情况,突出体现不同层次、不同教学单位的特色,注重学生学习能力和综合素质的提升。教学计划的内容一般包括:专业培养目标、基本要求与专业方向、修业年限、课程设置、实践安排等方面。

3. 教学过程管理

教学过程管理是按教学计划实施对教学活动的管理，它包括以教师为主导、以学生为主体、师生相互配合的教学过程的组织管理和以校、院教学管理部门为主体进行的教学行政管理；建立和维护学校教学工作秩序，保证教学活动的顺利开展，是教学过程管理的重要任务。这不仅取决于具体的教学管理，还取决于教学的保障机制。

具体的教学管理，包括教学管理人员日常教学管理，制定并严格执行教学计划，制定年度或学期的运行表、课表、考试运行表，保证全校教学秩序稳定；教学的保障机制包括教师的学科结构、职称结构等的合理搭配，课程设置的改进和调整，新兴课程的开发和使用，教材内容的协调与组织，各种教学资源的配置以及学生的学籍管理等方面。

4. 教学质量管理

教学管理的最终目的是保证和提高教学质量。要通过不断改善影响学校教学质量的内部因素（教师、学生、条件、管理等）和外部因素（方针、政策、体制等），通过科学的评价，分析教学质量，建立通畅的信息反馈网络，从而营造并维护良好的育人环境，达到最佳教学效果。教学工作评价是宏观调控教学工作的重要手段。[①] 教学质量的评估要充分考虑到经济社会发展需要、学校综合能力提升、传统专业转型提升、新兴专业的发展多方面因素；要充分认识到社会评价、教师评价和学生评价三方面对促进教育质量管理的积极作用，不断通过教学质量的评估和管理促进教学目标、教学计划、教学过程、教学基础建设等方面调整

① 许彦：《我国高校教学管理改革研究》，天津大学硕士论文，2007，第4页。

和改进，从而实现教学质量的良性循环发展和提升。

5. 教学基础建设管理

教学基础建设包括学科建设、专业建设、课程建设、教材建设、实践教学基地建设、学风建设、教学队伍建设、管理制度建设等。它们是保证教学质量的最重要的基础性建设，应以经济社会发展需要、学校发展目标和总体规划为依据，统筹安排和建设。在基本建设中要不断地提出改革措施，创造稳定、良好的教学环境。在学科和专业建设方面，要科学规划学科和专业结构体系；要拓宽专业口径、扩大专业基础，增强学生适应性；要稳定和提高基础学科水平，形成基础与应用学科的互补；重视发展应用学科和专业，培养复合型人才，更新传统学科及专业。①

6. 教学管理体制调整和改进

教学管理体制是教学管理组织中机构设置、隶属关系和权责划分等组织制度的体系化。随着社会的发展，高等学校不仅要培养高级专业人才，更要培养具有创新精神和实践能力的高素质人才。这就要求教学管理体制要根据教学发展战略进行适度的调整甚至是破坏式的创新和改革，逐步建立有利于教育创新和创新教育的教学管理观念、体制和运行机制。

教学管理体制的调整改革要确立在以社会发展、学术发展目标基础上，通过确定以提升教学质量和提升学生综合能力为目标，确定教学工作的中心地位，以改革为动力，重点分析制约教学改革深入发展的关键因素，探索在新形势下教学管理的特点，逐步建立有利于提高教师积极性、提高学生综合素质的教学管理体系。

① 许彦：《我国高校教学管理改革研究》，天津大学硕士学位论文，2007，第5页。

## 二、民族地区法律硕士教学管理现状与存在问题

法律硕士专业学位(JM)是借鉴美国、英国等西方国家的培养方式而建立的以法律职业为背景、注重法律职业能力和职业素质培养的高层次学位。自 1995 年国务院学位委员会第 13 次会议通过了设置法律硕士专业学位的报告,1996 年开始第一批招生以来,法律硕士专业学位经历了十几年的探索和发展,取得了很大的成绩。西南民族地区的法律硕士也随之发展起来,截至 2010 年,西南民族地区共有 16 所学校批准为法律硕士招生单位。各所学校自批准为法律硕士招生单位后,对法律硕士教学管理进行了积极探索,取得了一些经验,也还存在一些不足。

(一)西南民族地区法律硕士教学管理现状

2006 年 8 月 3 日,国务院学位委员会办公室在第二次修订的《法律硕士专业学位指导性培养方案修订说明》中再次强调:"法律硕士教育是一种专业学位教育,是一种职业养成过程,是一种精英教育。法律硕士专业学位是为法律职业部门培养具有社会主义法治理念、德才兼备、高层次的复合型、实务型法律人才。"[①]法律硕士教学管理作为教育管理的核心内容之一,贯穿于人才培养的全过程,切实做好法律硕士的教学管理工作,确保高等学校法律硕士培养目标的实现。西南民族地区法律硕士招生单位积极加强教学管理,努力调动教师和学生教与学的积极性,主要表现在以下方面:

① 陈学权:《我国法律硕士专业学位教育之改革》,载《现代教育科学》,2009(07),第 35 页。

1. 管理组织

为确保法律硕士的培养质量，各校提供了制度和组织保障，纷纷成立了法律硕士教育中心，如贵州大学、四川大学、西南财经大学、西南交通大学、西南科技大学、广西师范大学等。法律硕士教育中心主要依托于法学院，是专门从事法律硕士专业学位研究生教育和管理的职能部门，其主要职责是：负责法律硕士专业研究生的招生工作，严把招生质量关，使招生工作做到公开、公平、公正，维护法律硕士专业学位教育招生的声誉；负责法律硕士专业研究生的教学管理工作，制定培养计划，安排具体教学工作，建立教学档案；负责法律硕士专业研究生的学位管理工作，安排开题报告，组织毕业论文答辩，颁发法律硕士专业学位证书；负责法律硕士专业研究生的学生管理工作，为法律硕士专业研究生的学习营造良好的氛围。[①] 有的学校（如云南大学）成立法律硕士专业学位教研室，该教研室由具有高级职称的教师及法律实务部门的专家组成。[②] 为了进一步规范教学管理，加强教学管理队伍建设，有的学校设置法律硕士教学秘书，负责教学计划执行与管理、学生学籍与学位管理、考试与成绩管理、教学档案管理、教材管理等工作。总之，法律硕士教育中心的成立进一步加强了对法律硕士专业学位教育的管理工作，确保了教育工作顺利进行。

2. 教学计划管理

教学计划是学校保证教学质量和人才培养规格的重要文件，是组织教学过程、安排教学任务、确定教学编制的基本依据。

---

① 见《法律硕士(J. M)教育中心主要职责》，来自四川大学网站。

② 刘笑敏：《法律硕士专业学位教育的现状和发展——云南大学法学院法律硕士专业学位教育》，载《云南教育》，2003(24)，第 99 页。

教学计划管理包括确定培养目标、设置修业年限、设计课程及其安排等，直接关系到学生的培养质量。

首先，在培养目标方面，联系实际，突出特色。各校在《法律硕士专业学位指导性培养方案修订说明》宏观指导下根据当地社会、经济的发展和学校优势，适时地进行调整和修订，自主制订了具有特色的培养目标。如西南交通大学法律硕士专业学位教育的发展定位是：交通法（尤其是铁路法）专门人才培养基地、西部地区高水平的法律职业与交通运输专业技能相结合的复合型人才培养基地，设置以交通法（铁路法、道路交通法、海运水运及航空法）为特色的专业方向，培养具有交通工程专门知识背景的高水平、宽基础、实务性的法务人才。[1] 再如西南科技大学该专业学位特色是围绕民商经济法、刑法两类实体法方向领域，立足于服务四川和西部地区对法律复合型人才的需求，培养具有跨学科知识背景，同时掌握法学基础理论和实务经验，能够独立从事法律特别是知识产权法、商事法、刑事法、犯罪学（含犯罪心理学方向）和行政法实务工作的复合型、应用型人才。[2]

其次，在课程设计方面，结合教学资源，凸显优势。《全日制法律硕士专业学位研究生指导性培养方案》规定了课程设置，按法学一级学科为主，分为必修课和选修课。而各培养单位可以自行确定选修课程。各校根据地方人才需求和学科优势，设置特色选修课程，如云南大学开设民族区域自治法的理论与实践、东南亚国家法律概论；云南财经大学依托经济学、管理学等学科优势，为法律专业硕士研究生开设与经济管理交叉结合的系列

① 见《西南交通大学法律硕士教育中心建设概况》，来自西南交通大学网站。

② 见《西南科技大学全日制法律硕士（JM）专业学位招生简章》，来自西南科技大学网站。

选修课程，如财政金融法律实务、税收法律实务和公司法律实务等。[①]

3.导师管理

为了实现应用型、实践型法律人才培养目标，全面提高培养质量，对法律硕士采取双导师制的培养模式，充分吸收法律实务部门中具有高级专业技术职务的人员参加导师组，实现理论与实践相结合的指导。如西南财经大学规定，入学时即为每个学生配备双导师，学院在本院遴选副教授职称以上的教师和在法律界具有一定知名度的法官、检察官、律师或政府官员共同作为专业导师，承担理论和实务课程的教学，指导学生的社会实践、论文写作和就业等。[②] 云南财经大学也规定实行法律专业硕士研究生双导师制，聘请资深法官、检察官和律师担任实践性课程的主讲教师和实践环节的指导教师。[③]

为落实法律硕士专业学位研究生教育的双导师制，充分发挥研究生导师在培养过程中的主导作用，各校规定了校内外导师的职责。比如校内导师要按时制定和提交每位研究生的培养方案，定期对法律硕士研究生进行当面指导，指导和检查法律硕士研究生的课程学习、实习、科学研究和学位论文写作等；校外导师要协助校内导师制定 JM 研究生个人培养计划，重点负责指导 JM 研究生实践环节，提供相应的社会实践平台及必要的科研条件，参与指导 JM 研究生学位论文工作等。[④]

---

① 见《法学院 2010 年法律硕士专业学位研究生招生简章》，来自云南财经大学网站。

② 见《西南财经大学 2007 年在职人员攻读法律硕士专业学位招生简章》，来自西南财经大学网站。

③ 见《法学院 2010 年法律硕士专业学位研究生招生简章》，来自云南财经大学网站。

④ 见《贵州大学研究生校内导师岗位职责管理办法》、《贵州大学研究生校外导师管理（暂行）实施办法》，来自贵州大学网站。

双导师制不仅有利于法律硕士研究生法学理论的学习，而且有助于学生法律职业能力和法律素养的培养。在法律实务部门中具有高级专业技术职务的人员参与指导，对法律硕士研究生提升法律职业思维、法律方法、职业技术素养起到了重要的作用。

4. 实践教学管理

实践教学是教学过程中的一个极其重要的教学环节，包括开设实践性课程（法律文书、模拟法庭训练、法律谈判）和实务实习（在法院、检察院、律师事务所、法律援助机构、公证处等司法实际单位或政府法制部门、企事业单位法律工作部门实习）。全日制法律硕士专业学位研究生没有或较少具有法律职业实务背景，所以进行相应的实务性质的课程训练是必修的，可以增强学生分析和解决实际问题的能力。

各校尽可能建立保证完成各类实习和社会实践任务的相对稳定的法律硕士专业学位教学实习基地，努力把实习与承担实习单位的实际工作任务结合起来，积极沟通，以取得校外实习单位的支持。法律硕士研究生教学实习基地包括公安系统、检察院系统、法院系统、律师事务所、立法机关或其他司法、行政机关以及公司的法律部门，由法律硕士教育中心进行统一联系、总体管理。各校不仅正在加强校外实习基地的建设，也在完善校内实践教学基地。如西南交通大学建立了模拟法庭、交通运输法研究中心、知识产权与技术创新中心、中国法制建设研究中心、法律援助中心、政法经济社会服务中心、心理测评与咨询实验室、电子政务综合实验室、安全工程与政务管理实验室，同时正在筹建物证技术研究与监测中心、知识产权学院，拥有电子政务模拟系统、测评培训系统等一批专业管理软件和相应的硬件设施，能够实现法律现象及其发生过程的模拟（如交通事故的发生过程模拟），进行典型化、情景化和模拟操作，以提高和强化管理者、纠纷处理者在复杂多变的境况中从容面对和正确处理各种复杂交通运输事务和疑难案件的能力。①

5. 管理手段

随着教学信息化的发展，运用信息技术进行管理是现代科学管理的重要手段。各校搭建了法律硕士教育中心网络平台，从招生录取、专业培养，到论文答辩、学位授予、就业指导……信息化管理贯穿于现代法律硕士研究生教学管理工作的每个环节。法律硕士教学管理联系着学校、研究生院、导师和研究生。“上传下达”是教学管理人员工作内容中非常重要的一个部分，通过信息化管理，教师和学生可以随时了解学校的最新信息。这样既促进教学管理方式的改革，提高工作效率，又提高了师生对教学管理工作的满意度。

## （二）西南民族地区法律硕士教学管理存在的问题

法律硕士专业学位教育设立的目的就是为中国建设社会主义法治国家培养高素质应用型的法律专业人才，这已成为法学教育体制改革的一个基本方向。基于此目标，法律硕士教育和教学的全部工作都应该围绕着培养复合型、实务型、高层次的优秀人才来进行。西南民族地区法律硕士的培养一直向着这个目标努力，但是由于各种原因，依然存在着一些不足，主要有以下问题：

1. 对教学管理工作重视不够

这有两方面的原因，一方面学校对专业学位教育的重视度

① 见《西南交通大学法律硕士教育中心建设概况》，来自西南交通大学网站。

不够，一方面法律硕士教学管理人员对自身工作重视度不够。随着我国专业学位教育快速发展，法律硕士规模不断扩大，教学管理对象发生了很大的变化，而相应的教学管理队伍的建设还没有得到充分的重视。许多学校还没有能够把法律硕士和法学硕士教学管理区别对待，在大多数院校中两者的培养都由同一个机构进行组织，由相同人员进行相关管理，导致法律硕士教学管理缺乏独立性和针对性。法律硕士专业学位培养的是应用型、实践型、复合型法律人才，而不是研究型人才，这是法律硕士专业学位与法学硕士学位的根本区别所在。由于培养目标的不同，培养环节的各个方面，如入学条件、课程设置、教学方式、学位论文等方面要求也会有所不同，必然对教学管理的任务和方式提出新的要求。虽然大多院校都设置了法律硕士教育中心，实际上法律硕士和法学硕士都是由相同机构和人员进行管理，致使有关管理人员对法律硕士教育的性质和定位认识不足，认为两者的管理没有什么区别。从而，在管理过程或教学资源配置中难免出现对法学硕士的偏重，没有重视法律硕士的实践性和应用性的要求。对法律硕士教学管理的重视不够，法律硕士与法律职业脱节，必然带来培养目标的落空。

2. 教学管理制度不健全

法律硕士教学管理制度是教学管理体系中的重要组成部分，是为强化法律硕士教学管理，稳定教学秩序，加强教学质量控制而制定的教学规章、制度、条例、细则、守则等。教学管理制度具有较强的约束效力，是法律硕士师生和教学管理人员共同遵守的教学行为准则，是实现教学管理制度化、规范化的重要基础。教学管理制度的完善与否直接关系到教学管理工作是否能有序开展。由于西南民族地区法律硕士专业学位 2007 年才开始设置，法律硕士教育起步比较晚，相关的教学管理制度不健全。有的学校制定的法律硕士教学管理制度比较模糊，除了根据2006年国家颁布的《法律硕士专业学位研究生指导性培养方案》制定各校培养方案外，内容上主要是沿用法学硕士研究生的管理方法，没有针对法律硕士的特点另外制定完善的管理制度，包括学生事务、教师事务、教学规范、考试制度、课程设置与教学工作有关的各职能部门的责任制度等。有的学校在制定教学规章制度时过于简单，制度条文普遍较少，程序性规范太少，文字表达模糊或抽象，可操作性差。而教学管理制度是一个复杂多样的系统，需要对学校教学工作的各个方面和各个环节都作出具体而明确的管理规定和要求。现有的教学管理制度严重滞后于教学管理的发展，涉及的管理环节没有相应的规章制度对其进行规范，难以实现管理工作的规范化、科学化，影响了教学秩序，所以在法律硕士教学管理工作中教学管理制度的建设迫在眉睫。

3.课程教学管理亟待加强

课堂讲授是教学的基本形式，课程教学管理是教学管理的重要内容。在西南民族地区的课程教学管理过程中，仍然存在一些问题：一是任课老师选聘的错位。法律硕士教育是专业学位教育，培养的是实践性、应用性、复合性法律人才，自然要求任课老师也应当具备一定的法律实务知识和经验，否则老师只能传道不能授业。在2006年《全日制法律硕士专业学位研究生指导性培养方案》中规定“导师组应吸收法律实务部门中具有高级专业技术职务的人员参加”，而目前大多数学校没有严把选聘关，安排一些以学术见长而法律实务知识缺乏、职业技能经验欠缺的老师讲授课程，教学效果不理想。另外，从实务部门聘请法官、检察官、律师及其他法律实务部门人员讲课没有相关制度保障，很难落到实处。二是实践性教学方法研究的缺乏。教学方法直接影响教学效果的好坏，法律硕士教学不应该仅仅是简单地沿用法学硕士的授课方式，而是积极组织任课教师研究教学方法，不断探索适合法律硕士教育的实践性教学方法，比如案例教学、模拟法庭教学、诊所式教学等，更重要的是研究这些实践性教学方法应该如何运用、怎么运用。现在虽然许多高校开始重视实践性教学方法，但都只是停留在口头层面，没有真正发挥这些教学方法的作用。

4.实践教学管理有待改善

学生法律职业技能和能力的培养提升不是依靠教师的讲授就能够获得，而主要是通过法律实务和法律实践获得。所以实践教学是法律硕士教学过程中的一个极其重要的教学环节，各种实践性教学环节都要制订教学大纲和计划，严格考核。根据教学计划的要求，应尽可能建立保证完成各类实习和社会实践任务的相对稳定的校内外实践基地。

2006年新修订的《法律硕士专业学位研究生指导性培养方案》规定了实践教学环节，包括法律职业规范与伦理、实践必修环节、实务实习。其中实践教学的时间不少于1年，在法院、检察院、律师事务所、法律援助机构、公证处等司法实际单位或政府法制部门、企事业单位法律工作部门实习不少于6个月。在实践必修环节中突出了法律文书、模拟法庭训练、法律谈判等实践性课程的重要性。但是在实践中，这一情况并不理想。

2006年修订的《法律硕士专业学位研究生指导性培养方案》规定“加强教学与实践的联系和交流，聘请法律实务部门的专家参与教学及培养工作”。法硕教育应该强化法律能力培训，建立必要的实习链接，使其理论与实践并重，成功实现培养合格职业法律人之目的。但在实践中这一要求执行得并不理想。一方面，法律硕士教育院校没有建立必要的实践环节和足够的专门实习基地，与立法、司法、行政执法部门也没有确立起长期稳定的合作培养机制。所以，学生接触法律实务的机会较少；另一方面，即使学生有机会到法院、检察院、律师事务所等实践部门进行实习，由于实习的考核体系并不完善，导致实习效果并不理想，多为有形无实，很多都流于形式。

5.管理手段有待完善

高校教学管理的方法就是实现教学目标、完成教学任务的基本手段。掌握并运用有效的基本方法，对于提高管理绩效具有十分重要的意义。教育要创新、科技要创新、人才培养要创新，教学管理的方法也同样要创新，要与时俱进，充分运用现代化教学管理手段，实现网络化、信息化管理，而现代化教学管理手段主要体现在计算机软件和网络的应用上。西南民族地区法律硕士教学管理的手段更多是停留在传统管理方式上，缺乏现代化信息、网络化管理。有的学校既没有建立教学管理系统，方便教学管理者和师生查阅教学信息，也没有建立法律硕士的专门网络平台，以及时发布教学管理信息；有的学校虽然建立了法律硕士网络平台，但是形同虚设，没有及时更新教学信息，没有有效地借助互联网实现信息的发布和资源共享。传统的管理手段容易造成信息交流的不顺畅或不及时，影响“上传下达”，不利于教学管理。

随着规模的不断扩大，法律硕士已逐渐成为法学教学人才培养的主渠道，传统的管理方法将不能满足其教学管理所面临的新形势和新问题。而信息化管理方式的不断推进，一方面有利于提高工作效率、方便管理，另一方面也有利于提高工作质量、减少误差，应在教学管理方法中进一步加强信息化管理。

## 三、民族地区法律硕士教学管理模式与制度改革研究

西南民族地区法律硕士教育管理存在的诸多问题，在一定程度上影响了法律硕士教育质量的提升和教育目标的实现。因此，加强教学管理模式和制度改革成了西南民族地区法律硕士招生单位迫切需要解决的问题。

### （一）民族地区法律硕士教学管理模式的完善

教学管理模式，是指在一定教学管理思想指导下教学实践中形成的管理活动的基本结构，是进行教学管理可以遵照的标准样式。[①] 教学管理是学校管理的中心工作，面对不同的教育对象，采取的教学管理模式也会有所不同。法律硕士专业教育的特点决定了法律硕士教学管理的特殊性和复杂性，从而影响教学管理模式的选择。西南少数民族地区法律硕士教育应该在以往教学管理模式的基础上，结合地区的、民族的特点，逐步探索形成具有特色和实效的教学管理模式。

#### 1. 硕士专业教育的特点与法律硕士教学管理的特殊性

2006 年《法律硕士专业学位指导性培养方案修订说明》中关于培养目标的说明再次强调：“JM 教育是一种专业学位教育，是一种职业养成过程，是一种精英教育。法律硕士专业学位‘是为法律职业部门培养具有社会主义法治理念、德才兼备、高层次的复合型、实务型法律人才’。”这决定了法律硕士专业教育具有

---

① 刘邦奇：《现代教学管理系统》，河北教育出版社，1997，第 39 页。

实务型、复合型、高层次性特点。同时其中还规定:“法律硕士专业教育是为法律职业部门培养,是指主要为法律职业部门培养,尽管将来可能不到法律职业部门就业,但也要按照这个统一的要求去培养;复合型,强调法律硕士专业学位教育培养的是在知识构成、职业素养和职业能力上口径宽、综合性强的高层次法律人才,是在两个不同的一级学科上进行知识交叉;实务型,即过去所谓的‘应用型’、‘实践型’;高层次,是指法律硕士专业学位教育培养的人才,在学历、经历、工作要求和理论层次上高于本科法学教育对象。”法律硕士教育是以法律职业为背景的一种职业性教育,应当充分满足法律职业的需求,这种法律职业的基本要求,就是要求每一个法律人都应当具备以下三大基本职业资质:一是法律人的职业品格与伦理要求;二是法律人的职业技能与素养,包括法律知识、法律术语、思维习惯、法律方法和职业技术;三是从事社会工作的综合素质。

法律硕士专业教育实务型、复合型、高层次性特点决定了法律硕士教学管理的复杂性和特殊性。第一,管理对象的复杂性。法律硕士教育复合型培养目标的特点要求学生既具有法律知识又掌握一些其他领域的专业知识,所以法律硕士研究生中有不少来自非法学本科专业。加之法律硕士招生规模的扩大,学生在生源结构、年龄结构以及培养类型等方面都存在差异。在生源结构方面,既有法学专业考生,也有非法学专业考生。在年龄层次方面,既有应届毕业的大学生,也有多年实践经验的实务工作者。在培养类型方面,既有全日制法律硕士研究生,也有非全日制法律硕士研究生。由于专业、年龄、培养方式的差异,形成了不同的学习需求,体现了管理对象的复杂性,增加了法律硕士教学管理的难度。第二,管理方式的分散性。法律硕士教育的高层次性说明了法律硕士教育不是本科教育，而属于研究生教育，它与法学硕士教育属同一层次的教育，不同的是法律硕士教育培养的是实践型高级法律人才，要达到“实践部门中级以上（含中级）专业与管理职务的任职要求”，而法学硕士教育培养的是学术型高级法律人才，两者的侧重点有所不同，但都是一种高层次的学位。在理论课程学习阶段，学生根据自身的专业背景、兴趣爱好以及就业意向选择不同的选修课程；在实习阶段，学生分别到法院、检察院、律师事务所、法律援助机构、公证处等司法实务单位或政府法制部门、企事业单位法律工作部门实习；在学位论文写作阶段，大多以独立研究为主，进行学位论文的写作。所以法律硕士教育不能像本科教育那样采取统一管理的方式。又由于法律硕士以分散式学习为特征，其教学管理应尽可能建立适应分散式学习、研究的管理体系。第三，管理体制的多元化。法律硕士教育的应用型强调了法律硕士是为法律实践部门培养法律人才，是以法律职业为背景，努力提高学生对社会环境的理解和适应能力，提高学生灵活解决实际法律问题的实践能力。这就是法律硕士区别于法学硕士的关键所在，因此对于法律硕士需特别关注其实践能力的培养。由于法律硕士实践型特征，在管理体制上，突破了传统由学校单一办学的体制，加强了教学与实践单位的联系和交流，聘请法律实务部门的专家参与教学及培养工作，逐步实现联合办学体制；在导师聘用体制上，成立导师组，采取集体培养与个人负责相结合的指导方式，充分吸收法律实务部门中具有高级专业技术职务的人员参加。

2.完善法律硕士教学管理模式

虽然《法律硕士专业学位指导性培养方案》明确了法律硕士教育的培养目标，但在实践中如何实现培养目标尚缺乏清晰的认识,法律教育与法律职业严重脱节,这种脱节背离法律教育的宗旨和法律职业的要求,使得培养目标得不到有效保证。这是目前我国法律硕士专业教育所面临的最大问题,引起了我们对教学管理及其管理模式的反思,考虑法律硕士管理对象的复杂性、管理方式的分散性、管理体制的多元化的特点。在传统教学管理模式(经验型管理模式、行政型管理模式、科学型管理模式)的基础上,我们提出了过程管理模式,弥补了目标管理只设置目标而缺乏对目标实行监控的不足,更有利于保障我国法律硕士培养目标的实现。

目前我国法律硕士教育已经制定了明确的培养目标,但是在实践中培养目标的实现却非常有限,所以我们在目标管理(即围绕确定目标和以实现目标为中心开展一系列管理活动)之外,针对目标管理的不足提出了过程管理,希望通过加强对过程的监控和管理,能将培养目标分阶段落实。过程管理通过对实现目标的整个过程的设计、控制和调控等活动,使组织机构的长期目标建立在众多短期目标的实现上,并以适当的结合方式对长期目标的实现起作用。[①] 法律硕士研究生培养的过程管理是根据本专业特点,对法律研究生培养的每个环节提出具体的目标和实施措施,强化过程监控反馈,提高法律硕士研究生培养过程每一个环节的工作质量。法律硕士管理对象的复杂性、管理方式的分散性、管理体制的多元化的特点加大了过程管理的难度,使得管理过程更加复杂。在法律硕士过程管理中需要加强以下几方面的措施:第一,建立健全规章制度。规章制度的建立健全是过程管理的首要环节,是明确管理人员权责的法律根据,是培

① 韩国防:《构建过程管理质量监控体系,确保研究生培养质量》,载《当代教育科学》,2010(3),第41页。

养目标顺利进行的法律保障，不仅每个环节都应有相应的规章制度，而且还要考虑不同管理对象、管理方式、管理体制的特殊性。第二，建立健全监控评价体系。过程管理的重心就在于监控评价和反馈调节。对每个阶段进行监控，并做出实事求是的分析和评价，建立各种反馈渠道，广泛收集各种信息，法律硕士研究生培养过程中存在的质量问题才能及时发现，及时改进。过程管理可以及时纠正错误，不断调整方向，最终实现培养目标。

西南民族地区，应根据地方特色和民族特色建立相应的过程管理模式，促进法律硕士教育质量的提升和教育目标的实现。西南民族地区培养单位虽然根据当地社会、经济的发展和学校优势，自主制定了具有特色的培养目标，如西南交通大学以培养具有交通工程专门知识背景的高水平、宽基础、实务性的法务人才为特长；西南科技大学立足于服务四川和西部地区培养法律复合型人才；广西师范大学面向中国—东盟自由贸易区培养法律人才。但是这些院校在实践中人才培养目标特色并不明显。要将过程管理模式引入西南民族地区法律硕士教学管理中，首先要将特色培养目标不断细化，设置特色课程；其次，建立健全相关规章制度；再次，在实施过程中充分发挥管理者在教育实践活动中的积极性和主动性，及时监控评价，通过科学有效的质量监控体系，营造良好的培养环境，获得较好的培养效果，并且积极收集各类反馈信息，如督导督查信息、教师教学质量信息、学生学习质量信息、课程教学信息、实践教学信息等；最后，对偏离培养目标的各环节不断调整，及时纠正，使法律硕士教育课程实践始终保持正确的目标方向，确保教育目标落到实处。

## (二)民族地区法律硕士教学管理制度改革

教学管理制度是高等学校整个管理制度的一个重要组成部分,西南民族地区法律硕士培养单位也围绕教学管理制度进行了积极探索,形成了一些值得借鉴的经验。但是随着法律硕士研究生规模的不断扩大,原有的教学管理制度不能满足教学管理中出现的新情况、新问题,必然要求进行相应的改革和创新。

### 1.更新教学管理理念

教学管理理念是教学管理思想、教学管理原则等一整套观念性因素的综合。它贯穿于教学活动的始终,蕴含了深刻的教学价值期望,指导着教学管理者的活动,支配着教学管理者的行为。在教学管理过程中,有什么样的教学管理理念,就会采用什么样的教学管理模式和制度,从而产生什么样的教学效果。所以,良好的法律硕士教学管理理念会带来法律硕士教育的持续健康发展。

首先,树立做好西南民族地区法律硕士教学管理工作的神圣使命感与责任感。随着我国法制现代化建设的不断深化,法律硕士教育在市场经济、民主政治建设中必将发挥举足轻重的作用。法律硕士教育突破了以往法学硕士教育只重视学术研究的弊端,在西南民族地区为当地法治建设培养了大量高层次、复合型、应用型法律人才,将成为西南民族地区法律人才培养的主渠道。由此可见法律硕士教育在整个法学教育体系中的重要地位。这必然要求我们加强对法律硕士教学管理的重视,认识到管理工作的使命感和责任感。法律硕士教学管理理念的改革与完善亟须从观念的转变着手,只有认识到做好法律硕士教学管理工作的使命感与责任感,才能认识到法律硕士教育对于西南民族地区法治建设的重大社会意义,认识到法律教育对传统法律教育的变革和创新意义，才能克服管理过程中追求法律硕士教育经济效益的狭隘思想，实现法律硕士的人才培养目标。

其次，塑造柔性管理理念。柔性管理是相对于刚性管理而言的，刚性管理是依靠管理制度和外在强制力量的管理方式，而柔性管理则是通过激发管理对象的主动性和创造性实现自我约束的管理方式。柔性管理的特征："内在重于外在，心理重于物理，身教重于言教，肯定重于否定，激励重于控制，务实重于务虚。"[①]一方面，法律硕士教学管理的对象是已经具有大学本科学历的硕士研究生，在生理和心理上相对成熟，他们具有自己独立的判断能力，比较容易接受民主的、非强制性的管理方式。另一方面，法律硕士教育是专门为法律实务部门培养合格的复合型、应用型的高素质法律人才，以不断满足经济社会发展和民主政治改革的客观要求，实践能力的培养是法律硕士教育的重要特色。另外，法律硕士中有学生来自非法学专业背景，如何更好地将法律和本科专业相结合，突出复合型人才特色，也是法律硕士教育的重要问题。所以，法律硕士教学管理需要给学生更民主、宽松的学习环境，充分尊重学生、相信学生、发挥学生的主体性，根据实践能力的培养要求和自身的专业背景，为学生在教学管理中尤其是实践教学中提供较大的选择权，强调教学管理的弹性和灵活性，实现以满足学生需求为基础的自我管理。

2. 健全教学管理机构

法律硕士和法学硕士教育都是我国法学类研究生教育的重要组成部分，在我国法制现代化进程中发挥了重要作用，两者是同等地位、同等重要，无论是教学资源分配、教学管理，还是教学

---

① 郑其绪编著：《柔性管理》，石油大学出版社，1996，第101页。

过程都应同等对待、同等待遇。随着法律硕士和法学硕士招生规模的不断扩大,必然要求教学管理的专业化。法律硕士和法学硕士的培养目标不尽相同,前者强调实践能力,后者注重科学研究能力,因此在管理上也应有所区别,所以在法学硕士教学管理机构之外设置独立的法律硕士管理机构是十分必要的。1998年国务院学位委员会、国家教委和司法部决定成立法律硕士专业学位教育指导委员会(简称“法硕指”),由“法硕指”组织、协调和指导各校法律硕士管理工作。各级院校应在“法硕指”的指导下,基于法律硕士专业学位教育职业化的特征,建立起由高等院校和地方司法系统组成的联合管理机构。

法律硕士专业学位教育是以特定职业为背景的,具有很强的职业性特点,涉及立法、司法、行政执法与法律监督、法律服务以及行政管理、经济管理和社会管理部门,所以法律硕士专业学位教育应当以用人部门的职业需求为导向,满足本行业对高层次人才的需求。因此把用人部门吸收进来,参与办学、培养和管理,更有利于适合民族地区经济和社会发展的高层次、宽基础的应用型和复合型法律人才和管理人才的培养。首先,应健全学校法律硕士教学管理机构,建立起一个法律硕士教育运行组织体系。在这方面中国人民大学法学院的经验值得借鉴:有一个起宏观指导作用的校级或院级的法律硕士教育指导委员会;有一个专职的极具法律硕士教育理念和富有创新精神的主管院领导;有一个负责法律硕士教育日常事务管理的法律硕士办公室;有一个组织法律硕士教学计划、开展法律硕士教学、进行法律硕士教育研究的法律硕士教研室;有一个能充分发挥学生自身作用的法律硕士协会;有一个能反映校内外法律硕士教育动态与成果的法律硕士网络论坛等组织。[1] 其次，坚持实务部门参与培养和管理工作，建立实务部门参与办学的开放型办学机制，密切参与法律硕士的培养目标制定、教学安排和组织管理等工作。培养单位要加强与当地实务部门的联系，争取实务部门的支持，使法律实务部门积极参与培养的管理指导体制，特别是涉及民族地区法律实务、民族地区与外界联系的相关法律实务等方面，如涉及广西与东盟贸易、民族地区知识产权、民族地区民间法、民族地区旅游发展、生态保护等法律问题。在相关法律实务部门如法院、检察院、律师事务所和其他涉及民族社会经济发展的部门内部设置协助管理机构，由院级指导委员会统一指导，其成员由法律实务部门中具有丰富实践经验的工作人员组成。培养单位在制定培养目标、设置教学课程、实行教学管理时应征询他们的意见，与其充分探讨，建立培养单位和法律实务部门的有效沟通协调机制。

**图 1　法律硕士教学管理机构一览表**

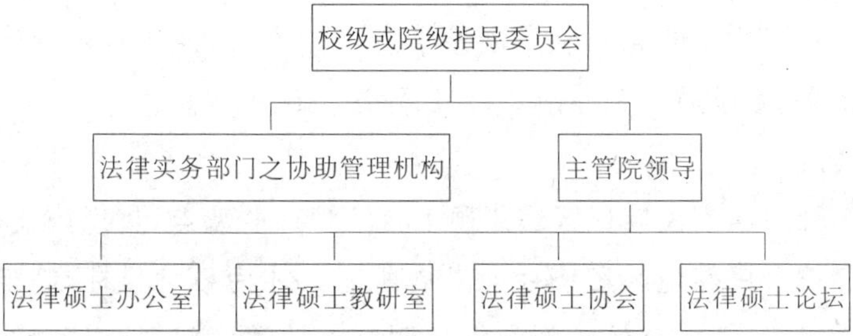


① 张德瑞：《回顾、反思与改造——中国法律硕士教育历程之检视》，载《郑州大学学报》(哲学社会科学版)，2008(1)，第 68 页。

3.规范教学管理制度

教学管理规章制度是教育教学理念、教学管理指导思想和教学管理原则的集中体现,规范着教学管理的全过程。随着法律硕士招生规模的不断扩大,建立和完善教学管理制度,是法律硕士教学管理工作发展的必然要求,可以使教学管理有章可循,实现依法治校、依法治学。好的教学管理制度,符合教育教学客观规律,有利于调动学生、教师和管理工作人员等各方面的积极性和主动性,有利于建立良好的教学秩序,有利于提高教学质量和办学效益,有利于实现法律硕士的人才培养目标。所以,为确保法律硕士专业学位研究生的教学秩序,明确教师职责,规范学生在校管理,培养单位应该以《法律硕士专业学位研究生指导性培养方案》和《在职攻读法律硕士专业学位研究生指导性培养方案》为依据,结合本校的实际情况,建立和健全法律硕士教学管理制度,充分体现对教学管理各方面的具体要求,促进教学管理工作的科学化、规范化。同时做好教学管理制度的监督工作,及时解决教学管理制度实施过程中出现的问题,提出改进措施,在教学实践中不断完善和发展教学管理制度,以便进一步提高管理水平、教学质量和办学效益,保障法律硕士教育人才培养目标的实现。

针对西南民族地区法律硕士教学管理的特点,集思广益,以培养符合民族地区经济社会发展所需人才为教学目标,制定出切实可行、行之有效的教学管理制度。教学管理主要是围绕民族地区的特点,特别是涉及民族法律问题、民族区域协调合作问题等,进行具有民族地区特色的教学和管理;教学管理制度也相应地分为教师管理制度、学生管理制度、教务与档案管理制度等。首先,教师管理制度是教学管理的重要部分,包括任课教师管理制度和导师管理制度，直接关系到教学质量的高低。任课教师管理制度涉及任课教师的职责和教学效果管理办法，以规范任课老师的教学活动和教学效果。导师管理制度又分为校内导师、校外导师、双导师管理制度，校内导师注重对法学理论及民族地区法律理论问题的讲授，校外导师注重对民族地区法律实务的讲解，共同培养学生应用法学理论对民族地区法律实务问题的理解和分析能力，以保障西南民族地区法律硕士实践型、应用型人才培养目标的实现。其次，学生管理制度是教学管理的核心部分，包括学籍管理条例、考勤管理条例、成绩管理条例、实习与社会调查管理条例和学位管理条例等内容，直接关系到教学效果的好坏。制定灵活而激励型学生管理制度，发挥学生的主动性和积极性，强化学生对民族地区法律等社会问题的分析能力，提高理论及实践综合能力。再次，教务与档案管理制度也是教学管理的重要部分，包括教务管理工作办法和档案管理工作办法等内容，直接影响教学秩序。教务管理制度涉及教学计划管理、课程设置管理、排课管理和教材管理等，应该把握法律硕士教务管理工作的特点，根据管理规定，形成科学的工作流程，建立良好的教学秩序。在教学计划管理和课程设置管理过程中，提高对西南民族地区法律等经济社会发展问题的比例，从教学计划上确保学生对民族地区法律问题的认识和理解。档案管理制度一般涉及教学文件、教务档案、教师业务档案、学生学习档案，应指定专人根据管理规定负责档案工作。

图 2　教学管理制度一览表

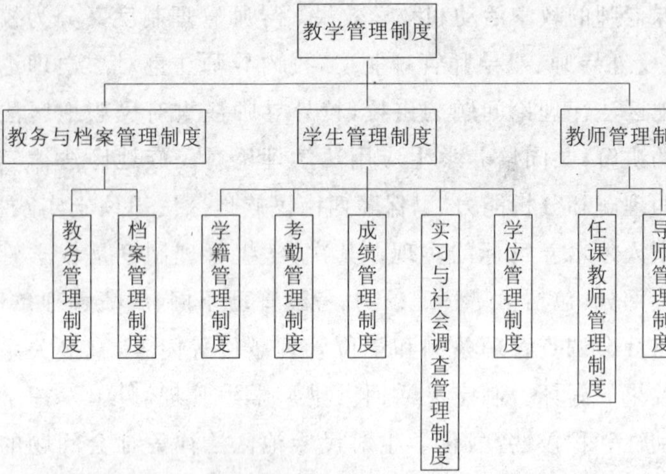


4.强化过程管理机制

在教学管理机制层面上，建立教学监控体系，有效实现对教学过程的管理。过程管理是指对工作活动过程的监控，以此保证工作按计划完成并且纠正可能出现的任何偏差，以确保目标的实现。[①] 过程管理既强化对过程的监控，又强调对过程的保障作用。过程管理引入法律硕士教学管理中，可以通过对整个法律教育过程的监督、控制和改进，实现实践型、应用型、复合型法律人才培养目标。法律硕士教学管理工作要重视培养环节，从招生录取、课程教学、实践教学直到学位论文。招生录取过程中，不仅要考察考生的法学基础知识，还要考察考生在实际工作中的应用能力和综合素质；课程教学过程中，加强对教学的检查

① 李海珍:《硕士研究生教学质量管理的问题及对策研究》，载《辽宁教育行政学院学报》，2007(9)，第 49 页。

监督;实践教学过程中,建立有效的实习评估机制;学位论文过程中,强化过程监督,必须严格开题报告、中期检查、论文答辩等环节。其中课程教学管理和实践教学管理是法律硕士教学管理工作的核心和关键。

重视课程教学的过程管理,加强对课堂教学质量的监督。实现教学管理的重点从传统的教学质量的事后把关向教学管理全过程的监控转移,控制教学过程各教学环节:建立自上而下的教学监督制度,采取定期检查和不定期抽查的方式规范授课教师的教学行为,全面了解课程教学运行情况,包括同行的听课制度以及课堂巡视制度;建立自下而上的学生反馈制度,通过多种信息渠道,全面了解学生对课堂教学的意见和建议,重视学生反馈意见的收集、分析和总结,及时将信息反馈到有关部门、领导和教师本人,学生是教育活动的对象,他们对课程教学的反馈意见自然对教师教学活动的改进起着重要的影响;建立教学效果自我评价体系,促进任课老师不断提高课堂教学质量。在课程管理中,注重应用法学理论对民族地区法律问题的分析,尽可能将民族法律问题的分析贯穿于课程教学的全过程,并将民族地区法律问题与一般法律问题进行深入的比较研究,从而提升西南民族地区法律硕士教育的针对性和特色性。逐步将应用法学理论分析和解决西南民族地区法律问题作为评价法律硕士课程教学的重要指标,提高法律硕士的培养质量。

强化实践教学的过程管理,促进法律实践能力的提高。法律硕士教育的培养目标决定了法律硕士教育需要给学生提供更多的实践机会,不仅要求在课堂上开设模拟法庭、诊所式教学,而且需要在课堂之外与各种法律实务部门建立长期稳定的沟通协调机制,建立有效的实习评估机制。首先,加强法律硕士培养单位和法律实务部门之间的有效沟通协调机制，及时了解各个法律实务部门的人才需求，消解我国法律硕士教育与法律职业需求之间的脱节状况，同时也是促进法律硕士就业的方法之一。其次，建立有效的实习评估机制，强化实习过程的中期检查，加强与实习单位的沟通，积极听取实习单位对学生实习情况的反馈意见。建立以实习单位为主的评估体系，作为学生实习的直接指导老师，他们自然最具有发言权，与此同时，也要求实习单位的评价实事求是，以真实反映学生的法律实践能力。随着经济社会的发展，西南民族地区法律问题呈现不同的特点，与普通法律问题有着较大的区别，特别是在涉及民族地区的民间法、生态保护等方面。所以法律硕士实践过程中，要加强与这些特殊法律实务部门的沟通和联系，不断提高学生对民族地区法律问题及其解决方式特殊性的认识和理解，提高实践的针对性和特色性。

5. 建立学生自主学习制度

自主学习制度指学生能根据自己的兴趣、特长和实际条件，自主选择主攻的专业方向、自主选择修习的课程、自主选择学习的方式，甚至自主选择喜欢的老师。[①] 西南民族地区法律硕士教育主要是为西南地区法治建设服务，为西南地区立法、执法、司法、法律服务和法律监督等实务部门培养法律人才。我们可以根据学生自身的特长和地方法律实务部门的实际需求，建立学生自主学习制度，这样不仅有助于学生的个性发展，而且有利于满足不同法律职业的需求。

首先，自主选择课程。一方面，结合地区、民族、学校专业特

---

① 秦小云：《大学教学管理制度的人性化问题研究》，华中科技大学博士学位论文，2005，第152页。

色自主选择课程。西南民族地区法律硕士教育除了国家规定的必修课和推荐选修课外，可以根据地区特色、民族特色以及学校专业特色设置课程，为学生提供多样化的自选课程系列。如广西地区法律硕士教育可以结合东盟自由贸易区开设系列选修课；财经类、理工类院校可以整合本校优势专业资源开设系列选修课；民商法可以结合民间法开设相应的西南民族地区民商法课程等。在引导法律硕士研究生学习法学专业基础课程的同时，允许学生根据自己的兴趣、特长和将来的择业意向自主选择选修课程。另一方面，结合学生原来专业自主选择课程。法律硕士的招生对象是面向所有专业的本科毕业生，对于非法学本科专业的学生而言，如何结合原来专业、发挥原专业优势对于复合型法律人才的培养是个重要问题。目前西南民族地区各院校的课程设置大多没有体现学生的原有专业知识与法律硕士专业知识的有机结合，因此原有的专业优势没有得到很好的发挥。学校应该整合各类专业资源为法律硕士生提供交叉学科领域的课程，为学生结合原有专业提供不同的自选课程选择，帮助学生学会不同知识的融会贯通。

其次，自主而谨慎地选择导师。结合法律硕士培养目标的要求，西南民族地区法律硕士教育大多采取“双导师”制，即由校内法学硕士研究生导师与法律实务部门中具有高级专业技术职务的人员共同组成法律硕士专业学位研究生导师组。学校应根据自身专业特色和社会发展趋势，建立适应社会发展所需的校内导师和校外导师双向选择制。引导学生注重自己的知识背景，充分考虑职业发展需要和民族地区法律问题的特殊性，与导师充分沟通，促使导师与学生双向选择，保证学生按知识背景和职业发展需要尽可能地选择好“双导师”，促进学习的专业性和特色性，提高学生的学习自主性和积极性。

再次，自主选择实习方式。法律硕士教育的实习单位大多是公安系统、检察院系统、法院系统、律师事务所、立法机关或其他司法、行政机关以及公司的法律部门。在实习单位的选择上，应充分尊重学生的选择权，以学生本人联系为主，各校法学院法律硕士指导委员会对实习工作进行总体管理，实习过程由学生导师负责指导，根据学生的实习情况评定学生实习成绩。这样既发挥了学生的能动性和主动性，也有利于学校的统一管理。

6. 完善信息化、网络化管理手段

信息化和网络化的发展为教学管理改变管理方式提供了很好的基础条件，为法律硕士教学管理提供了现代管理手段，包括网络教学管理系统，网络课堂，法律硕士教育网站，QQ 群、公共邮箱、飞信等网络交流工具，这些管理手段既提高了工作效率，又实现了资源共享。信息化、网络化管理手段在西南民族地区法律硕士教学管理中的运用并不理想：没有建立管理系统和网络课堂；尽管有些学校建立了法律硕士教育中心网站，可是多数是形同虚设，信息多年不更新；管理人员网络素质不高，影响了 QQ 群、公共邮箱、飞信等网络交流工具的使用。

西南民族地区法律硕士教育应该完善信息化、网络化管理手段，提高教学管理工作效率。第一，构建网络教学管理系统。利用该系统，教学管理人员可以完成教务管理、学生管理、教师管理等管理工作，实现日常性事务信息化，以提高教学管理人员业务工作效率；利用该系统，可以为导师、任课老师和法律硕士研究生实时提供课程、学习安排等信息查询。第二，建立网络课堂。通过网络课堂实现教学资源包括教学大纲、教案、课件、教学案例、习题答案等共享，有利于帮助学生自主学习。通过网络课堂还可以实现老师和学生的实时互动，不仅可以加强老师与学生的交流，还可以及时解答学生的疑惑，突破了传统课堂教学方式在时间和空间上的局限。第三，各法学院可以建立法律硕士教育网站，及时发布学校各种有关法律硕士研究生教育的规章制度、管理文件，以及法律硕士各教学环节如课程、实习、学位论文等安排，便于老师和学生及时了解教学制度和教学进度。第四，建立班级 QQ 群、公共电子邮箱或利用手机短信群发平台，充分利用网络交流手段，实现信息的及时、准确传递。信息化、网络化的管理手段，减少了许多的中间环节，实现了教学信息的实时共享和有效传输，也减少了教学管理人员的工作量，使管理人员从繁重的日常性事务中解放出来，有效提高了管理工作效率。

法律硕士教学管理要完善信息化、网络化管理手段，就必须不断加强网络教学管理队伍建设，提高管理人员的网络素质。所谓网络素质，是指以国际互联网络为载体进行社会交往和社会活动所必须掌握的网络知识和网络技能的统称。[①] 网络素质已成为现代社会每个教育管理者综合素质的重要组成部分，主要表现在以下两个方面：一是熟练使用各种网络教学管理软件和系统即网络教学管理系统、网络课堂、法律硕士教育网站、QQ 群、公共邮箱、飞信等网络交流工具；二是掌握利用网络教学管理软件和系统进行沟通和交流的能力，实现有效的信息管理。

---

① 李辽宁：《当代中国思想政治教育意识形态功能研究》，华中师范大学博士论文，2006，第 184 页。

第七章

# 面向民族地区法律硕士教学手段研究与实践

## 一、基本教学手段的应用

教学手段是教学活动得以维持的基本要素之一。教师的教学手段是一种运用教学技术从事教学的教学技能,最能反映教师的教学水平。对于教学手段的理解,学界虽有分歧,但也形成了某些共识:第一,教学手段是在教学活动和教学过程中运用的;第二,教学手段是为教师的教服务的,运用目的在于向学生传授知识与训练学生的能力;第三,教学手段是传递教学信息的物质形式,包括各种教学工具(仪器、设备、材料、机器等)。根据《辞海》对手段的解释,是指为达到某种目的而采用的方式和措施,包含:(一)手段是为达到某种目的服务的;(二)手段是在实现目的的过程中采用的;(三)手段是一系列的方式和措施。据此,教学手段是指教师在教学活动中为达到让学生接受知识、形成技能、习得情趣、掌握学法的目的而采用的方式和措施。[①]

### (一)教学手段的历史发展及其特点

教学手段作为教学活动中所使用的物质工具,如同劳动过程中存在的劳动资料,是社会生产方式和教学方式发展到一定历史阶段的产物。在人类教育刚刚发端的远古时期,教学的一般形式是口耳授受,以身示教。随着人类文明的演进,教学手段相应经历了如下四个阶段和变革。

1.言语表达阶段。在语言还没有产生之前,人类原始的教学主要借助自己的身体器官作为教学手段,以手势、面部表情、喊叫、动作等类语言或体态语为主,辅助以简单的图像符号进行。

2.口头语言阶段。语言的产生,极大地促进了知识、经验的教与学。语言作为教学手段的新发展,完善了口耳相传的教学形式,大大提高了传意能力和教学能力,同时也丰富了传意内容和教学内容,使人类创造的生产、生活经验得以广泛地传播和延续。

3.文字阶段。从公元前30世纪到公元11世纪,即从文字出现开始,教学的手段除了口授身传以外,有了手抄书籍,这成为学校这一专门教育机构出现的必要条件,是教学手段与方式的第一次重大变革。这时的教学内容从直接经验逐步转变为间接经验,教学形式从群体转向个别。

4.印刷书籍阶段。从公元11世纪到15世纪,这一时期由于印刷书籍的大量产生使书籍成为一种有力的教学媒体,使教学内容极大丰富,这是教学手段的第二次变革,教育作为人类经验传递的重要方式显示出巨大的潜力。

---

① 张良田:《教学手段论》,湖南教育出版社,1999,第11页。

5. 直观教具阶段。公元15世纪出现了直观教学手段，它的提倡和使用是教学手段的第三次变革。标本、模型、图表、挂图等直观教具把视与听、抽象与具体、理论与实际有机结合起来，提高了教学质量，促进了班级授课制的产生，从而使原来的个别教学转为集体教学的形式。

6. 高技术阶段。自20世纪20年代开始，电影、广播电视等视听教育的研究开始在一些国家盛行。无线电、幻灯、无声电影也逐渐普及于学校。到五六十年代，信息技术的发展加速了教学手段现代化的进程，录音机、录像机、放映机先后问世，并出现了闭路电视教学和语言实验室。80年代，卫星通讯系统及电子计算机进入教学领域并得到广泛运用。到目前为止，现代化教学手段可分为五类：一是光学手段（幻灯、投影等）；二是音响手段（电话、有线、无线广播、电唱、录音等）；三是电子图文媒体（电传、传真、文字处理机等）；四是视听手段（电影、电视、声像、同步幻灯、传真电话、录像及其附带电教软件）；五是综合手段（语言实验室、计算机辅助教学系统、卫星通讯教学系统、视盘系统、光纤通讯教学系统等）。

总之，教学手段从一般手段到现代化教学手段的演进，经历了一个由慢到快的过程。①

（二）教学手段的分类

对于多种多样的教学手段，研究者已经从不同的角度和侧面进行单维分类。笔者认为有必要采取多维综合分类，以更好地把握各种教学手段的特性和功能。

---

① 向玉琴：《现代化教学手段的发展及应用》，http://edu6.teacher.com.cn/tkc030a/kcygl3/ku/0602.HTM 访问时间：2010－4－14。

1.根据教学手段产生时间和技术水平分类,可将教学手段分为传统教学手段和现代化教学手段两大类。

(1)传统教学手段是教学活动赖以存在的基本教学手段。

(2)现代化教学手段有别于传统教学手段,它还可细分为电化教学手段、多媒体教学手段和现代教育技术手段。

2.根据提供信息的来源分类,可将教学手段分为:

(1)视听教学手段。这一类教学手段包括视觉的、听觉的以及视听结合的三种,它们将信息诉诸师生的视觉、听觉,是师生获取信息的主要来源。

(2)实际操作的教学手段。这类教学手段是使学生通过实际操作来获取信息的,如算盘、计算尺、计算器以及供实验用的各种必要工具等。

(3)人工智能教学手段。主要指电子计算机。利用电子计算机辅助教学、管理教学、模拟教学,均能取得其他教学手段无法比拟的效果。这种分类揭示了各类教学手段向学生提供信息的来源,便于教师在教学中根据实际需要选用不同的教学手段。

3.根据所传递的信息与现实事物的关系分类,可将教学手段分为:

(1)真实性教学手段。指实物、现场、标本等,它们所传递的是该事物的全部特性。

(2)模拟性教学手段。指模型、图片、电视等,它们所传递的是经过加工和概括的信息,保留了事物的主要特征,删剔了部分非主要特征。

(3)符号性教学手段。指教科书、图表、地图等,它们所传递的是客观事物的概括反映,其信息符号与所表达的意义没有必然联系。

4. 根据教学手段的常用性分类，可将教学手段分为：

(1)周围环境中的各种物体，包括实物或教学专用标本(活的和压干的植物、动物及其标本，矿石、土壤和矿物样品，机器及其零部件，文物，等等)。

(2)活动模型(机器、机械、器材、建筑物，等等)。

(3)模型(植物及其果实、机器设备、人体及其某些器官，等等)。

(4)教学实验用的仪表器械。

(5)图表(画、图片、地图、图表，等等)。

(6)教学技术手段(玻璃幻灯片、幻灯片、透明片、教学电影、广播和电视、录音和录像，等等)。

(7)课本和教材。

(8)检查学生知识和技能的测试机。

上述八种教学手段虽然还不完全，但都是最常用的。①

(三)法律硕士培养中基本教学手段的运用

基本教学手段是相对于现代化教学手段而言的，是指教师的听、说、读、写、模拟、演示、展示、要求等八种基本教学方式。这八种方式大体可以分为两类：

1. 教师凭借个人身体器官就可以采用的，包括听、说、模拟、要求等四种方式；

2. 教师必须借助自身以外的设备才可采用的，包括读、写、演示、展示等四种方式。

法律专业硕士学位是具有特定法律职业背景的职业性学

---

① http://course.fjnu.edu.cn/fjnu/courseware/672/11/shoukejiaoan/jiaoxuelun/jxl6.htm，访问时间：2010－4－14

位，主要培养面向立法、司法、律师、公证、审判、检察、监察及经济管理、金融、行政执法与监督等部门、行业的高层次法律专业人才与管理人才。法律专业硕士学位与现行法学硕士在学位上处于同一层次，但规格不同，各有侧重。该学位获得者应掌握基本的法学基础理论和较宽广的法律实务知识，具有宽口径、复合型、外向型的知识与能力结构，能够综合运用法律、经济、科技、外语和计算机等方面的知识，独立地从事法律实务工作。根据《教育部关于做好全日制硕士专业学位研究生培养工作的若干意见》关于教学要求的精神，培养法律硕士的教学过程要重视运用团队学习、案例分析、现场研究、模拟训练等方法；要注重培养学生研究实践问题的意识和能力。注重培养实践研究和创新能力，增长实际工作经验，缩短就业适应期限，提高专业素养及就业创业能力。因此，在法律硕士的培养中，教师对于上述八种基本教学手段的应用应当注意与学术型法学硕士以及本科生培养的不同。

1.听的手段：是指教师在教学过程中听学生所说的内容。包括学生疑问，向教师请教；学生答疑，回答教师的问题；学生讨论；学生辩论；学生口述等等。要培养法律硕士学生的就业创业能力，口头表达能力的培养是不可或缺的，这就要求教师听的手段的运用。在法律硕士的教学中，教师应当增加学生“说”的机会，这就要求合理地安排学生回答问题、讨论、课堂辩论的时间。在学生说的同时，教师应当注意去听，在听的手段中注意培养学生对于“法言法语”的运用，引导学生将日常用语有意识地变为法律语言，培养学生语言严谨、准确的风格。例如：学生经常将起诉和上诉混淆；将行政机关表述为“政府”；对于日常生活中的行为不能“转换”为法律行为表达出来等等。

2.说的手段:是指教师在教学过程中自主发声而进行的说话、摹声等内容。说的手段具体包括教师所作的讲解、讲述、提问、评价等外在表现形式。说的手段是教师传递教学信息、实施教学指导的最基本的教学手段。在法律硕士的教学中,教师首先应当严格要求自己在讲解中对于“法言法语”准确运用,给学生做好榜样。另外,教师应当注意对于教学内容的讲解应当将法学理论与司法实践紧密结合,在理论上的讲解要比对本科生的讲解更有深度。例如:关于行政主体理论,对于本科生而言,只要求了解行政主体的含义特征即可,但是对于法律硕士而言,除此之外,还应当让其了解行政主体制度的由来及其法理基础;联系司法实践时,应当注意联系最新的法治事件以及影响较大的典型性的或开创司法先例的法治事件。对于法律硕士的提问,应当注意不要提假设性的问题,问题应当能够引导学生做更深层次的思考。例如:关于在讲授抽象行政行为不属于我国行政诉讼受案范围的知识时,可以提出——抽象行政行为从本质上讲仍然属于行政机关行使行政权力的行为,为什么不能与具体行政行为一样接受人民法院的监督,这与我国的政体制度有什么关系等问题;通过这些问题的提出,引导学生思考在我国政体制度之下,行政权与司法权的关系。在学生回答问题、讨论问题、辩论之后,教师应当及时作出评价。这就要求教师在听的基础上要及时、准确地发现学生思考问题时存在的方法问题,进行指导与纠正。

听的手段与说的手段是相辅相成的,例如在讨论式的教学方式中,听的手段与说的手段紧密结合在一起,教师要提出恰当的问题让学生讨论,同时也要注意听学生讨论的结果,通过听发现学生学习过程中存在的问题,并及时解决问题。

3.模拟的手段：是指教师在教学过程中单纯依靠自己的身体面向学生所做出的动作、表情等内容。模拟的手段具体包括教师所做的动作示范、表情模拟等外在表现形式，作为教学手段，一般必须与说的手段相配合运用。在法律硕士的教学中，运用模拟手段可以活跃课堂气氛，调动学生的积极性，这就要求教师注意观察生活，将生活中的场景“搬入”课堂。例如：讲解民事法律行为的构成要素——意思表示这一教学内容时，可以模拟生活中在路边向出租车招手的动作；在讲解行政处罚的程序要求时，可以模拟生活中交警伸手拦住违章车辆、向司机敬礼、表明自己的身份、向司机说明违章情形以及开罚单等动作，这一系列的动作之中包含了《行政处罚法》、《道路交通安全法》对于交警实施行政处罚的程序要求。通过形象地模拟动作，引导学生了解法律与生活的密不可分。运用模拟的手段，进行情境教学，对于法律硕士的培养，会更加具有实践性。

4.要求的手段：是指教师在教学过程中对学生的学习从目的到效果所提出的种种学习、训练要求。要求的手段具体包括提出学习目标、学习要求和评价标准，提供学习方法、思考与练习以及课外学习的范畴与要求，提出复习、背诵、理解、应用、熟练等要求，提供考试、考查的内容、方式与要求，诸如此类种种要求等具体外在表现形式。在法律硕士的培养中，教师对法律硕士的要求应当高于对本科生的要求，与学术型法学硕士相比较应当更加侧重于应用的要求，表现为：

(1)学习方法上：应当要求学生在学习时能将法学知识及法条融会贯通，能够举一反三，发现规律，取得事半功倍的效果，而不是单纯地背诵概念和法条。例如：关于行政赔偿中职务行为与个人行为的区别的知识点，就可以与国际法中外交人员的豁免行为与国家行为的区别的知识点进行融会贯通。应当要求学生学习比较分析的学习方法,例如关于民事诉讼中原被告制度与行政诉讼中原被告制度的比较,通过比较得出行政诉讼原被告制度的特殊性。这种方法将学生的被动学习变为主动学习,学习效果会大大提高。应当要求学生学习和锻炼归纳逻辑等思维方法,这一点在法学教育中尤为重要。对于逻辑思维的培养可以通过对法条的归纳(例如:三大诉讼法对于审理期限的不同规定)、案例分析等练习进行。总之,对于法律硕士的培养,学习方法的训练是一个重要环节,这对于学生以后能否灵活运用法学知识、能否将法条与司法案例正确结合至关重要。

(2)课外学习的范畴与要求上:虽然法律硕士不同于学术型的法学硕士,但作为硕士,仍应当要求学生进行课外学习,尤其是课外阅读。关于课外书籍的选择,教师应当提供书目,书目的选择最好是经典的法学著作,特别是西方法学家的论著;另外,教师还可以提供一些哲学、社会学等著作,让学生通过更广的视角来审视法学。教师应当规定阅读的期限,并要求学生提交阅读心得。通过课外阅读,可以大量地丰富学生的知识、拓宽知识面,在这一过程中,学生自然地就学会了辩证地分析问题,这对于法律硕士人才的培养是不可或缺的。

(3)考试的内容与方法上:法律硕士作为应用型的法学人才,要达到能够独立地从事法律实务工作的要求,通过司法考试就成为一个必要条件。

在内容上,司法考试对于法条的理解以及法学综合知识的要求比较高,因此,在法律硕士的日常教学中应当注意紧密结合法条讲授法学理论知识,对于重要法律中的重要法条要进行重点讲解。例如:关于行政法中具体行政行为与抽象行政行为的区别，这一知识又涉及行政诉讼法中不属于人民法院行政诉讼受案范围事项的知识点，表现为涉及《行政诉讼法》以及《最高人民法院关于执行〈中华人民共和国行政诉讼法〉若干问题的解释》的相关法条。这一内容是历年司法考试中行政法与行政诉讼法部分的重点与难点。因此，在法律硕士的教学中，对于这一考试内容，教师可以通过先读法条，让学生头脑中有一个印象——结合案例进行理论分析——再回到法条，达到对法条的透彻理解。通过整个过程的学习，学生可以灵活掌握这一内容。

在司法考试的方法上，在法律硕士的教学中，应当通过教授让学生尽可能地掌握对比、归纳等方法。在准备考试的过程中，应当分清重点，合理分配时间。主要精力放在重点法律（特别是司法解释）、重点法律中的重点法条上，例如：三大部门法与三大诉讼法；对于非重点的法律只需要复习历年考过的法条，例如：《税收征收管理法》；对于法条的复习，要注意记忆的准确，可以结合案例对重点、难点法条进行掌握，可以多做习题，以加深理解和记忆。例如：关于行政诉讼管辖的考试内容，《行政诉讼法》第十七条规定："行政案件由最初作出具体行政行为的行政机关所在地人民法院管辖。经复议的案件，复议机关改变原具体行政行为的，也可以由复议机关所在地人民法院管辖。"《最高人民法院关于执行〈中华人民共和国行政诉讼法〉若干问题的解释》第七条对"改变"作出了司法解释："（一）改变原具体行政行为所认定的主要事实和证据的；（二）改变原具体行政行为所适用的规范依据且对定性产生影响的；（三）撤销、部分撤销或者变更原具体行政行为处理结果的。"其中，涉及对于"主要事实和证据"的理解，这就需要结合案例、习题去把握；还涉及"且对定性产生影响的"的准确记忆，学生经常将这半句话遗漏以及对于"定性"

的理解不准确。这些问题就需要教师在教授的过程中,向学生指出,并作出讲授。

在考试的过程中,先将试题整体迅速浏览一遍,特别是案例分析,这样可以边做题边思考,实际上延长了考试的时间;要保持头脑的清醒,可以注意一下试题是否前后有"撞车"的地方,对于忘记的知识起到提示作用;对于遇到的难题,先"跳过去",先做会做的题目,如果有时间再回过头来进行思考,以防在不会的题目上白白浪费时间又耽误后面试题的回答;对于案例分析的回答,一定要注意就试题所给的材料进行分析,不要自己添加材料,回答问题一定要精、准,使自己的观点让改卷的工作人员一看就明白,将应得的分数"毫无悬念"地得到。

5.读的手段:是指教师在教学过程中借助于教科书、相关材料或相应设备而面对学生所进行的有声阅读活动方式。在法律硕士的教学中,读的手段主要用于:(1)读法学、法律名词概念。通过教师的读,让学生先在头脑中对这些名词有印象,再进行分析;在教师读的过程中,也将学生分散的注意力集中起来,达到好的教学效果;(2)读案例。在现代教学中,多媒体教学已经成为常态。为了节省时间、节约成本,在案例教学中,很多教师将案例作成 PPT,用多媒体展示出来。但是,基于教室的大小、学生所坐位置的密度、角度以及自身视力的好坏等原因,并不是每一个学生都能看清 PPT 的内容,因此,教师读案例成为必要,尤其在法律硕士的教学中。前面已经讲过,法律硕士的教学需要紧密联系司法案例,如果教师不读案例,将会影响教学效果。

6.写的手段:是指教师在教学活动中利用粉笔、黑板、书写板等设备而面对学生所进行的板书活动方式,具体包括教师在黑板、书写板、纸张、书写胶片等种种可供书写的工具上所进行的板书、勾画、书法示范等具体方式。虽然现代教育技术发展迅速，但是课堂板书仍然是教学中重要的教学手段。在使用多媒体的过程中，如果教师一味地展示 PPT，学生总是保持一种姿势和情绪，会造成视觉疲劳，从而导致注意力不集中。因此，教师在展示 PPT 的同时，进行课堂板书，会调动学生的兴趣从而将注意力集中于教师身上。在法律硕士的教学中，课堂板书的内容应当注意与法律硕士的教学特点相结合，主要对概念、框架性内容以及案例进行板书。例如，关于行政处罚程序的板书：

通过这一板书，学生可以很直观地理解行政处罚程序的种类，以及听证程序的性质。再如，关于经过行政复议的行政诉讼案件被告确认案例的板书：

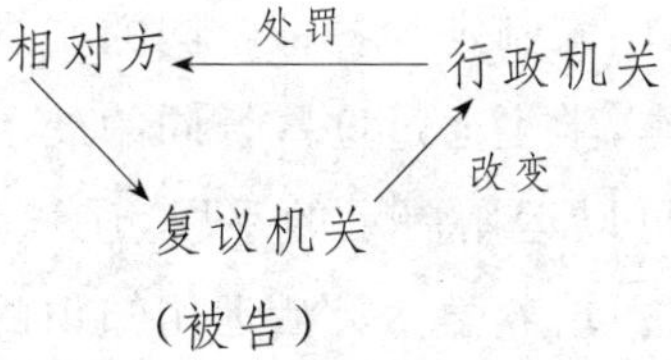


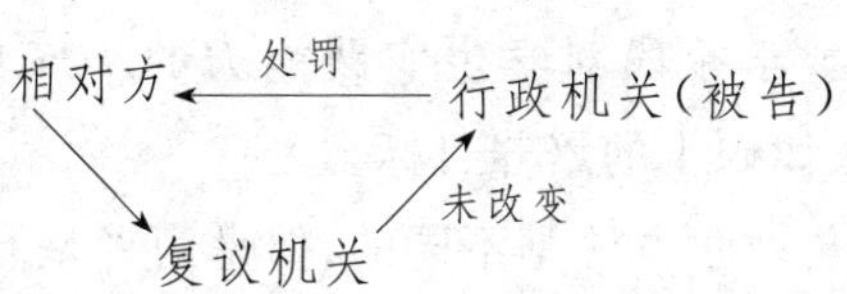

改变：
- 主要事实和证据
- 规范依据且对定性产生影响
- 撤销、部分撤销或者变更处理结果

通过上述一系列的板书展示，学生可以很直观地比较出在经过行政复议的行政诉讼案件中被告确认的不同规则，同时也可以准确记忆“改变”的法定情形。

7. 演示的手段：是指教师在教学过程中利用实验仪器及其设备、实物、模型等设备面对学生所作的种种操作、演示、表演等活动方式，具体包括实验的演示、机器的演示、实物的解剖、模型的演示等方式。在法律硕士的培养中，关于演示手段的运用并不多，主要集中于刑事物证教学中，例如：指纹的提取。在法律硕士培养中，基于其培养目标的要求，应当注意学生动手能力的培养，这就要求尽量使每个学生都有机会亲自动手进行练习。

8. 展示的手段：是指教师在教学过程中面向学生所作的各种实物、拟本、模型、图片、照片的图示活动方式，具体包括实物的展示、标本的展示、模型的展示、图片的展示、照片的展示等方式。在法律硕士的培养中，应当注意通过这种教学手段让学生接触司法实践。例如：合同、罚单等实物的展示。在民事合同的教学中，教师可以展示国家制定的各种合同的文本，也可以展示实践中真正的合同文本，学生通过这些合同的展示，对合同形成直观的了解。教师还可以运用展示的手段，让学生通过观看发现其中存在的问题，从而培养学生灵活运用知识的能力。例如：行政处罚的交通违法罚单的展示。

上述这些教学手段对学生实践能力的培养具有很大的作用，正契合了法律硕士的培养目标。

教学手段与教学方法是不同的，但是两者是互为关联的，教学手段能不能发挥功效,能够发挥功效的大小,是由教学方法决定的。运用上述传统的教学手段,将这些教学手段综合运用,运用艺术化、效能化的教学方法,对于法律硕士的培养将会起到事半功倍的作用。

在法学教学中,应当注意以下教学方法的运用:

1. 案例教学

案例教学是在课堂中以案例为中心,教师的教和学生的学通过案例的组织、分析讨论、总结评论把抽象的理论和呆板的法条与实际相结合,使普遍性的理论观点和特殊的事实材料相统一,记忆性的知识学习和操作性的分析思考相统一。基于法律硕士培养目标的要求,案例教学应当成为主要的教学方法。在课堂教学中,由教师将学生分组或学生志愿组成小组,进行案例的讨论;小组讨论结束后,每组派一名同学发表本组对案例的评析,之后教师对学生的评析进行点评。在这一过程中,注意培养法律硕士学生举一反三、分析解决问题的能力。因此,教师的点评不应当是简单的肯定或否定,而是应当充满启发性。例如关于行政诉讼中的典型案例——河南种子案的分析,这一案例从表面上看主要涉及的是行政诉讼受案范围的问题,但是在更深层次涉及的是行政权与司法权的关系问题。可以引导学生比较美国与我国行政权与司法权关系的不同,进而分析造成这种不同的原因,最终深入到政体问题的分析。在这一系列的环节设计中,既要考虑法律硕士的实践性(与法学硕士的不同),又要考虑法律硕士的"硕士性"(与法学学士的不同),因此,案例的选择要具代表性,要有一定的理论深度,培养法律硕士学生的法律思维能力及自身分析案例、解决问题的能力,为其法律职业信仰和素养的形成打下扎实的基础。

2.讨论教学

讨论式教学是课堂教学中在若干问题引导下，由教师主导，并以学生讨论、师生讨论为主要教学推进方法的教学方式。讨论式教学在法学本科生培养、法律硕士培养以及学术型法学研究生培养中都是重要的教学方式，因此，在教学中要注意针对学生的特征有所区别。基于法律硕士的培养目标，讨论式教学应当更加注重与司法实践相联系，通过讨论典型的最近发生的司法案例加深对知识点的理解。在组织讨论时，可以分组进行讨论，之后各组选一个代表说出本组的讨论结果；最后由教师进行评价。例如：在对法律硕士进行行政主体理论知识的教学中，可以安排讨论行政法的典型案例——田永诉北京科技大学拒绝颁发毕业证、学位证行政诉讼案。在这一案件中，涉及北京科技大学能不能作为行政诉讼的被告问题，亦即北京科技大学是不是行政主体的问题；通过讨论，使学生明白在我国并不是只有行政机关才能成为行政主体，通过讨论进一步掌握行政主体的内涵，教师作出评价之后，可以介绍行政主体的由来及国外的情况；在这基础之上再让学生讨论行政主体制度的法理基础这一更深层次的问题，从而分析我国的行政主体制度。在这个过程中，通过讨论—分析—再讨论的方式，在学生在自己思考的基础上主动地掌握行政主体的知识，也可以了解我国行政法学对行政诉讼司法实践的推动作用。讨论式教学既能够锻炼法律硕士分析问题的能力，又能够锻炼其口头表达能力，对其今后缩短就业适应期限，形成专业素养及提高就业创业能力起到了重要作用。

3.角色扮演教学

角色扮演教学是指学生在教师指导下根据教材内容中人物的要求扮演相应角色，通过角色扮演活动加强对教材内容理解和掌握的教学法。[①] 这种教学法与模拟法庭相似，是模拟法庭教学的“变身”，但是与模拟法庭教学相比较，更具有灵活性，案件更加全面，特别是对于并不进入诉讼阶段的案件而言。以行政法课程对于这种教学法的运用为例，简单讲，就是教师指导学生运用小品表演的方式学习行政法。例如：关于行政处罚程序知识的学习，虽然可以通过案例、讲授等方式进行，但是学生头脑中对于行政处罚的程序并没有形成直观的印象，不能及时发现行政处罚执法过程中存在的程序违法问题。在法律硕士的培养中，对于这一问题可以采取学生模拟的方式去解决，具体的方式为：首先分组，其次以组为单位，组员根据法律（例如：《道路交通安全法》）进行情境设计，接下来组员进行角色分配，之后进行情境模拟表演，表演结束后由观看表演的同学指出情境中的行政处罚程序是否违法以及违法之处，最后由教师进行点评。本人在教学实践中已经运用了这种教学方法，通过与之前的教学方法相比较，学生非常喜爱这种“小品”教学方法并踊跃参与，教学效果也得到了很大提高。这种教学方式在实际的教学中，取得了很好的教学效果，学生们反映，通过情景的设计、表演、评价等环节，将法条与书本中的内容和实践紧密结合，从而真正了解了行政处罚的程序，为今后的执法工作奠定了扎实的基础。这也是法律硕士培养目标所要求的。在角色扮演教学中，培养了法律硕士学生理解、综合运用法条的能力，洞察能力以及法律适用能力，这都是法律硕士培养目标所追求的。

4.模拟法庭教学

模拟法庭教学是教师组织学生对诉讼的中心环节——开庭审理进行模拟实践，即模拟法庭审判的全过程，通过角色投入，

---

① 郑余洲：《教学方法应用指导》，华东师范大学出版社，2006，第103页。

实践开展庭审中的各项工作,以提高学生的操作能力的一种实践性教学方法。[①] 法律硕士学生的培养方向要求学生在毕业之后在较短的时间之内能够独立从事法律工作,这就要求学生必须熟悉法庭审理工作,因此,模拟法庭教学成为法律硕士培养中的重要教学方式。模拟法庭教学,可以使学生系统地运用法学知识,将实体法与程序法有机结合,能够培养学生各方面的司法实践能力,能使法律硕士学生毕业之后尽快地胜任司法实践工作。同时,模拟法庭教学也是法律硕士学生很喜爱的一种教学方法,每次布置模拟法庭工作,学生都很积极地报名参加,这种积极、主动的学习方法会使其学习效果更加显著。在模拟法庭教学中,教师的指导是非常重要的。首先,案件的选择最好是真实的案件,且难度适宜;其次,组织学生旁听庭审或通过看影碟让学生了解真实、完整的庭审过程;再次,指导饰演每个角色的学生应当注意的事项,例如:对于原告、被告,注意诉状的书写;对于律师,注意双方的辩论集中到共同的焦点上;对于法官,注意法庭控制的能力等。在模拟法庭教学中,还应当注意不要只模拟一类案件的法庭审理,应当合理分配模拟民事、刑事、行政案件。在法律硕士的培养中,模拟法庭教学应当成为一种常态教学,这样可以保证每一个学生都有机会参与,也可以保证学生可以有机会饰演不同的角色,这样可以在更短的时间内,了解整个庭审过程,将大大提高法律硕士学生法律职业能力的培养质量。

5.诊所教学

诊所教学是20世纪60年代在美国法学院兴起的一种法学

---

① 杨荣新、陈桂明:《论民事诉讼法课程教学的改革与完善》,载《法学教育文选》,中国政法大学出版社,2002。

教育新模式，其借鉴了医学院利用诊所培养实习生医生的形式，从实践中培养学生的法律执业技能和职业道德，学生通过模拟场景和实践操作，以准律师身份办案，从而学习律师的各种执业技能。[①] 诊所教学与模拟法庭教学相比较，更加灵活，不仅仅局限于课堂，更加具有真实性和全方面性，不仅教授学生法学知识，还能够培养学生的社会交往能力，特别是培养职业责任心，为法律硕士学生毕业之后尽快地胜任工作，较好地适应社会，很好地从学生角色向法官、律师等法律工作者角色转变奠定基础。诊所教学对于教师的要求是较高的，在我国已经开办诊所教学的院校中，大多依托院校的法律援助中心，需要有律师执业经验的教师进行指导。诊所教学的教学对象大多是高年级的本科生及部分研究生，因此，这种教学方法对于法律硕士学生是适宜的，特别有助于法律硕士学生培养目标的实现。

## 二、现代教育技术的应用

### （一）现代教育技术的概念与内涵

现代教育技术是教育科学群体中的一门新学科，它是以教育学的理论为基础，运用现代教学技术成果和系统科学的观点与方法，探求提高教学效果的技术手段和教学过程优化的理论与方法。由于教育和信息技术发展水平的差异，现代教育技术在不同的国家经历了不同的发展阶段。一般说来，发达国家的教育技术是在视觉教育、视听教育、教育传播的基础上发展起来

---

① 许建丽、牟逍媛：《法律诊所教育与中国法律援助制度》，载中国人民大学法学院编《走向世界的中国法学教育论文集》，2001，第731页。

的，而我国则是在电化教育的基础上发展起来的。① 具体而言，现代教育技术大致包括以下四类：

1. 光学媒体：有幻灯机、投影器、概念放映机等，以及相应的教学软件。

2. 音响媒体：有收音机、扩音机、传声器、录音机、电唱机等，以及相应的教学软件。

3. 声像媒体：有电影放映机、电视机、录像机等，以及相应的教学软件。

4. 综合媒体：有语言实验室、程序教学机、学习反应分析机、计算机辅助教学系统等，以及相应的教学软件。

（二）现代教育技术在法律硕士教育中的应用

现代教育技术对不同类型、不同层次的高等院校都产生了深远的影响，西南民族地区的法学院校也在现代教育技术的影响下发生着重大的变化，对于社会急需的应用型、复合型的法律硕士人才的培养，传统的人才培养模式已难适应。因此，应当转变教育观念，更新教育方式，充分利用现代教育技术提高人才培养质量。

1. 多媒体教学

多媒体作为开展课堂教学的一种计算机辅助手段，集声音、文字、图像等手段于一体，能将抽象的理论具体化，能使微观世界宏观化，能化远为近、化静为动、化小为大。多媒体教学是科技发展带来的一种新的教学方法，相较传统教学手段，其具有较强的优越性，表现为：(1)节约师资，扩大学生数量；(2)激发兴趣，调动非智力因素；(3)化难为易，提高知识传递效率。这种现

① 杨九民主编：《现代教育技术》，华中师范大学出版社，2005，第11页。

代化教学手段，增强了形声效果，使学生多种感官参与学习，许多教学内容得以精减，许多烦琐的讲解得以省略，提高了教师教的兴趣，也提高了学生学的兴趣。这种教学方法在所有学科的教学中都起到了很好的作用，在这里，本人特别强调多媒体教学在法律硕士培养中的重要作用。

前文已经论述，为较好地实现法律硕士的培养目标，在教学中应当让学生大量地了解、分析和探讨影响重大的司法案例和社会事件，这就首先需要学生们"看见"材料。在多媒体教学运用之前，学生"看见"材料的方式主要是通过教师读、复印等方式，但是这些方式自身都存在不可避免的缺陷。多媒体教学的运用，不仅可以节约教学成本，并且让每一个学生都可以清楚地"看见"材料，从而顺利地实现对材料的分析和探讨教学，使教学效果更加显著。

本文以行政法教学为例，论述多媒体教学的优点。由于行政法知识本身的特点，课堂很容易陷入沉闷之中，而多媒体教学方法的运用，可以播放视听资料，将社会上最新的行政法事件展示给学生，拉近学生与社会的距离，让学生能够感觉行政法就在自己的身边，使学生明白原来行政法并不抽象，是具体生动的，学习兴趣自然就会产生，学习效果自然就会相应地提高。例如：关于行政给付的教学，"5・12"汶川大地震之后，我国政府及时向灾区拨付救济款，同时社会各界踊跃向灾区捐款捐物，上课时播放这些视频资料，让学生在看的同时比较这两种行为有何不同，从而掌握行政给付知识。另一方面，通过课件的制作，可以使教学内容形象、生动、直观地展示在学生面前，与传统的讲授方式相比，更易带动学生的学习兴趣。例如：关于行政处罚设定的教学，一直是教学中的重点与难点，难就难在很抽象，运用案例讲解也只能涉及部分内容。后来，本人在教学中精心制作了课件，以生动的形式将这部分知识展示出来，激发了学生的学习兴趣，同时辅以传统的教学手段，例如课堂或课后练习，取得了很好的教学效果。

同时在法律硕士教学中，对于多媒体教学的运用应当注意结合法律硕士的特点，主要用于案例、社会事件以及对于难点、重点知识的展示，切忌对 word 文档进行整版粘贴复制，这样将会事倍功半。

2. 校内网络课程

2000 年 5 月，教育部启动了“新世纪网络课程建设工程”，加快我国现代远程教育建设步伐。这是教育部在应用现代教育技术进行教育资源建设方面所开展的最大的一项工作。很多高校积极响应这一工程，在院校的网站上建立了网络课程教学。下面是广西师范大学法学院精品课程——法理学网络课程页面的展示。

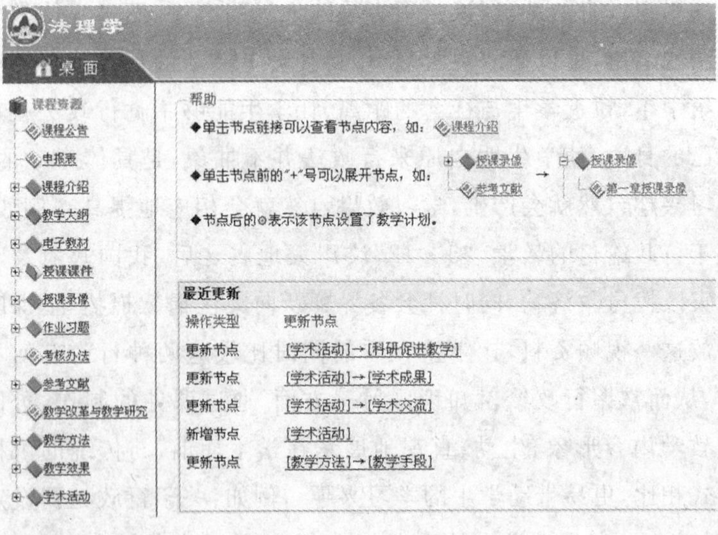

在这一网络课程中，既有静态的授课课件又有动态的授课录像，学生可以自由选择，或者两者结合；在教学大纲中，学生能够了解课程的重点、难点知识，在学习中可以更加有针对性；结合作业习题，学生可以及时检测自己的学习效果；根据参考文献，学生可以结合课程拓展阅读内容，了解更多的相关知识，有利于学习效果的提高。这一网络课程，并不是一成不变的，在"更新"部分，将会不断显示与课程相关的科研活动内容，学生能够了解课程的发展情况以及最新的科研信息，以满足学生对问题进行深入探究的兴趣，培养其科研能力。通过网络课堂，学生可以根据自己的学习情况自主制定学习计划进行学习，还可以通过作业习题检验和巩固学习成果，有利于培养学生自主学习的能力，提高学生的学习兴趣。可见，网络课程的建设离不开现代教育技术的运用，现代教育技术是网络课程的硬件条件，现代教育技术的运用将对网络课程的发展起到重要作用。

（三）现代教育技术在法学教育中的作用

1. 现代教育技术促进法学教育现代化的发展进程。法学教育现代化是现代经济、科技以及生活的产物，包括：法学教育内容和教育技术手段的现代化、教育制度和教育管理的现代化和人的教育观念以及教育行为现代化。[①] 现代教育技术是实现法学教育现代化的物质基础，没有教育技术现代化，法学教育现代化将成为空话。

2. 现代教育技术促进高素质复合型法律人才的培养。随着现代社会经济的发展，国与国之间的联系越来越密切，国际合作越来越重要，这也对法学教育培养高素质复合型法律人才提出

① 周春英、刘永杰：《现代教育技术初探》，载《郑州工业高等专科学校学报》，2003(4)。

了要求。作为法学硕士学生的培养目标之一——复合型人才，便契合了这一要求。但是，传统的法学人才培养模式已经很难适应高素质复合型法学人才的培养，必须更新教育方法、转变教育观念。对于西南民族地区法学硕士教育而言，利用现代化教育技术可以为学生提供更优质的教育资源，可以缩小与东部地区之间存在的教育差距，可以缓解教育资源短缺的现状，可以改善西南民族地区法学教育投入不足、办学条件差的现状，有利于西南法学科研的提高，而这都将极大地改善和提高西南民族地区法学教育的教学质量。

3.现代教育技术促进教育理念的转变。西南民族地区的法学教育要迈上一个新台阶必须转变教育理念，用先进的教育理念作为教学实践的指导，例如：以学生为本、学生的个性化培养、教师角色的转化以及构建新型的师生关系。现代教育技术的运用是实现上述先进教育理念的重要的技术手段支持和物质条件保障。传统教育理念之下，所有的学生只能根据教师的教学安排进行学习，没有自主学习的空间和自由，更谈不上个性化的发展。现代教育技术的运用，学生可以根据自己的需要和自身的实际情况，自己安排学习，自主选择适合自己的学习方式，自定学习进度，及时向教师反馈学习中遇到的问题。通过网络技术可以更加方便地与教师进行沟通，在这一过程之中，学生的学习从被动学习转变为主动学习，更有利于学生学习的主动性、积极性、创造性和独立性的培养，更易于达到教学目标。在传统教育模式下，教师是教学活动中知识的传授者、问题的解决者、知识的权威和知识的简单复制者，这些对于高素质复合型人才的培养是不利的。运用现代教育技术，在现代教育理念的指导之下，教师应当自觉地转变角色，变为学生学习的引导者、对于学生所发现问题进行解决的启发者、学习的合作者和参与者以及知识的研究者。随着教师角色的转变，新型的师生关系随之建立。现代教育技术通过现代高科技的技术手段，为上述转变提供技术支持，为师生提供了更好的沟通渠道，为构建新的教学组织形式提供可能，使上述转变不再停留在理念阶段，而成为实践，这对于培养高素质复合型人才的法学硕士尤为重要。

## 三、民族地区教育资源的开发与利用

### （一）西南民族地区教育资源的现状

教育资源是人类社会资源之一。教育资源包括自有教育活动和教育历史以来，在长期的文明进化和教育实践中所创造积累的教育知识、教育经验、教育技能、教育资产、教育费用、教育制度、教育品牌、教育人格、教育理念、教育设施以及教育领域内外人际关系的总和。[①]

教育资源的分类方法有多种，按其归属性质和管理层次区分，可分为国家资源、地方资源和个人资源；按其办学层次区分，可分为基础教育资源和高等教育资源；按其构成状态区分，可分为固定资源和流动资源；按其知识层次区分，可分为品牌资源、师资资源和生源资源；按其政策导向区分，可分为计划资源和市场资源，等等。古往今来，在各个不同的历史发展时期，人们因各自所处时代的社会制度、意识形态和物质生活水平的不同，对于教育资源的属性、价值、用途、利用方法和实现途径等有着各自不同的认识。新资源观认为，在知识经济条件下对某种资源

① 岳帅：《教育资源之教育理念的形成》，载《神州》，2012(08)，第40页。

利用的时候，必须充分利用科学技术知识来考虑利用资源的层次问题；在对不同种类的资源进行不同层次的利用的时候，又必须考虑地区配置和综合利用问题。教育资源作为公共资源的一种，受教育者（公众）始终是受益主体。因此，自从有教育历史以来，教育资源便承载着人类理想和社会公德的负荷，被视为厚德载物的载体。教育资源是公共社会资源和市场经济资源的混合体。

教育资源可以分为硬件资源（如图书）和软件资源（如师资）。硬件资源与软件资源的充分有机结合方可发挥最大效能，而现代教育技术在其中成为重要的纽带。

目前西南民族地区可以进行法律硕士招生培养的院校大多都成立了法学院，建立了独立的法学阅览室，提供中外法学书籍、期刊和光盘，有的院校还成立了法律硕士研究中心，师资力量较以前也有了很大的加强。例如：广西师范大学法学院一直很重视资料室、阅览室的建设，学院现共有法学、社会学书籍9000多种，期刊60多种，报纸10多种，藏书共19000多册，金额共计约80多万元。2005年来，为适应现代化多媒体教学与学习的需要，学校加大了电子图书资料的投入，每年投入一定比例的经费，用于购买相关的电子图书资料库和各重点学科的专题数据库、判例、司法解释、法律法规大全等，为现代化教学提供了强有力的支持。2006年成立了经济法律图书阅览室，将法学院资料室纳入学校图书馆统一建设和管理，面向全校师生开放。2007年9月，法学院又专项投入3.5万元用于购买有关法律硕士专业相关的书籍，为法学院法律硕士生学习研究提供了良好的条件。现资料室、阅览室370多平方米，座位96个，资料室环境比以前更加宽敞和舒适，并配备专职管理员1名，开放时间为周一到周五正常上班时间，保证师生借阅图书有充足的时间，较好地满足了教与学的需要。

在专业数据库方面，法学院拥有在国内外有一定知名度的专业法律数据库。其一是北大法宝——中国法律检索系统。该数据库收录了1949年至今的11万多篇法律、行政法规、部门规章、最高人民法院和最高人民检察院颁布的司法解释和案例、法院裁判文书、全国的地方法规和规章、中外条约、国际经济公约与商业惯例及经济合同范本和法律文书。其二是Lexis.com专业法律数据库。该数据库是面向法律专业人员设计的，拥有11439个数据资料库以及31500个资料来源，收录内容更加丰富，几乎包括所有行业。特别是在法律事务方面，是全球收录较全的法律资料库之一，有了这两个法律数据库，极大地方便了师生查询最新法律法规和国内外最新的相关法律资料。

在现代教育技术运用方面，很多院校都运用了多媒体教学，还有一些院校尝试了网络教学，如广西师范大学、广西大学均在网站上设置了精品课程教学，包括课件、案例分析、师生问答等项目，取得了很好的教学效果(参见上文关于“校内网络课程”的内容)。

(二)开发西南民族地区教育资源的迫切性

虽然西南民族地区高校的教育资源有了很大改善，但是对于现代教育技术的运用还很不够，应当提高对教育资源的运用。

1. 有利于缓解师资力量不足、质量不高的问题

师资力量不足、质量不高的问题严重制约了西南民族地区法律硕士教育的发展，既然很难吸引优秀的人才加入教师队伍，西南民族地区高校就应当转变思路，将单纯的引进变为引进与培养相结合，培养已有的教师成为优秀的后备人才。人才的培

养是有周期性的,这便会造成师资不足,而现代教育技术的运用,将会有力地解决这一问题。通过使用优质的教学课件和网络课堂,将会缓解教师数量的不足,同时学生也可以真正感受到优秀教师授课的魅力和风采,在一定程度上也可以解决教学质量问题。

2.有利于提高西南民族地区法学教学与科研水平

在高校的教育活动中,教学与科研是密不可分的,教学为科研提供动力,科研为教学质量的提高提供保证。在教学中运用现代教育技术,对科研所必需的基础材料的累积起到了重要作用,同时也成为科研活动的重要技术手段。高校教师的教学活动既要重视知识的系统性与完整性,更要注重教学内容的前沿性、教学过程的探索性。尤其是在以立法为主导的法律体系构建的我国,法律的立、改、废等活动频繁,这对法学教师知识的更新提出了挑战,这些都需要借助现代教育技术。对于法律硕士的培养,知识的实践教学为主要方式,很多现实发生的典型案例往往会成为案例教学的内容,如果没有现代教育技术的运用,教学效果很难保证。

西部民族地区在地理位置上多为偏远省份,信息获取的渠道在过去比较单一,主要依靠学校的图书馆。由于经济原因,图书馆的图书和期刊、报纸是很有限的,以致西部信息资源不畅成为西部法学教育相对落后的主要原因之一。通过现代教育技术的发展和运用,师生可以充分利用网络资源,实现与东部发达地区同步的资源信息,可以及时地掌握我国法治事件的动态,有可能接触到学科的最前沿,甚至可能与法学专家进行对话、通信,这为西部民族地区高校师生扩大思维空间直接提供了便利的途径,有助于教学水平的提高,有助于科研活动的创新。

3.有利于改善西南民族地区法学教育投入不足、办学条件差的现状

多年来，西部民族地区由于经济落后，直接影响着当地政府对高校教育的投入，导致西部民族地区一直存在着教育经费“三个过低”的状况，即教育经费占国民生产总值的比例过低，教育经费的绝对数过低，人均教育经费过低。[①] 法律硕士的培养也未脱离这一大背景。另一方面，法律硕士的培养目标又要求实践能力的培养，这是需要大量经费支持的，因此，投入与需要的矛盾更加突出，导致教学质量水平很难提高。

现代教育技术的运用成为缓解上述矛盾的有力手段。有的法院，例如北京中院在网站上开设了法庭直播栏目，可以通过网络直接看到法庭审理的整个过程；很多名校都在网络上设置了网络课堂，可以通过网络直接进入名校的“课堂”；很多高校的图书馆也在网络上设置了电子图书馆，可以通过网络查询更多的资料；等等。可以看到，充分利用现代教育技术手段，西部民族地区的师生可以及时得到丰富的信息资源，有利于法律硕士培养目标的实现。

（三）开发和利用教育资源是西南民族地区法律硕士培养的硬件条件

由于历史、地理等原因造成的西部民族地区经济落后，造成这些地区高校法学教育的落后是不争的事实，但是在我国现代化进程高速发展的今天，我们应当抓住现代教育技术手段这一“新型列车”，克服困难，努力赶上东部发达地区高校。这就要求

---

① 伏晓东：《我国西部教育投入发展现状、制约因素与对策》，载《西北农林科技大学学报》（社会科学版），2001(1)。

西部民族地区高校要重视现代教育技术手段的发展和运用,加大资金投入。现代教育技术顺利发展了,教师的教学和科研水平提高了,法律硕士培养的目标也就顺利实现了。如此形成良性循环,互相促进,西部民族地区法律硕士培养水平的提高将会更快实现。

第八章

# 构建面向民族地区法律硕士新型实践教学体系的思路与实践

随着市场经济法律体制的不断完善与法律全球化的高度发展,我国法学教育理念发生了深刻的实践性变化,这种变化既是自然而然的,也是必然的。在这大趋势下,作为法学教育改革中相对的新生事物,至今仅有十余年的法律硕士教育应如何展开?应如何来实现法学专业学位教育的改革目标? 2006 年 8 月全国法律硕士专业学位教育指导委员会修订的《法律硕士专业学位研究生指导性培养方案》将法律硕士的培养目标重新定位:"为法律职业部门培养具有社会主义法治理念、德才兼备、高层次的复合型、实务型法律人才。"可见,理论与实践高度结合的复合实务型法律人才是法律硕士培养的主要方向,这也是为了改变目前法律硕士教育缺乏专业特色、专业优势的尴尬局面,是回归法律硕士教育的本来面目的重点调整与变向。

法律硕士教育本质上是一种注重实务操作的专业教育,但以往法律硕士教育偏重于理论学习,严重忽视甚至没有法律实践。为改变这种现状,重归法律硕士教育之本质,法律硕士教育必然由过去以法学理论教育为主转向法学理论与法律技能技巧并重的综合型实务教育;法律硕士教育的理念也正逐步实现从法律硕士惯常教育遵循的法哲学—法理—法条的教学程序向法理—法条—法实践的程序转变。由此,实践教学的广泛开展是提高法律硕士专业教育水平、培养创新法律硕士人才的必要环节和重要进路。

虽然,法律硕士教育也开展实践教学,比如案例教学法、模拟法庭、诊所法律教育模式等等,实践教学成为法学教育逐渐关注的对象,但过去由于存在教学的不同环节、不同模式各自为政以及没有统一的指导思想和统筹协调的运作机制的弊端,实践教学零散而不成系统,其价值和功能没有得到充分实现。

所以,建立切实可行的实践教学体系,使法学理论与司法实践并重,是成功培养合格而优秀的法律硕士毕业生成为职业法律人之重要途径。实践教学体系,就是整合(包括开展、改进、引进)各法学实践教学环节,以全面提高法律硕士专业学生综合实践能力为培养目标,制定法学实践教学计划与大纲,构建综合法学实践能力整体培养体系,通过各法学实践教学环节的落实来保证整体实践教学目标的实现。实践教学体系把实践教学作为整体单独考虑,并不是不考虑理论教学的内容与目标而把实践教学孤立起来,而是把实践教学体系与理论教学体系综合考虑,从理论到实践,从实践中领会理论,使两者相互补充,紧密配合,共同完成对法律硕士生整体培养目标的实现。

## 一、法律硕士新型实践性教学体系构建的必要性

教学是为实现教育目的、以课程内容为中介而进行的教和

学相统一的共同活动。[①] 教与学是一个硬币的两面，统一于教学目的的实现。教学的根本目的是为了学生的学习、获得知识和未来发展，教学过程不是一种知识传输过程，而是一种使学生产生稳定的探究心并积极探究的过程。[②] 教学能够使学生保持对社会、对生活、对实践的积极态度去探究法律的现实运行。所以，教学应把要学习的知识置于多种具有一定复杂性的问题情境中，或镶嵌于活动背景中，使学生对知识形成多角度的丰富理解，或结合自己的原有经验来学习探究新知识，建构自己对各种问题的观点和见解，建构自己所坚持的判断和信念。[③]

法律作为调整行为的社会科学，强调行为人的实践理性，法律对生活的图画必须以实践的脚步去丈量，以理论立足的法律地图在实践的地域中才会慢慢地栩栩如生。所以，针对理论教学难以兼顾的角落，课堂讲授不能传递的盲区，这些都是属于实务法律人的独特知识体系，包括辩论技巧、文书制作技能、法律发现方法、职业道德要求等等。这些技能是司法实务的知识体系，用来应对法律理论的模糊与抽象，消除法律规则的分歧和冲突，发现法律实施的漏洞和缝隙，这就是法律硕士专业学生重要的实践能力，这是理论教学无论如何都难以企及的目标。对此，1982 年从中国人民大学法学院毕业到央行工作，1983 年到深圳做律师，第一批拿到律师执照的法律人，现为中国人民大学律师学院院长的徐建，感慨地说："对如何做律师，如何出庭，如何写法律意见书一无所知，当时也没有任何人能给你指导，硬是凭着自己的摸爬滚打，摸着石头过河开始自己的职业生涯，那时我非

---

① 钟启泉、汪霞、王文静编著:《课程与教学论》，华东师范大学出版社，2008，第 7 页。
② 钟启泉、汪霞、王文静编著:《课程与教学论》，华东师范大学出版社，2008，第 231 页。
③ 钟启泉、汪霞、王文静编著:《课程与教学论》，华东师范大学出版社，2008，第 231 页。

常羡慕没有断代而有老师传帮带的医学院的学生。后来我当了深圳律协会长，在给新入行律师上课时，有位律师问我，徐会长，我们怎样能成为像你这样的大律师？我就说你找一个像我这样的师傅，结果会后有几十位律师围着我求师。那种企盼渴望、嗷嗷待哺的神情令我终生难忘。"这正体现了以往法律教学的弊端所在。因此，法律硕士专业学生实践能力的培养不能在教室中来实现，要真正培养学生的社会实践能力必须走出课堂，走入社会，参与法律实践活动，融入生活，"法眼观天下"，从法律生活中获得直接经验，增强学生法律实践意识，让学生亲近、了解法律环境，领悟到自己的生活与法律息息相关，加深珍惜法律的情感。所以，培养中必须将理论与实践、课内与课外、法律专业技能与原有知识结构有机结合、贯穿始终，全面激发学生的积极主动性，着力培养学生的创新精神与实践能力，为法律学习提供更多的现实可能性。

### （一）构建实践性教学体系是法律硕士教学实践的现状使然

目前法律硕士教学的课程体系基本上按照法学本科教学的课程体系设置，从科学性看零乱无序，从容量看庞杂无边。教学内容陈旧，教学方法单调，说教式、灌输式的教学方法仍然是主导的方法。教师队伍水平参差不齐，结构失衡。[①] 这是因为我国长期以来的法学教育深受大陆法系传统教育模式的影响。在法学院校的课堂教学中，教师所采用的教学方法主要以讲授法为主（虽然采用了多媒体教学，讲授的法学故事、声音、图像、情节直观，但内容可以说是新瓶装旧酒，没有很大的变化），方法十分

① 张文显主编：《法理学》第三版，高等教育出版社、北京大学出版社，2007，第22页。

单一，师生之间缺乏必要的交流和互动，法律硕士的主动性、积极性、创造性得不到发挥；教学内容偏重于对法学理论、法律概念、法律原则和法律条文的理论解析，看重法律硕士对法学体系的理论把握和宏观了解，而缺少实践解读和实证分析。法律硕士的法律思辨能力、语言表达能力和动手能力、实践能力也得不到充分的发掘和必要的锻炼，轻视了对法律硕士司法实务操作能力的培养。

### （二）构建实践性教学体系是法律硕士教学目标的必然要求

法律硕士教育的目的主要在于培养具有系统的法学基础知识和从事司法实务的专门型人才，这就要求在整个法律硕士教育过程中，必须贯彻实施不仅具有法学理论并具有司法实务基本技能培养的教学理念。法律硕士作为专业硕士学位的应用性、复合型、实践性特点决定了法律硕士培养目标就是培养具有比较完整的法学专业知识和理论体系、法律专业思维、法律职业伦理和法律应用能力的专门人才。因此，法学专业实践教学为法律硕士培养所必需，法律职业人士不仅要有足够的法律理论知识，而且还要具有丰富的实践经验。

### （三）实践教学是法律硕士培养的基本途径和有机组成部分

法律硕士的教育中应当包括法律职业技能的练习和实践环节的培养。众所周知，实践性是法学的一个显著特点。法律是规范各种现实的社会关系的，只有从实际出发，符合社会生活实际，才能作出比较正确的规范。法学是关于法律的本质和规律的科学，当然也是具有实践性的。法律不是凭空创造的，而是根据现实社会关系表述的。法律教学也属于应用性很强的学科，必须坚持实践之路。实践教学既可以检阅、修正和巩固已有的专业知识和理论体系，又有利于型塑法学专业思维、强化法律职业伦理修养，更有利于练习法律专业应用能力，因而也是法律专门人才培养的最有效手段。

法律硕士实践教学体系需要以实践教学目标体系为依据，把法律理论知识、法律实践技能与法律人综合素质融为一个整体。在制定实践教学计划时，既有法律理论知识的考察，又有法律实践基本技能的锻炼，还要有创新素质训练的实践教学环节；既要强调对法律硕士专业操作技能的整体训练，又要注重对法律硕士基本素质的培养。以综合职业能力为主线，将各实践教学环节进行整体设计，建立与理论教学既相互联系又相对独立的实践教学体系。

目前，法律硕士实践教学的探索和实践取得了一定的成效，但总体来看法律硕士实践教学的内容与司法实践的现实要求相比是零散的、割裂的、非系统的，未能全面训练和提高法律硕士毕业生的实际操作能力。更明智的教育体制，会强调学习法律的方法，而不是规则本身；强调技术，而不是答案。如此，学生的能力可能更加均衡，在其职业中会更加灵活。① 而不是将绝大部分时间用于传授一大堆无法消化的规则。② 使学生变得无能的手段是脱离执业技巧地讲授原理。律师的神秘之处在于，在法学院学到的理论是不重要的，而只有在“真实世界”、“火线战壕”里知道或者学到的能力才是至关重要的。③ 由此可见，坚持法律硕士实践教学是必由之路，构建法律硕士实践性教学体系是现

① [美]博西格诺等著：《法律之门》第八版，邓子滨译，华夏出版社，2007，第496页。
② [美]博西格诺等著：《法律之门》第八版，邓子滨译，华夏出版社，2007，第496页。
③ [美]博西格诺等著：《法律之门》第八版，邓子滨译，华夏出版社，2007，第496页。

实选择。体系是搭建实践教学的大厦，在其中需要填充实践的砖瓦。

## 二、现行法律硕士实践教学体系存在的主要问题

法学是一门在实践中生成、在实践中检验的学科，加强实践教学是提高法学专业教育水平、培养创新法学人才的必要环节。培养实务型法律人才理念是在过去实践型、应用型法律人才的基础上进一步提升来的。目前实践性的教学课程、教学手段在法学教学中有所应用，如案例教学、法庭观摩、诊所法律教育、模拟法庭、法律咨询、法律援助和毕业实习等。这些课程表面上呈"乱花渐欲迷人眼"之势，与以前单纯面授教学方式相比显然有所进步，但仍存在不少执行中的问题，如教学培养目标过于简单、实践教育模式尚在探索、实践特色极不突出。总而言之，这些教学方法仍处于一种十分零乱的无足轻重状态，尚未被整合成一个有机结合的系统。从现状看目前制约法学实践教学的主要因素、存在的问题有：

1. 实践教学理论尚未自成系统

由于受传统教育模式和教学观念的影响，实践教学的理论研究很薄弱，研究储备欠缺。法律专业人才需具备哪些基本能力？这些能力应从哪几个方面去培养？如何评估法律职业技能？这些问题都缺乏科学的、系统的理论指导。为什么要开展模拟法庭、案例讨论、法院庭审观摩、法律调查、法律实习这些活动？这些实践活动能否提高法律专业人才应用法律知识解决问题的能力？这些活动的教学组织能否实现教学目标？以什么标准评价这些实践活动的教学效率？如此种种问题的研究与解决

有赖于法学实践教学理论的深入论证，以对实践提供方法论的指导。因此，实践教学的教学计划、主要内容、培养目标以及实践教学的评价体系等问题还需从教学理论方面进一步研究。

2. 实践教学内容没有形成有机的联系整体

囿于课堂教学安排的条块分割性，在课堂教学中，任课老师仅仅讲授一门特别划定的部门法，即使案例分析也预设好了本专业主干课的范围，案例的选择与展开也围绕这一特定内容进行。如民法课的教学内容围绕民法理论与民法的法律规定展开，主要让学生了解民事主体实体权利义务，而民事诉讼法课则主要讲解民事诉讼程序，这使得学生在课堂教学中受到的实践训练多是片段的、分割的、零散的、割裂的，不能提供给学生对各种部门法融会贯通的机会，无法系统了解法律的综合运用的全过程。并且，这种教学手段无法摆脱内容的虚拟性，体现了课堂教学的苍白无力，学生不能了解法律在真实环境中的操作。

3. 教学方法不能贯彻实务型目标的实现

所有理论教学在整体上都有相当类似的结构，按部就班地讲授基本概念、调整范围（对象）、基本原则、基本制度、具体制度、主体的权利与义务、法律责任等内容。教学方法大多采用严肃而刻板的分析或者解释，一种相对固定的套路，这并非是一种偶然的随意安排，而是一种刻意的教学捷径。所以，绝大多数培养院校的法律硕士教育采用的教学方法仍是传统的讲授法，注重理论知识的传授，而忽视对学生积极性与能动性的激发；片面强调理论知识的全方位记忆，严重忽略学生对知识的深入理解、掌握及应用。教学中，教师缺乏启发、引导，没有给学生留有充分的思考余地，不重视学生实践性思维方式的培养和训练。大多数教师在课堂上主要讲授如何注释、理解现有法律条文以及论述本课程的体系、意义和基本理论，而后按图索骥地让学生在纯理论及法律条文的支配下经过所谓的逻辑推理、形式推理得出正确的答案。但这种对于条文的纯粹分析在现实中几乎是不实用的。因为在实务中，做出一个合理的判断除适用法律外还须考虑事实认定、复杂的社会关系、利益冲突、特定文化传统、道德风尚及社会经济状况等相关事宜。由此可见，该教学方式仅为纸上谈兵的理论务虚，与实务型目标相背离。虽然，一些学校采用了案例教学法或诊所式教学方式等实践教学，但仍未能普及和重视，流于形式，根本无法适应实践培养的需要。尤其相对于为培养合格法务人才的法律硕士教育来说可谓杯水车薪。

4.实践教学时间不能得到保证

实践性教学的特点决定了它比其他教学更耗费时间和精力，因为"实践性"更强调理论运用的过程性和主体参与的亲历性，实施过程常常是多个主体的互动过程。比如案例教学要求教师与学生、学生与学生之间要进行比较充分的交流。目前的实践教学主要是通过课堂教学中的案例分析、疑案讨论等手段进行的，但课堂教学的学时数是有限的。在学时数有限的情况下，不可能过分压低法学理论的讲授，而一味只讲实践，不可能在课堂上讲太多的案例，展开太多的讨论，所以，以课堂教学形式开展实践能力训练受到教学时间的限制，理论教学与实践教学存在时间上的冲突。

5.实践教学需要的师资队伍仍然缺少

实践性教学要求教师自身具有很高的素质和操作能力，应当懂理论又懂实践，但由于大部分教师是从原来的教学模式中培养出来的，也没有一定的法律实务工作经验，较擅长于传统的课堂教学方式。因此，如果要很好地实施实践性教学，就要求法学教师要转变观念,采用多种教学方式,提高实务操作能力。成熟的法律实务师资对我国法律硕士教育领域实现实务教育的目标来说所能发挥的实际作用至关重要,对实务性法律人才培养具有不可替代的作用。然而,一方面由于我国传统法学教育一直以本科、法学硕士及法学博士为基本模式,形成了以书本为本的法学理论人才,即学术法律人的法科培养体系。针对本科或学术研究型教育,教师教学多考虑理论知识的讲授与导向;而面对法律硕士的教学,却恰如陈兴良教授所说:对于法律硕士不知道上什么。是纯理论式的或是纯实践式的、或是理论与实践并举,均难于抉择。在实际教学中则多采用本科式或法学研究生式的教学方法,明显缺乏针对性。另一方面,也是更为重要的一个方面,由于绝大多数法学教师都是学院派,没有投身法律实践,缺乏法律实务工作经验,不能胜任实务教学。他们在课堂上常常勉强应付,仅能利用一些二手材料,无法把生活中的法同书本上的法衔接并做出理性的比较分析,更无法兼顾从理论和实践两方面为学生提供指导,不能使学生知其然,更无法奢求让学生知其所以然。

6.实践课程缺乏合理设置

我国传统法科教育基本上采用大陆法系教育模式,更偏重从成文法角度加强系统理论的学习,以传授系统、科学的理论知识为主,很少考虑实际操作能力的培养。法律硕士作为改革方向本来是一种不同于传统法科教育的,以培养实务型人才为主的新型法科教育模式。但在实践中法律硕士所开设的课程并没有体现出培养和训练学生实际操作能力、以使其成长为实务型法律人才的培养目标,绝大部分为法学理论课,实务课程少之又少,理论与实践严重脱节,甚至有的院校根本就没有开设实务课程。

而且，法律硕士课程结构设置也不合理，选修课与必修课区分依据不明确，自选课形同虚设，实践课课时不足，学生参与度不高，这些课程徒有鸡肋之感，学校很少甚至没有组织学生开展社会调查、法庭观摩和法庭教学等实践教学活动。教学课程基本上以传授法律理论知识为主，而没有将其体现为理论与实践有效衔接、传授知识与训练实务能力并重、理论性和职业性相结合的教育培养模式。这与实务型培养目标是完全不相符合的，甚至有悖于法律硕士的专业设置目标。而今近 80 所办学院校在课程设置安排上均存在一系列问题，如上文提到的仅强调理论课开设，忽视实务课及实习环节，且大多必修与选修不分。据相关调查统计，学生对课程设置与培养安排的满意度不到40%。他们普遍感到课程难以实现职业法律人的要求。

7. 没有建立长久的实习基地

我国法律硕士教育不重视实习基地的作用，当然，也许是学校没有足够的专门实习基地。我国法律硕士教育虽然直接源于美国的 JD 教育，但并没有发展起如美国律师工会和美国法学院协会的民间性同业工会这样的组织，让学生有机会接触法律实践。少数有条件的高等学校虽然组织了实习，比如到法院、检察院、律师事务所进行短期的 2 个月毕业实习，但多为有形无实，仅走走过场罢了；实习过程中，学生有的甚至不曾进行过必要的司法参与，缺乏基本的实际操作能力。所以，应建立稳定的长久的实习基地，使法律硕士步入工作岗位之前就在实习基地进行长期而系统的实习，否则就不能获得从事法律实践所需要的实践理性，树立起法律思维。实习基地的建设小而言之可以促进学生的实践，大而言之可以协调和促进法科教育事业的发展。

8.实践课程教学教材匮乏

法学学科教材系统地展示了一个法学学科的知识体系和研究水平，应当具有全面性、综合性以及论述的深入浅出性。首先实践教学教材需要向学习者展示整个实践教学的面貌，介绍司法实践所需要的最基本、最重要的知识，并指引初学者沿着教材提示的路径深入学习；其次，教材的知识还应具有时效性和合理性，为学习者提供正确的指引，以避免误导；同时，教材的语言应该深入浅出，尽可能以最易懂的语言、向初学者提供最贴近实践的知识。目前国内没有法学实践性课程的规范教材，更何况法律硕士实践教学了，仅有一些关于撰写毕业论文的指导性文献。法律硕士教材编写的侧重点几乎全集中在理论性课程上，表现形式上是概念化、抽象化的学术原理，缺少实践教学教材的安排。法律硕士教育承担着培养创新精神和实践技能人才的任务，教材中却没有关于实践环节的内容，可谓是法律硕士教育的一大不足。法律硕士教育应当将带有较强实践色彩的综合实践课上升为“课程”，开发实践性课程。

## 三、新型法律硕士实践教学体系的构建思路

构建科学合理的实践教学体系，确保实践教学与理论教学平行运作，有机结合。根据少数民族地区法律硕士培养高校的特点，对新形势下实践教学体系的构建进行研究与探索，提出构建整体优化、开放的实践教学体系，加强实践教学在整个教学体系中的比重，完善实践教学的方式和内容，是实践教学体系构建思路的整体要求。

1. 进一步优化实践教学体系，健全实践教学的管理制度

第一，理论联系实际是辩证唯物主义认识论的根本要求，这一认识论规律作为一种普遍规律，也是法学教学的根本指导原则。实践教学是法学教学的一项重要内容，一定要把这种实践教学作为强制性的要求，纳入教学计划。第二，实践教学应贯穿法学教学的全过程。若仅在毕业前安排实习，其他时间不注意实践教学或者使实践教学落不到实处，其结果只能是理论与实际相脱离。第三，针对法律硕士在法学学习的不同年级段上专业知识和实践能力的差异，实践教学应具有层次性、阶段性，即可以分为感性实践阶段和理性实践阶段。法律硕士刚入学的实践活动是属于感性实践阶段，入学一年后的实践活动应属于理性实践阶段。从自发的实践到自觉的实践。第四，实践教学模式应该是立体的、多面的，应该针对不同的专业理论知识设计相应的实践环节；同时实践模式应该是互动的，而不应该是静态的，要实现理论教学、实践教学、法律硕士学习之间的互相促进，在此要注意法学理论教学和实践环节相结合，学校需要全面地与国家各行政机关、立法机关、司法机关建立普遍联系，为法律硕士创造多维实践场所。这种立体、动态的实践教学模式应全面地体现在教学计划中，让学生学习逐渐深入社会，在立法、司法、行政机关等方面投入社会实践，建立多维实践模式。第五，健全实践教学的管理制度。成立实践教学教研室，制订每学期、每门课的实践教学计划，辅助任课教师落实实践教学计划的内容。

2. 优化实践教学内容的课程设置是践行实践教学的关键

课程改革是组织实践教学的重要依据，构建实践性教学体系首先应制定实践性教学计划。在教学计划与教学内容的制定

与实施中，应当充分体现法律执业能力的培养要求。根据法律硕士法学专业的特点，有针对性地进行法律实践课程体系的设计，而且法律实践的内容不应当仅仅限定在立法、执法与司法实践范围内，还可以是深入社区、基层的法律服务。为此，首先在教学活动的组织、教学方式的探索和学生成绩的考核等方面重视实践能力的培养与考核。其次，结合课堂教学的内容，充分利用法律咨询、旁听法庭开庭、社会调查、参加公检法等司法实务专家的讲座与交流、专题案例讨论会、参加模拟法庭等多种形式将课堂教学与实践教学结合起来。再次，加强紧密联系实践的重点课程建设，如谈判技巧课程、法律辩论课程、非讼处理课程、裁判技巧课程、法律适用课程、司法文书制作课程、律师诉讼实务等课程，可以聘请司法实务界经验丰富的专家来讲授如何解决实践中的有关问题，以增强学生应对纷杂法律问题的实践能力。

3. 整合实践教学资源，突出实践内容的综合性

教师应以教学方法创新为重点，结合法律学生自身特点和成才规律，根据社会对法律人才的不同需求，开展形式多样、生动活泼、注重实效的实践教学方法，形成一整套有利于培养创新型法律人才的法学实践教学法体系。在法学教学过程中完善课程设置，实施案例教学、审判观摩、模拟法庭教学、“诊所式”教学、法律实习五种各自相对独立，又有机结合的一体化的“五位一体”实践性教学模式。法律硕士教育作为法科教育改革的方向，无疑没有现有模式可供遵循，我们只能走一步看一步，摸着石头过河。这种新型的法科教育的出现，目的是为了塑造出大批具有交叉知识结构、谙熟法律并能灵活而富有创造性地运用法律来解决实际问题，以力求从事法律实务工作的复合型、实务

型高级人才。由此,宽基础的法律理论知识学习与深含创造性的法律实务能力培养不可避免地成为法律硕士教育的重中之重。同时针对法律硕士不容忽视的从业背景,以及司法考试制度已确立法律从业人员的准入制度这一现状,还有法律执业者必须通过国家司法考试才能获得相应的执业资格这一不可回避的问题,实务型目标理应成为课程设置及其结构安排的核心理念。

为此应从以下几个方面着眼:(1)理论与实践并重,在强调理论修养的基础上更加重视实践,让理论与实践密切契合,着力培养学生的实践能力;(2)探索出有利于培养实务型人才的综合教学模式,建立专门稳定的实习基地,突出实务性教育特色;(3)在实务操作等实践培养中充分重视法律硕士复合型人才的特征,应大幅度增加实务课程及课时量;(4)合理安排实践必修与选修课程;(5)强化实习环节;等等。总之,综合考量多方因素,整合实践教学资源,确定科学的实践课程体系。

4.利用现代教育技术,改革实践教学手段

现代教育技术可以显现各种文字、声音、图形、场景、活动,还可以模拟甚至虚拟各种活动,因此这种教学方式能够较为真实地再现法律咨询、调查、取证、审判、仲裁、律师业务等活动,增强法律教学的可感性,激发学生的注意力和兴趣。同时利用现代教育技术,可以系统展示法律知识体系和能力结构,克服黑板板书之不足。现代教育技术的使用,明显地缩短、精练了课堂教学环节和时间,克服了人力资源的损耗和浪费,使师生集中精力从事教学,从而提高了实践教学效率。在教学中,可以采用视频教学、多媒体运用、即时通讯工具、电话教学等现代教育技术,改革实践教学手段。

5. 建立稳定的实践教学基地

实践性教学法比传统的课堂教学要求有更大的物质投入。如模拟审判就要求有基本的硬件设施，如法庭、服装、卷宗、多媒体、摄录像系统以及相关的审判道具等。同时，积极创造条件，主动与外界联系，聘请有学术造诣及实践经验的法学专家、学者、法官、检察官、律师前来讲学和指导实践教学；加强与地方法律实务部门的交流与合作，建立起固定的法律实践和实习基地；在学院内成立模拟法庭实验室，成立大学生法律援助中心，为学生提供丰富、多样化的实践场所。法学院、系应该充分利用现有的社会资源，借助社会力量，建立稳固的实践教学基地。稳固的实践基地是践行法学实践教学的依托和基石。只有有了较为完善的实践场所，实践教学改革才能得以顺利地开展。实践基地可以是多样化的，既可以是律师事务所，也可以是法院、检察院。一般以法院、律师事务所为主，因为法院和律师事务所接触到的案件不仅限于刑事案件。为使实践基地充分发挥作用，还要求学生实习所在的司法机关或律师事务所给予很好的配合，通常应当由有经验的实务工作者和相对固定的指导教师，与实习的学生一起处理法律事务，例如作为助手协助办理案件。

6. 培养"双师型"教师，为实践教学提供师资保障

"双师型"的教师队伍是指由既具有良好的教师品质同时又是一个出色的法律人所组成的教师队伍。"双师型"的教师队伍是提高法律硕士专业教学质量的关键。只有建立一支既具备扎实的基础理论知识和较高的教学水平，又具有较好的专业司法实践能力和丰富的实际工作经验的教师队伍才能适应复合型职业教育的需要，培养出真正的应用型人才。

教师是教学的主导，法学实践教学的开展要有一定实践经

验的师资队伍做保证。但目前高校法学教师多是大学毕业后就直接进入学校教学的，没有做律师或者法官、检察官的实务经验，接触法律实践的机会少或者基本没有。这种从学堂到讲堂的学院经历决定了他们不可能具有较为丰富的实践经验和实践技能。即使有这方面的知识，也是从法律书籍或者网络、媒体获得的间接知识，这时，可以套用一句古诗："纸上得来终觉浅，绝知此事要躬行"。为解决这一问题，可以培养"双师型"教师或聘任社会法律工作者做兼职教师。从事法学教学的教师可以轮换（借调）到司法部门中工作，通过自身的实践，提高实务操作能力，强化理论与实践的联系。要实现这一点，学校需与司法实务部门达成相关的协议，采取让教师去法院工作，同时学校帮助培训司法人员等办法，收到一举两得的效果。此外，法学教师也可以参加适当的公益性的律师实务活动，增加接触实践的机会，提高实践技能。毕竟，优化教师的实践能力是践行实践教学的必要载体。从事法律教育的人，本身没有法律实务知识，不了解法律实务，就不可能培养出了解法律实务、把握法律实务知识的人才。

而且，现实中，教师的注意力更多地放在理论研究中，对于实务中的问题不太关注，这导致教师自己就缺乏法律运用能力。没有法律实践，教师就很难把法律理论生动而适用地传授给学生。强调理论研究和课堂教学，但忽视了鼓励教师们去接触法律实务。要提高教师自身的法律运用能力和知识含量，部门法的教师应适当参与法律实践，更充分地了解司法实践。要鼓励教师关注法律实务中的新问题，关注法律运用的技术性问题。

法学实践教学体系的构建是一项长期的工作，它需要反复论证、长期积累、不断完善。那些在实践中证明有效的做法需要以制度化、规范化的形式确定下来，不断地探索和完善法学实践教学体系。实践教学制度化、规范化，能够克服法学实践教学内容的不确定性与执行的随意性，从而提高实践教学的效能。

## 四、民族地区法律硕士新型实践教学体系的具体组织与实施

目前从我国法律硕士教学进行考察，大致存在的方法有传统课堂教学法、讨论教学法、案例教学法、诊所式教学方式、双语教学法、模拟法庭方式、观摩审判模式等等。传统课堂教学又被称之为填鸭式、灌输式教学，自说自话，历来备受批判，学生多被培养成只会纸上谈兵的人才，只会坐而论道，不会起而力行。毋庸置疑的是这种教学方式仍广泛存在于我国的法学教育体系中，在此不再展开。

法律硕士实践型教学体系应以法律硕士教育的特点和要求为指导，在教学活动的各个领域与环节，以培养法律执业力为核心而形成制度化、体系化的实践型教学活动的整体，其元素主要包括以下内容：

### （一）公众法律意识调查（或者法律调查报告）

公众法律意识调查的目的是使学生通过公众法律意识调查，了解公众法律意识状况，牢固树立法律硕士的专业意识，增强使命感。关于调查方法的学习，由法律院、系组织校内从事社会调查课教学的教师对法律硕士进行培训。公众法律意识调查表由法律硕士设计，经教师审查合格后，可以对调查对象进行问卷调查，调查结束后组织专业课任课教师对调查报告进行分析和指导。

在假期中多进行法律调查活动，可为法律硕士创造机会、提供条件，法律硕士能够深入社会、了解错综复杂的社会法律关系，以获取社会中的法律养分，增长法律阅历，练就分析、处理法律问题的能力，以后能从容应对错综复杂的社会矛盾。公众法律意识调查的目的是使法律硕士全面了解、接触、熟悉社会，从多角度看待、分析社会现象，法律硕士可以到工厂、农村、政府机构了解与法律相关的社会现象，认知现实存在的社会现实。同时，可以送法律到企业、到农村，为工人、农民提供无偿的法律服务，进行普法教育。

公众法律意识调查只是调查的一方面，还可以进行类似的法律调查，比如立法机关公布立法草案后的法律意见调查、法律公布后的实施情况调查、某一方面的立法论证的调查、热点案件的公众意见调查等等。通过这些实践调查，再撰写调查报告，使法律硕士广泛地熟悉社会并提高文字表达的能力。

（二）少数民族习惯法调研

少数民族习惯法就是在民族地区形成的一种具有特殊社会调控作用的价值观念与行为模式，作为民族成员总是要自觉或不自觉地遵守它的传统规范。“传统是隔不断的，习惯法文化在当代中国的少数民族地区仍然具有深厚的影响，当今少数民族的观念、规范、行为各个方面都可发现传统习惯法的痕迹，对当代中国的法制现代化和少数民族地区的法制现代化起着积极的或消极的作用。”[①]

少数民族习惯法生于民间，源于民族禁忌和风俗习惯，它代表和满足了一定地域、族群内人们的需要。“作为历史文化遗

---

① 吴大华：《民族法学讲座》，民族出版社，1997。

留，习惯法有着巨大的惯性力量，是实际存在于中国乡土社会的有效秩序和规范之一”[①]，是各少数民族在长期的生产生活以及实践中逐渐形成并将长期存在的以维护本民族整体利益、促进本民族内部秩序的习惯规则。

少数民族习惯法调研可以了解在中国少数民族历史发展进程中，基于所处的政治、经济、文化、生产生活以及地理环境的不同与差异，每个民族形成承载着自身民族心理特点和文化特征的风俗习惯的过程、表现形式、实现方式与作用；这些风俗习惯是如何制约与规范民族地区所有成员的行为，如何调控社会矛盾与化解纠纷，在一定范围内平衡民族成员的权利与义务关系，维护该区域范围内社会秩序的安定与和谐的。

广西壮族自治区是 5 个少数民族自治区之一，境内有壮、汉、瑶、苗、侗、么佬、毛南、回、彝、京、水和仡佬 12 个民族，少数民族人口占 40%，具有丰富的少数民族习惯法资源。少数民族习惯法调研能更好地挖掘广西少数民族习惯法的价值以促进广西民族地区的和谐社会建设，深入分析广西少数民族习惯法的社会功能，以便更好地发挥和利用。

（三）案例教学和案例分析

案例教学法是由哈佛法学院院长朗代尔教授首创的，他正式采用于法学院的契约法课程，直接以判例书籍为课程教材，课程教学以问答式进行，老师与学生双向讨论，不同于传统演讲式之单向讲解教学法。他认为被作为科学的法律是通过众多的案例取得的，法律应在实践和治理中学习。这种案例教学法于 1870 年开始普遍采用，在当时成为极具功效与成功的法律教育

---

① 冉瑞燕：《少数民族习惯法与构建和谐社会文化》，载《少数民族》，2007(3)，第 53 页。

方法，在主要以培养法律实务人才的英美国家则是一种最主要的教学手段。

在法律硕士实践教学中，案例教学法可以由主讲教师根据教学进度和需要，适时提出精选案例，通过对个案的剖析，阐述个案分析的基本法理和要点，实现从具体到一般的抽象过程。案例教学法的主要特点就是将案例融入到课堂知识的讲授中，通过对案例的分析，讲述相关概念、原理等理论知识，这有利于学生对理论知识的掌握与法律实务能力的提高。

案例教学法首先要求典型案例的甄选，可以说案例选择是一个极为重要的前提性条件。案例要求具有典型性和可讨论性，并能从中抽象概括出所需理解的概念原理等理论。案例可以源于法学院的案例库，可以是社会热点案例，也可以源于法院、检察院提供的难点案例。

其次，此教学方式对主讲教师提出了更高的要求。要求教师要善于关注司法实务，收集典型案例。在众多的案例当中精选适合专业课程教学的典型案例，案例要有较强的针对性。重要的是，案例问题设置妥当，既具有足够的启发性，又能够由点及面，有足够的发散性，体现从具体到一般，从一般到具体的循环过程。

案例分析的主体是法律硕士，是法律硕士运用法学理论对案例进行实际分析的过程。它与案例教学从某种意义上讲是一种反程序的学习方式。案例分析既可以在课堂上进行，也可以在课下进行（以课外作业的形式）。既适用于实体法教学，也适用于程序法的教学。在法律硕士对案例进行分析以后，通常要求教师对法律硕士的案例分析进行点评，指出法律硕士们在分析案例方面的错误和不足之处，阐释案例分析的正确方法，以及分析案例的基本要点。法律硕士经由对典型判例的研读与思考,体会法院案例是在现实社会中的法律实践,有别于纯理论的抽象法律,更能了解经实践适用的法律精神。

(四)疑难案例辩论

疑难案例辩论的目的是对司法实践中出现的新型疑难案例进行讨论,重视知识的融会贯通,增强法律硕士运用基础理论分析解决复杂问题的能力、创新能力。案例的确定由专业课任课教师提供或者由实践教学协作单位提供,由双方商定或者实践教学教研室确定。讨论教学法就是以讨论为基本方法的教学,它是在教师组织和引导下,法律硕士参与讨论,从而实现教与学的良性互动。它有利于调动法律硕士学习的主动性和积极性,增加课堂教学的信息量。

从培养法律人的角度分析,法律逻辑、法律知识是基础,法律语言表达能力则是立足于此基础之上的,是提升实践司法工作水平的重要支点。作为一名合格的法律人要提高自身应用法律逻辑解决实务问题的能力,除掌握必要的形式逻辑的方法外,还必须深入了解实体法的基本理论、熟悉程序法的各类规定、掌握一定数量的经典案例、了解常见的案件辩论基点。这是一个长期的积累过程,一个不断地在理论与实践之间转换的过程,一个艰苦的自我提高、锻炼过程。

疑难案例辩论是应用法律逻辑解析活生生的案例,运用形式逻辑的基本方法,同时运用综合的法律积累知识,是综合能力的实践体现。

(五)观摩审判

观摩审判的目的是通过实案了解、学习专业知识,同时对法律硕士进行法制教育。选择适当的案件进行观摩是非常重要的。观摩审判一般宜选在学过实体法或程序法之后，或在程序法学习过程中进行。观摩审判把法律硕士置于一种现实审判场景之中，既能观察法官的审判活动，也能观察到当事人、律师、证人以及刑事案件公诉人等的诉讼行为，更具有立体性。观摩审判可以通过具体的观摩了解法律人、普通的理性人对具体法律的理解和运用，并与自己的理解和判断相对照，这样就更容易在实践活动中去理解法律和法学理论，使法律和法学理论变成活的法律和活的理论。

专业课教师在开庭结束后应对案件进行讲评。

（六）法律咨询或法律援助

法律咨询或法律援助是指法律硕士运用所学知识无偿回报社会，为有法律疑难的公民或者单位提供法律帮助，同时，通过实际法律问题来检验法律硕士专业学习中的优点和不足，为法律硕士今后的在校学习弥补不足、指明方向。

在正式进行法律咨询或法律援助之前，法律硕士应经过专业知识强化练习，熟读大量法律条文和有关的司法解释。为锻炼法律硕士的独立工作能力、交际能力、语言表达能力，熟悉地方政府工作情况，以及法律咨询的联系、预备工作自开始全部由法律硕士独立完成。

社会公益性的法律活动有助于培养法律硕士体会法律人的社会责任感与法律职业道德。尤其在目前“相对重视法律知识的机械传授，相对忽视法律职业道德和法律信仰的内在培育”[①]的情况下，培养法律硕士形成法律人的职业思维与职业道德，形成对法律的信仰与忠诚，这一点无疑具有重要意义。

---

① 徐显明、郑永流主编：《六年制法学教育模式改革》，中国法制出版社，2009，第164页

### （七）模拟法庭或者模拟审判

模拟法庭简单界定就是由学生承担法庭审判的不同诉讼角色，模拟人民法院的法庭审判。模拟法庭教学过程中，要求学生积极动脑、动嘴、动手甚至其他一切必要的肢体语言，具有很强的实践性。[①] 学生亲自参与，正所谓：在学校求知的真正目的，不在于知识本身，不在于学习本身，而是在学习中获得知识以应付未来需求的方法，应当“从做中学”。[②]

模拟法庭与观摩审判也是针对提高法律硕士对法律实务能力的需求而发展起来的。作为实践性教学的一个重要环节，模拟法庭通常是在观摩审判以后进行。学习期间必须（至少）从事刑事模拟审判和民事模拟审判。刑事审判、民事审判基本上可以概括审判的基本特点。刑事模拟审判可以放在学习刑事实体法和程序法以后，民事模拟审判则可以放在学习民事实体法和民事程序法以后进行。模拟审判要求教师提供比较完整的案件资料，在比较具体地介绍案情以后将法律硕士分组，确定法律硕士各自所模拟的角色如审判员、原告、被告、代理人、公诉人、证人等。模拟审判要求尽可能地按审判的实际程序和要求进行，在模拟民事审判当中，要求有规范的各种法律文书，而这些规范的法律文书都要求法律硕士亲自制作，教师可在当中给予指导。

### （八）专业见习或专业实习

专业实习包括对实习专业指导教师、实习法律硕士、实习单位、实习成绩的总体要求。专业见习的目的是法律硕士协助司法人员、企业、法律服务机构的工作人员处理个案，初步运用所

---

① 陈学权编著：《模拟法庭实验课程》，高等教育出版社，2009，第 2 页。

② 钟启泉、汪霞、王文静编著：《课程与教学论》，华东师范大学出版社，2008，第 237 页。

学法学知识，发现社会法律问题。专业见习宜安排在第四学期进行。专业见习的时间为三个月左右。实习指导教师除进行专业指导外，必须每月到自己所负责的实习地进行检查，每次检查时要求要有记录，对发现的问题要及时解决。法律硕士在完成专业见习后需要写出专门的总结，再由教师进行总结。

毕业实习应组建专门的实习基地，并形成长效机制。可由校方与实务部门协商调节，建立联合培养机制，如在基层法院、基层检察院或律师事务所及其他实践部门形成固定长期专门的配套实习基地，让法律硕士在这些实习基地能放开手脚享受实践的熏陶。建立实习基地对于培养院校来说有一定的难度，但为使实习环节获得切实保障，使法律硕士得到名副其实的培养，确保高质量实务型人才目标的全面落实，就应当不辞辛劳，在教学可能的范围内为法学院建立配套的与教学实践相适应的长期稳定的实习基地，形成全方位的培养体制。因为实践是一个长期的多样化的复杂过程，实务型的法律硕士唯有经历多方面的反复的实务历练才能造就。

（九）诊所式法律教育

诊所式法律教育，又叫临床法学教育，是指参照医学院的诊所教育模式，在法学院建立法律诊所，教师指导法律硕士在法律诊所中为当事人提供法律咨询，诊断案件所涉及的法律问题，提出解决问题的法律对策，进而为当事人提供法律服务，在司法实践中学习和掌握法律实务技能。诊所式法律教育融合了理论教学与实践教学，将技能训练重又带回到法律教育中，让学生在法学院学习理论的同时，进行律师实务与技能训练。[①] 设立某种形

① 李傲：《互动式教学法——诊所式法律教育》，法律出版社，2004，第4页

式和内容的法律诊所，使法律硕士在接触真实当事人和处理真实案件的过程中学习、运用法律的教学练习。教师可以结合发生在学校四周的真实案件的分析，打破常规，将实体法和程序法结合在一起。诊所式教学让法律硕士以公民的身份充当一方当事人的代理人，直接参与实际案件的处理。

诊所式法律教育的实践教学方法是对案例教学法的一种补充和完善，曾在20世纪中叶的美国掀起了一股法学教育改革的浪潮。诊所式教学方法是当前教学改革中最受关注的一种教学模式，其高度的实践参与性对提高法律硕士从事实务的能力起到很大的促进作用，能够有效地将法律硕士培养成实务型人才。

进行法律诊所教育的主要目的就是要打破传统的法律教学模式，培养法科法律硕士的实践操作能力。所以，在教育方法的设计上应以法科法律硕士为本位，体现教师与法科法律硕士的互动，宜采取提问、模拟训练、个案分析等多种灵活生动的方法，既要重视教育方法的科学性和多样性，又要重视其可接受性。应根据具体案件的具体情况在比较的基础上选择更优的教育方法，不能生硬地套用。

（十）双导师制

导师制是培养法学法律硕士的一种良好方式。一个教师带十个八个法律硕士，经常组织他们讨论法学理论问题和案例，也可带法律硕士去参加庭审和社会调查，能够取得很好的效果。导师制也给教师提出了更高的要求，没有真才实学是无法带好学徒的。

双导师制是为加强师资实务培训法律硕士，吸收有较深学术造诣的法官、检察官、律师及其他实务人员进入教学一线，和从事理论研究的教研人员共同来担任法律硕士的导师，这样，既有理论导师，又有实践导师，共同对学生进行针对性的言传身教。导师对法律硕士生的指导作用是潜移默化的，具有春风化雨、润物无声的效果。因此要落实实务型目标，强化导师指导、实行双导师制是完全必要的。实践中无论采取什么方式，入学之初就须给法律硕士配备理论导师、实践导师，有利于法律硕士实务能力的提高。理论导师指导具体可从以下几方面着手：第一，给法律硕士开列基本应读书目。对于仅在入学考试中接触些法律知识的法律硕士生来说，在第一学期抓紧时间补充法学理论知识是刻不容缓的。因此导师应在法律硕士入学时就开出明确的必读书目和选读书目。第二，指导法律硕士开展读书会。读书会可以写读书笔记或口头讨论的方式进行，导师要亲临指导，肯定成绩，指出不足，以便促使法律硕士真正深入学习每一本书，提高学习自觉性、主动性与有效性。第三，理论课程教学。实践导师指导具体可从以下几方面着手：第一，带领法律硕士亲临司法实践一线，参与案件承办；第二，指导法律硕士进行实践案件总结，分析利弊得失；第三，指导法律硕士接待案件当事人，学习法律职业道德的实践生存；等等。实践导师都是从事深具实效性的实践环节指导。

综观上述教学方法，各有所长，但总的说来，探求适合实务型目标的教学方法，应坚持理论与实践相结合，综合运用多种教学方法，针对不同课程、不同内容采取不同的切合课程特色需求的方法，不能拘泥于形式，尽量营造有利于法律硕士培养的课堂环境。也就是说，应该在传统法学课堂教学模式基础上综合应用审判观摩、模拟法庭和案例讨论等方法，同时交叉使用讨论式教学和论辩式教学，再联合诊所式教学和实习锻炼来开展真实案例的全程演练，使法律硕士在掌握理论的前提下进行实务训练，在实务操作过程中提升理论水准，最终使法律硕士在熟练灵活运用法律理论的基础上具备发现、分析、解决问题的能力及公文写作等实务工作能力。当然，要探寻出适应实务型目标的实践教学体系是个全新的课题，需要长期不懈的教学实践积累总结，不是一朝一夕之事。

## 五、建立有效的实践教学评价体系

实践教学评价体系是在教学质量方面评价、考量、反馈和控制的体系，可以从实践过程和实践效果两个方面评估，以此保证实践教学环节过程的有效性，使实践教学质量切实得到改进，提高社会对法律硕士实践能力的满意度。实践教学评价体系是实践教育模式创新的关键部分，是实践教学体系改革的重点和难点，具有激励、监督、管理、选拔和推广实践教学评价体系等多种功能。对于仍然处于起步发展阶段的法律硕士实践教学体系，评价体系的设计则具有更为重要的意义。

从建立实践教学评价体系的要求来看，主要包括两个方面：第一，要能够真实、全面地反映实践教学环节的实际状态，并通过对实践教学环节的评定，把实践教学环节隐藏的问题和薄弱环节暴露出来。第二，实践教学环节评价体系要有针对性、科学性和有效性，以不断提高实践教学环节的质量为最终目标。当然，对实践教学体系的评价还应坚持以科学、多元为原则，须根据评价参与者和评价对象的具体情况来设计评价的目的、原则、标准和方法。

应当注意的是，法学实践性课程的灵活性为其评价增大了难度。如专业实习，虽可让法律硕士在真实的场所体验案件的处理，但法院、检察院、律师事务所的工作都有严格的规程，法律硕士在那里大多只负责装订案卷、随同取证、庭审旁听等事务性工作，当然，有时也帮助实践单位指导老师撰写论文、案件报告等理论文章，这些都难以激发法律硕士的主动参与性，易使司法实习流于形式。为此，首先应当制定科学的考核标准。现实中，法律硕士往往比较关注结果，结果固然可以在某方面反映法律硕士的水平和努力程度，但不应过分夸大其作用。科学地评分应看法律硕士在原有的知识体系和能力水平上，通过参加实践性课程掌握了哪些知识，增长了哪些才干，实现从对结果向对过程的考核转移。如在诊所课程中，即使承办的案件没有成功，法律硕士仍可能得到好评。此外，就考评对象而言，既包括教师，也包括法律硕士。其次，实践课程成绩单独评定。实践课程考核成绩与理论课成绩分离，单独评定、计分，并记入总学分，从成绩上体现实践教学在整个教学中的比重。再次，严把考核环节。无论是教师还是法律硕士，都应明确考核的意义是为了检验教学和学习的效果，以便进一步改进教学方法或学习方式，而不是最终的目的。实践性课程的考核要求教师对每个法律硕士作出针对性的主观性评价，操作难度大，易流于形式，所以严把考核环节，应从思想上提高认识。此外，为落实法学实践教学标准的要求，有必要规定对未取得实践环节成绩者，即使所有的课程都已通过考试并合格，也不允许参加毕业论文的答辩。

评价体系应当以对法律硕士的评价为核心和重点。法律硕士实践教学评价首先应通过分析调研，结合实践教学实施状况，确定评价要素。在此基础上设定评定指标，指标应尽量定量化，尽可能排除人为因素的影响，使实践教学评价指标形成系统，成为体系。以该体系对法律硕士实践教学进行准确合理的综合评价。评价标准则应摈弃冰冷僵硬的“分数考查法”,应采取灵活多样的、科学的实践评价标准。评价只是手段,促进法律硕士的发展才是目的。学校应逐步建立一个完善的实践教学评价体系,才能培养出真正的应用型人才。

广西师范大学经局部试点后获得良好的效果,法律硕士主动认真地接受技能训练,以实践教学评价指标体系评定实验实训效果,根据法律硕士对实践操作技能掌握程度的不同,成绩也有不同。一旦完成实践目标,法律硕士成绩普遍提高,学生普遍有成就感,不但是学习成绩上的成就感,重要的是实践能力提高的成就感;从而法律硕士改变了以往轻视、应付甚至逃避实践课程的现象,提高了学习法律职业技能的积极性和主动性,同时对实践教师也有很大的触动,有利于实践教师教学实践能力的培养和提高。

法律硕士教育作为法科教育改革的方向,无疑没有现有模式可供遵循。实践性教学体系以实践教学模式的改革为主题,以实践教学内容和方法的改革为切入点,以提高法律硕士综合素质、培养创新精神和实践能力为目标,大幅度增加实务课程及课时量,强化实习环节,合理安排必修与选修课程,整合确定科学的课程体系,探索切合目标的教学方法。在教学学习过程中坚持“以学生为主体”的理念,以法律硕士的目的需要、能力拓展、知识结构为中心开展实践教学,坚持高起点、有突破,体现科学性和可操作性的原则,实现法律硕士专业在少数民族地区的地域特色,构建符合实际的实践教学体系。

第九章

# 面向西南民族地区法律硕士教育教学质量的评价

西南民族地区是我国国土面积最广、民族类型最多的民族地区，主要包括四川、重庆、云南、广西、贵州、西藏六省（自治区、直辖市），具有独特的自然地理面貌和人类文明系统，在该地区生长的民族已确定族系的多达36种，占到56个民族的三分之二强。西南民族地区作为中国大家庭的一个重要组成部分，除了具备现阶段我国社会的特征之外，还有自己独特的社会特征，例如少数民族大杂居、小聚居的分布格局；民族种类众多、文化多元化；资源丰富却又多为贫困地区；等等。目前，西南民族地区的法律教育开展得如火如荼，各类型法律人才辈出，为该地区的社会建设做出了卓越贡献。

## 一、西南民族地区法律硕士教育质量评价体系

在我国目前的法学教育体系中，法律硕士专业学位是一种新兴的学位教育。从1996年开始的试点工作到2006年国务院

学位办宣布其全面转入正规化，法律硕士专业教育在我国已全面铺开，批准的50所高校累计招生近50000人。截至2009年，又有30余所高校获准设立法律硕士专业，由法律本科生攻读的法律硕士(法学)专业也开始招生，法律硕士专业教育呈现出一片欣欣向荣的景象。

作为法学教育体系中的一个组成部分，法律硕士教育为实际部门培养德才兼备、适应社会主义市场经济和社会主义民主法治建设需要的高层次的复合型、应用型法律专门人才，地位越来越重要。21世纪的第一个十年已经过去，我国现代化建设步伐的加快，在赋予法律硕士教育大好机遇的同时也带来了一些从未有过的困难和挑战。例如2003年中国人民大学法学院《法苑》杂志关于法律硕士教育现状的一次问卷调查中，在校法律硕士在被问及对法律硕士教育的总体感受和评价问题时，只有2.5%的被调查对象感觉很满意，感觉良好的占17%，而感觉一般和不好的却分别占到41.1%和39.7%。对于认为社会可能对法律硕士作出何种评价的问题，67.3%的被调查者选择一般，25%的认为较差，只有7%多一点的认为很好或好。[①] 不少法律硕士研究生抱怨，攻读法律硕士学位，就是花两三年的时间和大量金钱，换取一张文凭。[②] 由此可见，我国法律硕士教育的质量无法令人感到满意。

可见，法律硕士教育从总体上来说尚存不少缺陷，而处于边疆且欠发达的西南民族地区则更无中东部的教育优势。因此，对于探讨西南民族地区法律硕士教育问题，构建一个针对法律硕士教育的完整、系统、科学的质量评价体系已经成为法律硕士

① 邱春艳：《2006中国“法学院”这一年》，载《法制日报》，2006－12－31(14)。
② 计科宪：《“法律硕士”招生之忧》，载《现代教育报》，2004－01－07(6)。

教育顺应时代发展、进一步满足法治国家法律专业人才需要的重要议题。

（一）法律硕士教育的特殊性

法律硕士中的“法律”是指职业领域，是具有特定法律职业背景的专业性学位。因此，与法学硕士教育相比，法律硕士教育具有明显的特殊性，主要表现在两个方面：

1. 复合性

我国法律硕士是借鉴美国法律教育制度的法律博士（JD）而开设的一种新型的专业学位教育，所确定的培养目标是复合型、应用型人才，以此区别于法学硕士学位培养的专业性、学术性人才。

从 1998 年开始，教育部明确要求法律硕士只能由非法律专业学生报考。这一规定意味着众多非法律专业的本科毕业生得以进入法学院的课堂，然后经过法律硕士阶段的学习，掌握法学一级学科知识。法律硕士研究生在入学前已经取得了非法学学位，进入法学院之后，过去的知识背景不但不会成为他们理解法律问题的障碍，反而能够成为一种优势和动力，原有专业的知识和方法可以帮助他们更为深入地思考法律问题，体现了法律知识与其他领域专业知识的跨学科的专业复合。再者，跨学科上的专业复合也十分利于法律硕士研究生思维方式和技能上的复合。法律硕士专业学位者通过培养，在原有的另一专业职业人群所具有的基本思维方式和技能的基础上，拥有法律职业人的法律思维方式和基本技能，两种思维方式和技能的有效结合对于今后的法律实践活动有益而无害。

当然，根据国务院学位委员会和教育部的决定，全国法律硕士专业学位教育指导委员会已经明确，从 2009 年开始，法律硕士专业学位教育重新面向法学专业本科毕业生招生。这一调整旨在发展法律硕士教育的职业性，并不影响法律硕士教育的复合性特点。

2.实务性

国务院学位办王亚杰先生曾从专业学位概念的角度阐释了法律硕士教育的内涵。他认为："法律硕士专业学位是国家专业学位系列的一部分或者说是专业学位的一种，它与法学硕士和其他硕士学位相比，层次上是一样的，但属于不同的类型……它在强调坚实、系统的法学基础理论素养的同时，着重于宽广的法律实务能力和应用能力的培养，要求学位获得者具备作为一个法律工作者所需要的综合知识、实际工作能力，法律硕士专业学位是一个实务性的学位、实用性的学位。"[①]目前法律硕士的教育方式中备受推崇的是双导师制，提倡吸收有较深学术造诣的法官、检察官、律师及其他实务人员和从事理论研究的教研人员共同来担任法律硕士的导师。[②] 在教育中，在校导师负责训练学生的知识基础，而法律实务人员着重培养学生的实践能力，双导师分工合作、互相协调，共同培养具有较强实务能力的法律硕士。

所谓评价，本质上来说，是一种价值判断活动，是客体对主体需要程度满足的判断；同时，评价的最终目的在于改善，进而促进客体自身发展。因此，教育评价也就是一种价值判断活动，通过对教育方面相关信息的全面收集，对教育活动现实的或潜在的价值进行全面的考察并做出判断，进而提出改进的行动，更好地满足主体需要，达到教育增值的目的。在此基础上，我们认

---

① 全国法律硕士专业学位教育指导委员会秘书处：《中国法律硕士专业学位教育的实践与探索》，法律出版社，2001，第170页。

② 董士忠：《法律硕士教育现存问题探析》，载《学位与研究生教育》，2006(5)。

为，法律硕士教育质量评价就是依据法律硕士教育的性质和目标要求，系统收集有关信息，对法律硕士教育质量进行价值判断，判断教育目标实现的程度，从而提出改进的行动，促进法律硕士教育质量的持续改进和不断提高的活动。

因此，在进行法律硕士教育质量评价时，我们要根据法律硕士教育的特殊性进行相应的质量评价，要将复合性和实务性作为评价的重要因素来考量。

（二）法律硕士教育质量评价的特殊性

如前所述，法律硕士教育与传统的法学教育相比有着质上的差别，正因为如此，法律硕士教育质量评价具有如下的特殊性：

1.评价的全程性

进行法律硕士教育质量评价应当关注法律硕士教育的全过程。在法律硕士教育中，学生、教师活动的每一过程以及教育效果的反馈，都要进行评价。

2.评价的全面性

评价的全面性要求评价对象中不仅包括学生对教师的评价，教师对学生的评价，而且也包括学生之间的评价，以及社会如当事人、法官等对师生所做出的评价；同时，评价的全面性也包含评价方法上不仅可以延续传统的法律课程中的笔试方式评价，也可以通过论文、报告、考察等多种方式来评价学生。在评价内容上也同样要求全面评价，既要关注最终的实际结果，也要重视学生在创新精神和实践能力上的培养以及心理素质、身体素质等各方面素质的发展。

3.评价的民族性

评价的民族性是指法律硕士教育不仅要适合我国的国情，

更应注意适应西南这一多民族地区的民族诉求，例如民族地区独特的人文、历史、地理及自然生态环境，与内地比较呈现出更多的复杂性和多样性，这也是我们在进行评价的过程中绝不能忽略的方面。

（三）法律硕士教育质量评价的原则

教育质量评价原则是人们在充分认识教育评价规律的基础上对教育评价工作提出的基本要求，进而，法律硕士教育质量评价的原则是在法律硕士教育过程中对评价方法的选择和运用提出的基本要求，是我们进行评价体系建设中必须坚持的基本方向。具体说来：

1. 全面性原则

如前所述，评价本质上就是一种价值判断活动，是一种价值关涉的活动，在评价过程中必然受价值观的影响较大。法律硕士教育质量评价强调全面性原则，就要求我们不事先设定标准，不预设固定范围，而是根据具体的实际情况，在正确地认识各种方法所具有的各自特点的基础上，针对不同的教育现象，针对评价对象的特点，选用适当的方法，努力地获取评价对象的全面信息。尤其需要强调的是必须明确评价的最终目的在于获取评价对象的全面信息。因而，作为一个评价者，应以平等的、开放的心态合理地、不存偏见地、综合地运用不同类型的方法来进行评价，以保证对评价对象认识上的充分、信息上的全面。

2. 特色性原则

特色性原则是指对法律硕士教育质量评价在符合普通高等教育的质量要求外，还应根据法律硕士教育自身的特点，从社会对法律职业人才的需求以及法律硕士教育的实际出发，注重法律硕士教育与普通高等教育的差别性，坚持法律硕士教育质量评价的特色性。因此，坚持法律硕士教育的法律职业教育定位，适应社会需求培养高层次的复合型、应用型法律专门人才，满足21世纪中国法学教育改革与发展战略研究中对法律硕士的培养目标所提出的具体要求：①具有扎实系统的法学基础理论素养，牢固掌握宽广的法律实务知识；②具有较强的法律实务方面的研究能力和创新能力，具有解决重大的和疑难法律问题的能力；③具有综合运用法律、经济、管理、科技、外语和计算机等方面的知识和技能，从事法律实务、经济管理和社会管理工作的能力；④符合全面胜任立法、司法、执法、政权建设、行政管理和社会管理等方面中级以上专业职务的要求。[①]

由此可见，法律硕士的培养以及评价需要注重其独特性，在此基础上进行适当的教学。

3.促进性原则

教育质量评价是根据教育质量目标的要求，遵循评价的原则，运用评价标准对教育过程进行评价，判断教育目标实现的程度，以期促进教育质量提高的一项活动。评价的目的在于促进教育活动的改进，进一步提高学校教育的质量，即体现出评价作用和效益的最大化。因此，进行法律硕士教育质量评价必须坚持促进性原则，着重关注参与评价的各方人员真正能够对自身及改进的方面增加了解，真正从评价中获益，实现评价的促进作用和效益的最大化。

### （四）西南民族地区法律硕士教育质量评价体系之构想

法律硕士教育在中国陆续展开以来，各高校针对教育质量

① 王琪：《法律硕士专业学位研究生教学方法改革初探》，载《黑龙江省政法管理干部学院学报》，2004(3)。

的评价问题都在努力地探索，试图建立起一个适合自身的评价体系，西南民族地区亦是如此。而研究生教育评价体系本身就是一个复杂而宽泛的系统，其中包含评价的目标、评价的主体、评价的内容以及评价的方法等各个要素，各构成要素的相互作用、相互联系构成一个完整的体系。因此，从不同的角度可以对教育质量评价体系进行不同的界定，有学者从评价活动要素的角度，如评价组织机构、评价内容、评价方法等来构建；有的学者则是从评价指标体系的构成的角度来进行体系的构建。笔者认为，评价主体在整个评价体系中占据十分关键的地位和作用，其对于评价的其他方面如评价目的的确定、评价客体的选择、评价程序和方法的使用等会产生重要的影响。因此，本文主要从评价主体的角度来界定，对建立西南民族地区富有民族特色的法律硕士教育质量评价体系提出以下构想，即法律硕士教育评价体系由政府评价、社会评价和高校自我评价三部分组成。

1. 政府评价

目前，我国的研究生教育质量评价已形成一个模式，即基本上由政府研究生教育行政主管部门直接统一领导和组织，进行有计划、有组织、自上而下的官方评价模式。具体说来，是由国务院学位委员会办公室，或者由国务院学位委员会办公室以及国家教育部共同组织，或者由受委托的有关部门及下属的省、市研究生教育行政主管部门或有关部、委等组织开展。我国已开展的研究生教育质量评价绝大部分属于政府评价，政府机构与组织在其中起着主导作用。本章所构想的法律硕士教育质量评价的重要主体同样也是政府，这样比较符合我国的既有模式，可操作性强。政府机构与组织作为评价活动的直接提出者，同时也是评价活动的组织者、协调者和操作者。进行法律硕士教育质量评价，由政府将评价结果与办学经费挂钩，使高校自觉地成为教育质量的保证者。政府在高等教育基金委员会下设专门的评价机构，负责评价高校的教育质量，为经费分配和使用提供依据，进而保证政府直接或间接地控制高校法律硕士教育的发展，保证教育质量满足经济、社会发展的要求。

综观各国研究生教育质量评估体系的发展可以看到，各国政府作为研究生教育质量评价体系主体之一，普遍通过各种手段加强对研究生教育质量评估体系的控制和参与。英国政府对高等教育评价主要是通过把评价结果与办学经费挂钩，使高校自觉负担起质量保证的责任来实现的。1992 年《继续与高等教育法案》以法律的形式明确了政府经费划拨与高等学校质量的关系，即政府在高等教育机构的教学质量，为经费分配和使用提供依据，这样政府就可以直接或间接地控制高等教育的发展，保证高等教育满足经济、社会发展的要求。① 在美国，联邦政治体制下，高等教育是州的责任而不是联邦政府的责任，联邦政府一般通过经费资助的方式介入研究生教育质量评价或者是通过对鉴定组织的资格审查和鉴定来参与，而不直接参与研究生教育质量的评价。凡是通过鉴定的机构才能进行研究生教育的鉴定和资格认可。② 对于州政府而言，则通过对高等学校按绩效评价为主的拨款方式直接参与研究生教育质量的评价。

因此，本章所构想的法律硕士教育质量评价体系中，政府是

---

① 谢安邦：《比较高等教育》，广西师范大学出版社，2002。

② 熊耕：《简析美国联邦政府与高等教育认证之间控制与反控制之争》，载《比较教育研究》，2003(8)。

其中绝不能缺少的一个重要主体。当然需要强调的是，政府因其职能的有限性，决定了政府评价发挥作用的范围也是有限的。尤其是法律硕士教育投资渠道的多元化、学生就业部门及就业方式的改革，政府已不再是法律硕士教育质量评价体系中唯一的权力主体。再者，政府资源和能力的有限，也决定了政府评价范围上的局限，对于涉及学科建设与选优、学术论文评价等专业性技术问题，政府可将其评价的职能下放给社会评价机构。政府评价则主要体现在以资格鉴定和认可为主的鉴定评价以及以评价法律硕士研究生教育质量的整体水平为主的合格评价两种类型。[①] 因此，西南民族地区的法律硕士教育质量评价体系中政府应定位为宏观层面的评价，即主要侧重于对最低质量和标准的控制、一定阶段该地区法律硕士教育质量的整体水平的了解。政府的准确定位直接决定了评价指标体系的设计，对在法律硕士教育质量评价指标体系的设计上更应强调国家和社会对法律硕士研究生教育的总体要求，强调法律硕士研究生教育的共性，强调西南民族地区教育的民族性。所以评价指标体系应该在该地区具有一定的可行性、可操作性和可比性。对此，该指标体系的设计可根据政府关于研究生教育的任务与培养目标的相关政策及法律法规来具体定制，以《中华人民共和国学位条例》《中华人民共和国高等教育法》为主要依据，针对西南民族地区的社会需要和法律硕士研究生发展的需要进行具体的制定。

在政府评价的程序和方法的选择上，鉴于该主体自身所具有的一定权力性，决定了程序自下而上的方式，由政府做最后的宏观控制。因此，先由法律硕士培养单位参照一定的标准作出

① 潘武玲：《我国研究生教育质量评价体系研究》，华东师范大学博士学位论文，2004。

自我评价，再由政府组织相关专家进行实地考察，在听取培养单位的说明后作出评议，最后会同专家得出评价结果。采取这样的程序有利于政府进行宏观的统筹规划，操作较为简便。评价方法上，政府评价的宏观性要求方法的选择通观西南民族地区全局，所使用的评价标准统一，强调定量的方法对法律硕士培养单位的办学资源及条件等进行客观性的评价。

最后，评价结果的处理上，政府应将结果上报相关部门，作为对法律硕士教育质量宏观调控的依据。根据这一评价结果，相关部门可作出相应的拨款、资助、奖励或惩罚等措施。通过政府评价的法律硕士培养单位获得继续发展法律硕士教育的资格，合法地开展法律硕士教育及授予学位，申请一定的科研经费，等等。无法通过政府评价的培养单位则暂时停止招生，停发各项原有的资助及科研经费，根据评价结果中所提出的问题一一进行整改，整改后再申请政府进行第二次评价，直至通过。这样的评价具有较大的权威性，利于培养单位教育质量的促进和提高，更好地改进法律硕士教育质量工作，同时也实现了国家对法律硕士教育质量的宏观控制。

2.社会评价

社会评价主要是民间所展开的教育质量评价，一般由非政府、非官方的各种专业协会、学术团体、民间机构甚至个人等，“不是接受国家或任何教育主管部门的委托，而是接受政府或企事业单位的自愿资助或者社会集资”[①]，进而对高校教育进行质量评价。

英国对研究生教育质量进行社会性评价的社会团体和中介

---

① 王战军：《学位与研究生教育评估技术与实践》，高等教育出版社，2000，第26页。

机构主要有以下三类：第一类是具体负责专业教育质量的统一评价和经费分配的高等教育基金委员会，如高等教育质量委员会、高等教育质量保证署（QAA）；第二类是各种科学研究委员会，如科学与工程研究委员会（SERC）、医学研究委员会（MRC）、经济和社会研究委员会（ESRC）；第三类是新闻媒体和民间组织排行，如《泰晤士报》《金融时报》。

在美国，社会力量在高等教育管理中占据重要地位，进而使得社会评价成为美国研究生教育评价体系的主体。其主要由以下几个部分组成：一是非官方性的地区性或全国性鉴定机构和组织，如中学后鉴定认可委员会（CORPA）下属的院校鉴定机构或专业鉴定机构；二是专业协会、学术团体，如评价及制定研究生教育全国性标准的美国研究生院协会（CGS）、建立大学所遵循的质量和数量标准的美国大学协会（AAU）；三是新闻媒体，如主要针对全美研究生院和研究型博士学位评价和排名的《美国新闻与世界报道》；四是私人团体，如《哥曼报告》已成为美国研究生教育评价领域最具有权威性的评价之一。①

在我国，目前受国务院学位委员会和国家教委委托，1994年在北京理工大学成立的"高等学校与科研院所学位与研究生教育评估所"是承担开展学位与研究生教育评价的非盈利机构，是我国首家专门从事学位与研究生教育评价的事业机构。此后，还成立了如"中国学位与研究生教育学会评估工作委员会"等学术团体、民间机构进行学位与研究生教育质量评价。

目前，社会评价是我国法律硕士教育质量评价体系的不可缺少的组成部分，具有政府和高校所无法替代的重要作用。进

① 李安萍、陈智栋：《美英研究生教育质量评价体系的构成及启示》，载《当代教育科学》，2010(7)。

行社会评价，有助于法律硕士培养单位了解社会的需求，使之更好地适应社会需要。社会评价的引入，不仅可以对法律硕士院校的教育质量进行客观的评定，也有利于院校听取社会各界意见并将所获得的评价反馈信息作为进一步改革的重要依据。

法律硕士教育质量社会评价的内容较为广泛、丰富，可据进行评价的具体主体而有所不同。因此，既可以是法律硕士的用人单位对培养单位教育质量所做的评价，也可以是学术团体或专业性机构的专家所做的评价，还可以是社会舆论媒体所做的评价。在评价的内容上也因此而有差别，用人单位所做评价往往是以法律硕士在工作中的表现为据，评价培养单位在培养中具有的优势以及存在的不足，提醒培养单位应注重培养学生在哪些方面的技能和素质，以更好地适应社会的发展和需求；学术团体或专业性机构的专家评价则主要侧重法律硕士培养单位的专业建设，对其课程的设置、教学的方式、实践的环节等进行专业性评价，促进其更好地符合学科的要求；社会舆论和媒体所做的评价往往专注于对相关数据和信息的收集和采集之后进行名次的排行，充分地展现培养单位在同行中的位置，及时了解差距并奋起直追。对于评价的指标体系可根据不同的评价主体、不同的评价目的以及评价对象针对性的制定，突出灵活性。

基于社会评价所具有的针对性和灵活性特征，其程序的选择也因此不同。一般来说，首先确定评价对象，明确评价的内容和范围，据此制定评价指标体系，再具体展开法律硕士教育质量的评价步骤，最后对法律硕士教育质量做出判断。社会评价与政府评价不同，其评价结果不具强制性，往往在形成评价结果之后，通过适当的方式如新闻媒体的发表、或不公开发表的方式，将其反馈给培养单位，帮助改进工作。

3.高校自我评价

自我评价是法律硕士院校内部自行组织实施的评价。这是培养单位对法律硕士教育活动进行自我调节、自我完善的重要手段,是一个教育的优化过程。自我评价对高校来说是最为经济的评价办法,可以节省较多的时间和精力。我国本科阶段的教育质量评价体系中,高校自我评价是一个重要的方面,可以通过自身检查发现一些问题,以提高自身的教育质量。我们构建法律硕士教育质量评价体系也可以采纳这一方式,把教育过程中所涉及的相关人员,包括教师、学生、管理者等调动起来,通过自我评价的开展,获取最为真实、可靠的信息,提高评价的科学性,提高评价的效率。

在英国,长久以来所形成的学术自治传统,各大学将教育质量理所当然地当做大学内部的事情,政府和社会极少干涉。英国高校内部形成了从校到院、系、所的分层质量保证与评价机构。学校最高层的校董事会和校领导对教育质量和标准负最终责任。具体来说,在校一级有学术委员会主管全校学术事务。在学术委员会下,往往专设一个委员会,再在院、系和研究所层次上,设若干个分委员会,分层掌管教育标准及相关问题;同时指定一位副校长助理级别的高级管理人员负责贯彻执行上述各委员会做出的决定,并由一位质量保证主任及其下属的管理人员协助工作。[①]

在美国,一般美国大学内部都要定期进行研究生项目的评价,请其他单位同专业的同行来审查、检查他们某个专业的工作。学院对研究生计划自我评价的内容主要涉及本专业的硕士

① 江彦桥:《高等学校教学质量保证体系的研究与实践》,上海外语教育出版社,2002。

和博士计划课程的建构、学院的训练计划、毕业生就业情况等。[①]

目前，我国研究生教育质量评价体系中，真正意义上的高校内部自我评价制度并没有建立起来。研究生培养单位对自我评价的重要作用认识不够，仅仅将其作为政府评价的一部分，作为政府评价信息搜集的其中环节，而没有把自我评价作为改善自身管理、提高质量、进行教育质量自我保障的核心手段。因而对待自我评价明显缺乏积极性和主动性，随意性很大，容易造成形式主义，甚至出现弄虚作假的情况。

因此，本章构建的法律硕士教育质量评价体系中的自我评价体系尤其注意摒弃不良方面，由高校自主地自下而上地建立一个自我发展、自我约束的真正意义上的自我评价体系。

法律硕士教育质量自我评价体系是培养单位开展的旨在发现培养工作中存在的不足与缺陷，全局性地了解本单位的质量状况，更好地改进工作而主动建立起来的一个自我诊断、自我检查、持续自我完善的评价系统。同时也是法律硕士培养单位向外界证明自身办学条件、教育质量的重要手段。具体说来，法律硕士培养单位既可以进行常规性的教育质量自我评价，也可以在问题出现之后进行事后性的自我评价。常规性的自我评价形式灵活，可以是政府评价或社会评价到来之前自行组织检查，对单位质量状况有一个大概的了解，及时整改，同时也利于为随后的外部评价做相应的准备工作；常规性的自我评价也可以与单位的年度检查工作结合起来，学年初制定的全年计划中包括法律硕士教育质量的改进，年末按照预期计划进行检查、评价。进行有规划的自我评价对于教育质量的提高十分重要，是一项不

---

① 李安萍、陈智栋：《美英研究生教育质量评价体系的构成及启示》，载《当代教育科学》，2010(7)。

可缺少的措施。事后性的自我评价则往往是在发现问题后进行,如果培养单位发现某一方面的教育质量不尽如人意,就可以据此开展针对性的自我评价活动。例如社会反馈回来的信息认为法律硕士的实务能力有待提高,这就要求培养单位应该注重强化实务能力的职业培训,在教育过程中建立必要的实习链接,增加实践环节和实习基地,组织长期而系统的实习,实现理论与实践的结合,成功地培养职业法律人。总之,自我评价方式的选择以服务和帮助改进法律硕士教育质量为目标,最终促进法律硕士的成长和发展。

在评价的内容上,法律硕士教育质量自我评价的内容较为广泛,既可以针对某一特定问题进行评价,如课程设置的评价、实践环节的评价等等;也可以进行综合性的评价,如对整个培养单位教育质量的整体评价。评价内容的选择可根据制定的计划以及需要达到的效果来决定。自我评价指标体系在设计上具有较强的针对性和灵活性,通常由法律硕士培养单位根据规划的目标结合自身的特点进行设计,旨在更好地发现教育中存在的问题,便于及时改进,突出西南民族地区的地域性和民族性特征,提高教育质量。

法律硕士教育质量自我评价方法多样,可视评价目的的不同而不同。如果认为课程设置不合理,偏重理论知识的传授,缺少实务课程,对此可以在听取教师和学生意见基础上制定相应的评价指标体系,进而展开自我评价,以构建理论与实践的有效衔接、传授知识与训练实务能力并重的教育培养模式。如果是要了解法律硕士毕业生质量的高低,可以由单位自主组织毕业生用人部门对该校毕业生进行质量评价,也可以抽取部分毕业生进行自我的评价。因此,在具体的评价方式上视情况而定,或是实地考察访问，或是聘请专家论证，等等，最终实现发现问题、解决问题的目标。

自我评价的结果处理上不具有强制性，由培养单位自行选择。可以公开上报，向上级管理部门汇报并备案；也可以选择不公开，培养单位自我反馈、自我整改、自我完善，提高教育质量。

综上所述，构建西南民族地区法律硕士教育质量评价体系是一项艰难而浩大的工程，需要外界的配合以及内部自身的努力，需要政府、社会和高校三方的合作建立一个多元共治型的评价体系。

## 二、西南民族地区法律硕士教学质量评价体系实施

教学工作是高等院校的中心工作，教学质量是学校生存与发展的生命线，是办学综合实力的体现。[①] 教学质量的提高，是高等院校高水平人才培养的保障，是高校教育结构、教育质量和效益协调发展的实现。对于中国的西南落后地区来说，教学质量更是重要，是民族地区在未来快速发展的强大后备力量。

教学质量涉及整个教学系统的方方面面，如教学活动的投入，教学的过程、结果以及社会的反馈，是学校教育质量这个总体结构中的核心结构。笔者赞成黄刚对教学质量所下定义，认为教学质量是人才培养规格的整体的结构，是一个不断发展形成的系统，是学校办学和教学管理的总体成果，是一个不断发展提高的动态过程。[②]

对教学质量评价目前已成为对高校进行科学管理、全面提

---

① 陈玉琨等：《高等教育质量保障体系概论》，北京大学出版社，2004。

② 黄刚：《高等学校教学质量管理系统》，广西师范大学出版社，1996，第 21 页。

高教育质量的重要环节,往往是根据教学目的和教学原则,运用科学的方法和手段,结合学校的教育实际对教学过程及预期的一切效果进行价值上的判断,引导教师不断加强自身素养,进而提高教育质量。

西南民族地区地域广阔,与中东部相比较而言,人口稀少,而法律人在整个人口中的比重更是少之又少。所以该地区对法律人才的需求量相当大,对于拥有法律硕士招生资格的院校来说则是其社会责任和历史使命的承担。如何培养能够适应社会发展需要的法律人才,是我们探讨法律硕士教育质量问题的应有之意,是我们实施西南民族地区法律硕士教学质量评价体系的目标所在。

（一）法律硕士教学质量评价的目的

开展法律硕士教学质量评价的目的主要体现为以下几个方面:

第一,全面地了解法律硕士研究生对任课教师教学情况的反映;

第二,真实地了解任课教师在职业道德及工作作风方面的情况;

第三,及时地了解法律硕士研究生在具体的法律实务实习工作中的表现,进一步指导教学计划及调整教学内容;

第四,为法律硕士培养单位进行教学改革和教学管理提供实证的资料和极具价值的信息;

第五,及时发现培养过程中存在的问题,积极寻求提高教学质量的改进措施,逐步建立一个检查与评价教学质量的有效机制;

第六,重点关注任课教师的专业发展,帮助其正确认识自身课堂教学能力和教学水平，不断地改进教学内容和教学方法，促进教学质量的提高。

## （二）西南民族地区法律硕士教学质量评价体系实施

鉴于前文中已对法律硕士教育质量评价体系进行了建构，此处则主要侧重于法律硕士教学过程中较为重要的课程评价、教师授课评价、法律实习评价和学生学习评价四个方面进行展开，而这四个方面是我们设计与实施西南民族地区法律硕士教学质量评价体系的四个重要的组成要素。其中，课程作为教学系统最为基本的单元，其教学质量是法律硕士质量高低的决定性要素；其次，教师是教学的主要主体，是法律课程知识的传播者，是法律实务实践、专业实习的组织者，是整个教学系统的主导力量；再次，法律实务实践、专业实习在法律硕士教学中尤为重要，如何将理论适当地运用到实践当中，真切地体会法律的力量，这对于树立学生的法律信仰必不可少；最后，学生是学习活动的主体，是知识的学习者、接收者，法律硕士研究生运用所学的法律知识为社会服务，满足社会对复合型、实务型法律人才的需要。近年来，美国发展出一种全面的教学质量评价体系，强调改进教学质量是一项系统工程，需多方位、整体性、分层次来进行评价与管理，是一种具有综合意义的全面评价。[①] 笔者所设计的西南民族地区法律硕士教学评价体系正是本着“全面的‘教学质量评价体系’”的理念开展的，是包括以上四个要素在内的具有综合意义的全面评价体系。

### 1. 法律硕士课程评价的实施

西南民族地区法律硕士教育具有较强的针对性，是专门针

---

① 王旭：《高职院校教学质量评价理论研究》，载《经济研究导刊》，2009(2)。

对西南少数民族地区法律人才缺乏的情况进行的专业性教育，既是为了满足社会的需求，同时也是为了法律硕士在未来的岗位对法律的准确适用。因此，法律硕士教育的课程应该从社会的需求出发，从西南民族地区的特殊情况出发，以法律硕士教育"主要培养立法、司法、行政执法、法律服务与法律监督以及经济管理、社会管理等方面需要的高层次法律专业人才和管理人才"[①]的培养目标贯穿于整个课程设计当中，在课程内容上体现出对法律实务人才综合素质的全方位教育理念。

实施法律硕士教学课程评价首先从教学输入阶段进行评价，培养单位在招生过程中要了解学生的智力水平、认知能力和心理素质等基本的情况，以及已有的知识水平和基本技能的掌握情况。需要说明的是，对于学生输入的评价并不是评价教学质量本身，而是评价教学活动在学生身上的影响。只有准确地了解这些信息，才能说明在教学活动实施之后学生到底获得了哪些方面的提高，进而评判教学质量的高低。在教学输入阶段最为重要的是对教师输入的考察，这是教学质量得到保证的前提。教师质量的优劣直接决定了教学质量的好坏，在该阶段的评价中我们除了对教师的学历、职称、教学能力、科研水平等进行考察之外，还要对其法律实务能力、与实务部门的交际能力以及组织学生的能力予以衡量。通过这些方面的考察，大致能够检测教师对教学所涉及的法律专业知识的掌握程度，保证他们对教学内容能够自如取舍，具有准备课堂内容、解释相关知识、答疑解惑并准确把握学生对于教学知识的理解程度的基本条件。

考察了教学过程中的两大主体之后根据实际情况制定培养

---

① 《关于设置法律专业硕士学位的报告》，国务院学位委员会第13次会议审查通过，1995—5—30.

目标，尤其需要注意民族地区地域性、民族性的特点，关注少数民族学生的知识结构、思维方式。然后，由教师、学者、司法实务界人士（法官、检察官、律师等）和教育专家组成评估小组对课程进行评估，对其可行性、操作性予以分析，进而制订教学计划。根据教学计划，明确课程所需教材及相关参考资料，确定合理而适当的考核办法，进行具体的教学试行活动。最后，开展课程评估，检查各个环节的合理性与紧凑性，以便及时对课程进行修改。我们对此过程可以这样描述：

社会需求→培养目标→教学计划→课程设计→课程评估

众所周知，法律硕士教育作为法科教育改革的方向，目前暂无现有模式遵循，更多地需要我们在具体实践中进行摸索。以塑造具有交叉知识结构、谙熟法律并能灵活而富有创造性地运用法律来解决实际问题，以力求从事法律实务工作的复合型、实务型高级人才的培养目标的法律硕士教育，在课程教学上应围绕着这一明确目标进行设置。

首先，法律硕士教育中仍需继续加强理论知识的传授。所开设的理论基础课程中，除马克思主义理论与专业英语外，应开设法理学、宪法学、法制史等理论法学以及三大实体法等部门法学的学习，夯实理论基础。

其次，开设实务课程，逐渐接触实务理论。在已有理论知识的基础上，开设民事诉讼法、刑事诉讼法、行政诉讼法三大程序法以及有关的二级学科，必修课与选修课兼顾，进一步强化理论知识的学习；同时开设法律文书写作与案例分析等实务课程，提供接触实务理论、进行实务技能训练的平台。

最后，加强实务理论的学习，开展实际的实务能力训练。既可以针对学术界与实务界所关注的前沿问题以选修课的形式开设相关的课程，也可以针对学生的需求开设一些三级课程，重点在于培养学生的理论素养，优化学生的知识结构；同时进一步加强实务理论课程的学习，开设如法律谈判、模拟法庭等训练性课程，开展实际的实务能力锻炼。逐渐实现理论与实践的结合，培养法律职业中特定的语言、思维、方法、信仰、伦理等综合素养，形成法律职业共同体所需的素质。①

总之，法律基础理论教学应以加强理论素养为目的，以必需、适当为度；法律实务课程教学以培养实务能力为旨，以必需、应用为度；专业课加强针对性和应用性，课程设置紧密结合和适应社会经济发展的需要，制定理论与实践、专业技能与原有知识结构有机结合的课程内容、教学方式和授课计划。课程在设置和讲授上应有利于学生形成法律思维能力、法律辩论表达能力和对法律事实的探知能力为主的基本法律素质，有利于激发学生的积极主动性，有利于培养学生的创新精神与实践能力。

2. 教师法律教学评价的实施

教师作为教学活动的组织者，在法律教学活动中起着举足轻重的作用，其教学水平的高低是教学秩序能否正常进行和教育质量能否提高的决定性因素。因此，对法律教师教学评价是整个法律硕士教学质量评价体系中的一个重要组成部分。正如Mckachie所言："有效教学的最终标准是对学生学习的影响。在对教学进行评价的过程中，我们关心的不是教师做了些什么，而是对学生产生了什么影响。"②同样的，对法律硕士教育教学评价的目的主要在于促进教师完善和改进教学方法和技巧，提高

① 参见"法律硕士专业学位研究生培养方案与课程体系改革"课题组《落实法律硕士实务型人才培养目标之我见》，载《湘潭师范学院学报》(社会科学版)，2008(9)。

② 甄贞：《诊所法律教育在中国》，法律出版社，2002，第287页。

他们的教学水平，进而提高教育质量。

按照教学系统论的观点，教学过程是由多个有目的、有顺序的教学环节组合而成，各个环节互相配合、互相影响，共同为实现教学活动的最佳效果发挥作用。因而，对西南民族地区法律硕士教育中教师教学评价的实施需要我们从教学中的每一个环节都进行认真的了解和检查，进而获得全面而客观的评价。[①]

首先，教师授课前的准备环节。法律教学之前的周密设计和充分的准备是教学成功的前提条件，也是教师端正的教学态度的表现。法律硕士教学工作需要教师在上课之前进行充分的准备，包括课堂教学的内容安排、学生参考书目的选择、教学案例的收集与研究、课堂讨论题目的确定、学生阅读材料的挑选、课后作业的设计等等。对教师教学的评价首先从重视这些准备活动开始，仔细地检查教师是否认真完成课前的准备工作，可以要求教师将其在准备过程中对相关工作的纪实性的材料进行整理，集中交与评价主体，作为反映教学质量的基础性材料。

其次，教师课堂教学的实施。教师课堂教学是教师根据课程教学大纲所规定的内容，选择适当的教学方法，在固定的时间表里向全班学生进行授课的教学组织形式。课堂教学有利于大量地培养人才，也有利于发挥班级集体的教育作用，是我国目前在各类教育中普遍采用的教学方式。法律硕士教学中，课堂教学作为主要的教学方式能够在很大程度上提高人才培养的效率，同时也利于学生对问题的交流，水平的共同提高，以及相互间的影响和促进。当然，我们必须看到的是，课堂教学的同一进度性难以兼顾个体，不利于个体的个性发展。由此，对课堂的把

① 参见蔡敏《美国著名大学教学评价的内容特征》，载《外国教育研究》，2006(6)。

握是教师控制能力的表现。课堂教学质量的评价作为教师课堂教学的一个基本的反馈机制，有助于教师优化教学过程、调整教学行为、改进教学方法、提高教学水平。对此，可以将课堂教学评价的内容标准归纳如下：1）用清晰、准确并且幽默的教学语言，讲述抽象的学科内容；2）教学的内容和进度适合学生的知识基础和能力水平；3）使用有效的教学方法，激发学生对专业学习的兴趣和渴望；4）以分析和质疑的态度，介绍学科前沿理论以及发展趋势，不是一味地向学生传授陈旧的专业知识；5）及时、科学地调整教学内容，使其与专业领域的变化密切相关；6）鼓励全体学生积极参与课堂讨论，辨析和评判各种观点，分享各自的知识、经验和感悟；7）认真、清楚地回答学生提出的问题，并且公平照顾到每个学生的学习需要；8）给学生布置有价值的课后作业、研究项目和考试题目；9）在教学中能够有效地利用课堂时间资源；10）始终保持旺盛的教学热情和严谨的教学态度。

最后，课后时间的辅导。课后时间的学习最为清楚地反映出学生对教学内容的掌握情况，往往会产生不少问题，这就需要教师在课后的时间里进行一定的辅导。教师课后时间的辅导也是教学质量评价体系的一个组成部分，需要评价主体对此进行追踪检查。评价的问题涉及：教师是否为学生安排了方便、足够的来访和答疑时间；是否及时批改和反馈学生的作业、论文或报告；是否及时回应来自学生的各种形式的课业询问，如电子邮件、电话、信函等；是否提供课外的实验技能辅导（理工科对此都有要求）；是否认真指导学生小组研究；等等。通过对这些方面的评价，学校便可以清楚了解教师在课下是否向学生提供了全方位的帮助。[①] 那么在进行法律硕士教学质量评价中同样可以进行这样的评价，尤其是将所学法律理论具体到法律实务的初始阶段，会产生众多的疑问和困难，这需要教师的及时辅导和解答，从而保证后续教学内容的顺利开展。

鉴于法律硕士培养的最高追求是实战型人才，要求法律教师在培养法律硕士研究生具有坚实的法学基础理论素养的同时，还应着重于学生法律应用能力的训练，即对法律条文的应用能力。因此，法律教师在教学中尤其要加强案例教学，以真实的或虚假的案例材料作为法律硕士课程的教学材料，通过对案例的分析、讨论来掌握有关的原理，并解析案例的司法运作程序，从理论和实践两方面培养学生的法律实务知识。

对法律硕士教育任教教师进行教学质量评价可以采用以下方式进行：

第一，专家评价。聘请校内外参与法律硕士教学且经验丰富的同行专家组成听课组，有计划地进行检查性听课；同时聘请法律实务工作者，如法官、检察官、律师等就教学内容以及理论与实践结合的方面进行评价。专家对教师教学的评价主要是侧重于对教师教学态度、教学内容、教学方法、教学技巧等课堂教学方面的评价。其中，教学态度包括遵守教学制度，教师不缺课、不迟到、不拖堂；课堂组织严谨，教案规范；同时对学生严格要求，善于管理课堂。教学内容要求具有科学性与先进性，既体现对法律专业知识的熟练掌握与有效传授，又能引入法学学科前沿知识以及法律界最新热点和焦点，尤其是富有争议的案例的分析；课堂教学内容还可以不局限于本法律专业领域，与不同

① California Institute of Technology. *Teaching Assistant Evaluation*[EB/OL]. http://www.its.caltech.edu/～ta/evalua-tion_code.html，2004－10－22.

的课程和专业进行沟通与融合，进而拓宽学生思路，培养学生的创新意识和创业能力。教学方法中注重启发式、参与式的教学，要合理、有效地运用现代教育技术手段，配备现代化的教学设备进行实训，让学生积极地参与到课堂中来。教学技巧则主要是评价教师课堂教学的技能和方法，要求教师教学语言通俗易懂、生动活泼，讲述法律理论能够深入浅出，理论联系实际；能够自如地驾驭课堂，激发学生的学习兴趣和主动性，使课堂气氛活跃，师生交流顺畅。

第二，学生评教。教学过程中，学生对教师有着最为全面的接触和最深刻的了解，由学生对课堂进行评价具有无可比拟的优势。由此可以建立教学工作学生信息员制度，由每个班选派一名信息员负责对教师的教学状况相关信息进行收集，填写相应的教学质量评价调查表，包括学生从法律教师那里学到了哪些技巧和方法，对教师的教学方法和效果满意程度如何，教师所确定的教学目标实现的程度如何以及学生对于教学内容的掌握程度等进行评价。由此表可以反映教师教学中是否注重激发学生的求知欲、注重创新意识和能力的培养；是否注重启发式、讨论式教学，鼓励学生提出问题和质疑；等等。同时，对教师布置的作业的检查也是评价的一个有效办法，检查作业是否有利于学生自主学习，教师的批改是否认真。

第三，教师自评。法律教师可以通过各种途径和方式对自己所进行的法律硕士教育教学进行客观而真实的评价。一方面可以减少测评的误差，确保评价的科学有效；另一方面也有利于教师总结自己的教学方式方法，将他人评价和自己评价有机地结合在一起。教师自我评价的内容主要包括：对法律的解释能力、课程的驾驭能力、可接受能力与亲和力、指导能力、评价能力、启发能力以及学生对课堂的满意程度。具体说来，可以根据自身的实际情况，完成如下内容的调查：备课的情况；对所任课程在教学计划中的地位和作用的理解；教学应达到的目标；针对学生的具体情况来安排教学内容、选择教学方法；授课中对学生思维的启发；学生对法律理论和实际案例理解能力的培养；学生对参考书目的阅读、作业的完成情况；对学生答疑、质疑情况的解答等。通过教师自评，实现系统地收集教师对法律硕士教学质量状况的评价信息及教师对教学工作的满意度。

值得一提的是，发达的现代科学技术使学生对教师的教学评价突破了传统的方式，可以充分地利用各培养院校现有的校园网络和教学资源，进行网上评教。其主要功能是收集法律硕士研究生对教师课堂教学情况和教学质量的评价信息和意见，利于信息的及时传递和反馈，增强任课教师的责任感和教学改革意识。网上评教系统包括法律硕士研究生网上评教、教师自评、专家组评教、教学管理人员评教、教学质量信息处理与评价信息反馈等方面，同时将该系统与“法律硕士研究生选课系统”结合，使课程教学评价与学生选课挂钩，设计法律硕士研究生、任课教师、专家组、教学管理人员四级用户权限管理模式，实现各级用户对于信息的共享与收集。流程图如下：

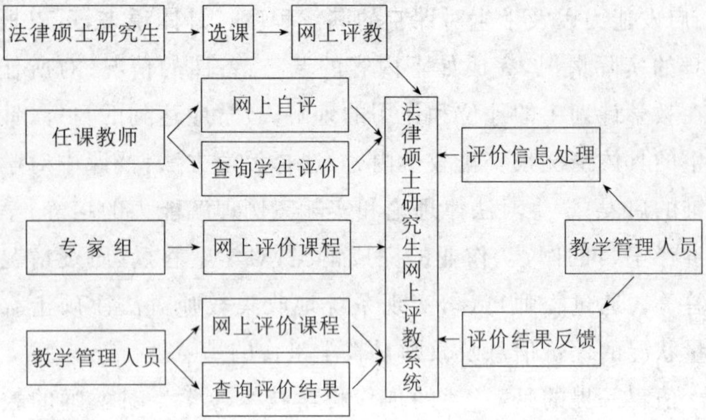


3. 法律实践教学评价的实施

法律硕士教育属于高级阶段的法律职业教育，重在培养应用类法律人才，致力于培养构成中国法治基础、推动中国法治进程的法律共同体的力量。法律职业的特殊性从根本上决定了法律硕士的培养必须是“实践有力度”的法律人才的培养。[①] 正是基于法律实践教学在法律硕士教学中的重要性，在此特将法律实践教学评价专门提出来展开论述。

法律硕士教学中，法律实践教学往往采用模拟法庭、观摩审判、法律诊所、法律实习等方式，因此，法律实践教学评价的实施也主要对这几个方面进行评价。评价过程中，我们必须要明确的是，“实践教学环节中的评价标准不宜绝对化，在实施某个实践教学环节时，不应仅看结果，还应看过程，实践教学的评价标准与课堂教学考试成绩评价标准的最大不同应表现在实践教学

① 徐显明教授认为中国法学教育的人才培养是一种三维度法律人才的培养，即“思想有深度、知识有广度、实践有力度”。

对过程与结果同等重视，甚至重视过程更应甚于重视结果”①。

(1)模拟法庭的评价

模拟法庭是法学教育中经常采用的形式，也是法律硕士实践性教学所不可缺少的一种形式。主要是由学生重演案件，通过模拟司法审判的实际程序，熟悉相关的实体法与程序法，强化法律实务知识，进而检验学生的学习效果和教师的教学效果。模拟法庭教学过程中，学生面对的是活生生的案件、真实的当事人，要求他们具有基本的诉讼、证据和相关的实体法知识，要求他们在复杂的环境下理性地利用法律知识处理实际问题，并形成法律意见进行法庭的陈述以及辩论。由此可见，模拟法庭将学、思、看有机地融为一体，实现了课堂教学、案例分析以及法庭旁听的有效衔接，是西南民族地区法律硕士教学的重要组成部分。

正如清华大学法学院院长王晨光所说，法学院培养的人才不但要精通法律条文，更要懂得如何运用这些条文，而模拟法庭正是把抽象法律条文和法庭实践紧密结合在一起，对于学生而言是一次真实的磨炼，有利于提高他们的逻辑思维、分析和表达能力，使他们走出校园后能更快地适应工作。模拟法庭在哈佛、耶鲁等国外一流大学中已经开展了多年，不仅是法学院学生的必修课，更是法学教育中培养高层次法律人才所不可缺少的环节。②

对法律硕士培养院校的模拟法庭教学评价，主要从以下几

---

① 焦富民、李云波：《新时期法学本科教育实践教学体系的重构》，《成都：教育部法学学科教学指导委员会中国法学会法学教育研究会年会暨学术研讨会会议论文集》，2006，第59页。

② 搜狐网，首届高校模拟法庭竞赛昨清华决胜负[EB/OL]，http://campus.chinaren.com/2003/12/06/72/article216557217.shtml，2003－12－6。

个方面进行考核:模拟的案件是否具有一定的复杂性、专业性、可模拟性;模拟者是否熟悉案情、思路清晰、运用法律得当;模拟过程中的人员调配、角色预演等组织工作是否恰当;模拟者是否着装得体、表达清晰、语言符合角色要求。并由参与旁听的学生对模拟过程进行反馈,写出感想和体会;由评判教师对模拟过程和模拟效果进行考核,指出优点和不足。[①]

(2)观摩审判的评价

观摩审判是法律硕士教育中法律实践教学环节的一个重要组成部分,通常是组织学生到法院观摩庭审的整个过程,结合课堂所学的实体法和程序法知识进行法庭的旁听。观摩完毕后,与庭审法官、带队教师交流、讨论,写出个人体会,完成法庭观摩报告。

与模拟审判相比,观摩审判所接触到的是客观而真实的庭审过程,其间法官、公诉人、犯罪嫌疑人、辩护人、证人等的一言一行,相应的问讯、陈词、辩护、作证等都能够让学生与课本中的知识进行联系,进而对法律程序有直观的认识,对法律知识有深入的理解。

因此,法律硕士培养院校可以与附近的法院或法庭建立实践基地,有针对性地选择案件组织学生观摩审判过程。对于观摩审判的要求可以在教学计划当中进行设置,比如要求学习年限内参加审判观摩的次数和撰写观摩报告等。对于观摩审判的评价可以通过检查观摩报告的形式来进行,要求报告思路清晰,切实反映案件的情况、庭审的过程、双方争执的焦点,据此提出观摩者对案件的分析和总结、个人的理解和意见。

---

① 邵文涛:《我国本科法学教育中实践教学体系的构建与运行》,山东师范大学硕士学位论文,2008。

(3)法律诊所的评价

法律诊所教育(Clinical Legal Education)是20世纪60年代美国法学院普遍兴起的一种新的法学教育方法,是“仿效医学院利用诊所实习培养医生的形式,通过诊所教师指导学生参与法律实际运用的过程,培养学生的法律实际能力,促进学生对法律的深入理解,缩小学院知识教育与职业技能的距离,培养学生的法律职业意识观念”①。

法律诊所教育的价值是把法学理论教学与法律实践结合起来,把学生放在真实的案件环境中,由学生亲自经历从接案、调查、出庭直到结案的整个过程,锻炼学生的工作能力、培养职业道德,促使理论与实践相结合。② 基于法律诊所教育所具有的重大价值,目前众多院校都予以采用,西南民族地区法律硕士的培养同样也可以采用这一方式。

法律诊所是一种新型的实践教学,一种开放式的教学模式。对此的评价要求我们进行全方位的展开,包括诊所的评价,是校内真实诊所还是校内模拟诊所或者校外真实诊所;诊所教师的选择,是否具备丰富教学经验和实务经验的教师;诊所教学内容设计的合理性;诊所案件的选择;等等。当然,法律诊所学生的能力是评价其教学效果优劣的关键要素,我们可以采取学生自我评价和教师对学生评价相结合的方式来检查该实践教学模式。

(4)法律实习的评价

法律实习是法律硕士研究生深入到公检法等部门,直接接触法律现实问题,接待当事人、感受法官等司法实务者的法律思

---

① 甄贞:《诊所法律教育在中国》,法律出版社,2002。

② 程洁:《耶鲁法学教育的近距离观察与体验》,载《法学》,2006(6)。

维、实际做庭审书记、草拟各类法律文书等，一个验证和应用所学知识、学习和获取法律实践经验的过程。

学生参与公、检、法、律师事务所、法律援助机构、公证处等机构的法律实习工作，能够了解和熟悉司法机关、律师事务所等机构的基本情况，了解法律事务和具体案件的办理程序、方法和流程，进一步强化法学理论的学习，加深对各种法律条文的理解、实体法的掌握，提高法律事务的处理和法律文书的制作等司法实践能力。因此，法律实习成为各个法律硕士培养院校法律实践教学中必不可少的重要环节，成为提高和巩固学生各项法律知识的有效方法。

对法律实习实践教学模式的评价首先从培养单位的实践教学基地入手，检查培养单位是否与校内外各单位联合建立有教学基地，为学生提供了第一线的学习平台；检查其实习时间的安排是否灵活多样，实习应具有连续性，才能使专业技能不断得以强化，不断提高；检查法律实习的管理体系是否科学合理而行之有效；检查法律实习的测评机制是否全面、完善，对学生的测评应包括实习态度、实习纪律、实习表现、实习日志、实习总结、单位指导老师评价、带队实习老师评价等各个方面。

4.学生法律学习评价的实施

学生作为教学活动的主体，是教学质量高低最终表现的载体。对法律教学活动中学生学习的评价，主要在于评价学生在教学活动中的收获，如下几方面：

(1)法律理论知识的理解和掌握。法律硕士教育是职业教育，注重的是应用类法律人才的培养，而任何的应用都是建立在对法律理论知识正确的理解和掌握基础之上，因而检验学生对法律理论知识的掌握是其整个学习评价的一个重要方面。美国著名大学倾向于通过考查教学对学生的知识学习和能力发展的促进作用来检验教学质量。例如,哈佛大学在学生评教中问道:“教师的授课对你理解学科内容有帮助吗?”“教学过程是否使你提高了分析能力?”波士顿大学也问到类似的问题,例如:“教师对问题的解释是否有助于你深刻理解课程的内容?”“教师所使用的教学方式对你掌握该学科知识是否合适?”“课堂的讨论能否提高你的解决问题的能力?”纽约州立大学则向学生提出了这样一些问题:“学习这门课程以后,你的学科知识增加了许多吗?”“你是否能够将学到的概念和原理应用于相关的问题情境?”[①]同样的,我们对于法律硕士研究生法律理论知识的理解和掌握也可以通过这样直接的方式进行评价。

(2)学习法律课程的态度、兴趣。学习的态度和兴趣对于法律硕士研究生学习法律知识尤为重要,是学生深入探索的强大动力。学生对法律课程学习的态度和兴趣能够充分地反映出该课程的教学质量高低。我们同样可以借鉴美国大学评教中的一些做法。例如,美国加州理工学院在评价教学中就学生的学习态度这样问道:“你愿意上这门课吗?”“你希望在课后与教师一起讨论问题吗?”康奈尔大学针对学习兴趣向学生提出如下问题:“教师的反馈能否激发你进一步探究学科知识的兴趣?”“教师设置的问题是否能把你带进研究的乐趣之中?”普林斯顿大学还问到了学生的学习愿望:“你是否渴望获得该课程更多的专业知识?”“课程是否激发了你在课下探讨问题的愿望?”“教学是否激励你建立更高的学习目标?”[②]学生对这些问题的回答能够反映出学生对于课程学习的态度和兴趣,进而判断该课程的教学

① 蔡敏:《美国著名大学教学评价的内容特征》,载《外国教育研究》,2006(6)。

② 蔡敏:《美国著名大学教学评价的内容特征》,载《外国教育研究》,2006(6)。

效果。

(3)学习的独立性和创造性。法律硕士研究生学习的独立性和创造性是他们在未来的职业中不断学习和创新的源泉，是法律硕士培养院校所应注重培养的重要方面。美国著名大学在教学评价中对于学生学习的独立性和创造性十分重视，例如斯坦福大学在教学评价中问学生："教师的讲授能否使你对教学内容产生新的想法?""教学内容是否可以引起你的创造灵感?""你在课程学习中是否敢于提出自己的问题?"[①]

(4)法律实务的处理能力。法律硕士是国家法治建设的主要力量，他们将会面临大量的法律问题，对法律硕士研究生在法律实务方面处理能力的考查也是学生学习评价的一个方面。如前所述，众多法律硕士培养院校建立起模拟法庭、观摩审判、法律诊所和法律实习等法律实践机制，其目的在于为学生提供一个法律应用的平台，增强法律实务的处理能力。因此，可以预设一些场景考查学生对问题的处理能力，对错综复杂的社会矛盾的分析能力，以及对复杂问题的协调能力。

在教学评价过程中，法律硕士研究生在课程中的学习表现更应当引起教学评价的关注，因为真正的教学效果取决于学生各方面的进步与变化、学生的学业成就和收获。

① 蔡敏:《美国著名大学教学评价的内容特征》，载《外国教育研究》，2006(6)。

附录

# 法律硕士培养途径改革探索

## ——基于广西师范大学法学院与桂林市人民检察院联合培养法律硕士经验总结

我国的法律硕士专业学位(JM)是1995年4月国务院学位委员会第13次会议批准设立的,1996年首批试点招生。法律硕士专业学位的设立和招生培养,标志着我国应用类高层次法律人才教育制度的诞生。它所设定的培养目标在层次上高于法律本科生、实践导向上明显强于法学硕士,并且具有传统法科学生所不具备的复合型知识和技能,作为培养法律人才的新途径,JM教育应该成为法律教育的主渠道。[①]

目前,我国法律硕士专业学位研究生培养单位已经有115所,类型包括了综合、政法、师范、财经、财税、工业、工商、公安、刑事警察、外贸、科技、政治、交通、海洋、海事、民族、侨务及理工类大学。经过10余年的不断探索和试验,我国法律硕士专业学

① 霍宪丹:《让法律硕士(JM)教育成为法律教育的主渠道》,载《中国高等教育》,2002(1),第32页。

位教育已经取得了较大成绩。我国已经培养了大量高层次的复合型、应用型法律人才，从一定程度上缓解了我国市场经济建设和法治建设对高层次法律人才的需求压力。尤其是我国在职法律硕士教育的有效开展，为我国政法队伍建设做出了显著贡献。

广西师范大学于2007年经国家批准成为第七批具有法律硕士专业学位授予权的单位之一，并于2008年开始全日制法律硕士和在职人员攻读法律硕士专业学位的招生与培养。广西师范大学法学院作为广西师范大学培养法律硕士专业学位研究生的承担部门，在根据全国法律硕士专业学位教育指导委员会制定并由国务院学位委员会办公室发布的《法律硕士专业学位研究生指导性培养方案》的基础上，结合全日制法律硕士法学、非法学、在职法律硕士的特点制定了广西师范大学法学院《法律硕士专业学位研究生培养方案》。在法律硕士教学探索与改革中，为促进法律硕士专业学位研究生培养的课程和教材资料、师资队伍、法律实务教学模式、理论研究、法律硕士专业学生实习实践等方面的建设，促进法律硕士专业学位研究生培养质量的提高，2009年广西师范大学以桂林市人民检察院为依托单位建设法律硕士专业学位研究生教育创新人才联合培养基地，开启了广西师范大学法学院与法律实践部门联合培养应用型、复合型高级法律人才的重要平台。

## 一、法学院与法律实践部门联合培养法律硕士的必要性和可行性分析

### (一)法学院与法律实践部门联合培养法律硕士的必要性

1.是适应法律硕士专业学位研究生指导性培养方案所确立的培养目标定位与教学方式多样化的需要。从复合型、实务型的具体培养要求看,包括掌握法学基本原理,具备法律职业所要求的法律知识、法律术语、思维习惯、法律方法和职业技术;能综合运用法律和其他专业知识,具有独立从事法律职业实务工作的能力。法律硕士专业学位研究生培养是一种职业养成式教育,教学方式不能采取传统的学科知识传授的方式,而应当采取多样化的教学方式,如以课程教学为主,重视和加强实践形式的教学,着重理论联系实际的实务能力的培养;成立导师组,采取集体培养与个人负责相结合的指导方式。法律硕士专业学位研究生的培养目标定位与教学方式多样化的内涵表明,法学院与法律实践部门联合培养法律硕士是不能或缺的。

2.可以有效缓解广西师范大学法学院法律硕士教学资源的不足。教学资源包括导师人数、教学资料、设备条件等,当其无法充分满足法律硕士专业学位研究生培养要求时,就成为影响法律硕士教育质量的瓶颈。广西师范大学法学院与法律实践部门建立了民联合培养法律硕士的探索机制,充分利用法律实践部门在教学实践设施、教学资源和法律实务等方面的优质资源,发挥法律实践部门在法律硕士专业学位研究生培养方面的优势,成为广西师范大学法学院法律硕士专业学位研究生培

养特点与有效缓解现有研究生教学资源不足这一问题的重要渠道。

3.可以创新法律硕士专业学位研究生培养机制，提高法律硕士专业学位研究生培养的质量。广西师范大学法学院与法律实践部门通过建设法律硕士专业学位研究生教育创新人才联合培养基地联合培养法律硕士，使法律硕士专业学位研究生可以在更多的法律实践中培养和提高综合素质和创新能力，培养适应区域经济社会发展需求的应用型高层次法律人才。可以说，广西师范大学法学院与法律实践部门联合培养研究生是强化研究生教育内涵建设，创新研究生培养机制，提高研究生培养质量和效益，全面深化研究生教学改革的重要战略部署。

4.可以增强广西师范大学法学院、法律实践部门服务社会经济发展、社会稳定的能力。广西师范大学法学院与法律实践部门联合培养研究生，可以促进双方的智力合作，促使法律实践部门充分发挥法律硕士这支法律实务生力军的作用，充分利用法学院的人才和知识优势来解决自身工作中存在的问题。这样可以减轻法律实践部门人员紧张、重实务轻理论的状况，增强法学理论研究能力。广西师范大学法学院与法律实践部门联合培养研究生，把研究生培养与法律实务紧密结合，主动面向社会经济发展、社会稳定要求，培养应用型、实务型高素质法律人才。

5.形成开放的学术氛围。广西师范大学法学院与法律实践部门联合培养法律硕士不但为法学院解决了资源短缺的问题，同时增进了法学院与法律实践部门的学术交流，加大了科研成果的流动性。法学院作为法学学科基础理论知识的阵地，多年来形成一套自己的理论，有自己的研究方向。然而这样的现状也容易造成法学院缺乏与外界的学术交流，只顾“闭门造车”的问题。法律硕士的联合培养为法学院与法律实践部门学术交流提供了机会。将联合培养单位导师请到法学院来做学术讲座，开设专家论坛，指导实践教学，为法学院引进新鲜的学术空气，同时将法律硕士研究生派到联合培养单位学习实践、参与科研，最大可能地敞开大门，为法学院与外界学术交流广开渠道。

## (二)法学院与法律实践部门联合培养法律硕士的可行性

1.法律实践部门具备充足的人员与资源条件。从广西看，市级以上法律实践部门都设有法律政策研究室，负责相关法律理论研究组织和法律实施情况调研；检察院、法院系统每年都有优秀理论成果评比，法律实践部门还设有专门课题研究项目和基金，如最高人民检察院检察理论研究课题、广西区人民检察院检察理论研究课题、桂林市检察理论研究优秀成果奖励基金。至于广西师范大学法学院与法律实践部门联合培养法律硕士的依托单位桂林市人民检察院，在检察理论研究方面一直处于广西检察系统的前列，拥有广西区检察院、最高人民检察院检察理论研究专家库人选，培养了一批检察理论水平高、业务技能强的检察官，可为广西师范大学法学院联合培养法律硕士提供有力的人员与资源支撑条件。

2.可实现广西师范大学法学院与法律实践部门资源共享与优势互补。广西师范大学法学院在研究生培养层面上，拥有法学一级学科硕士点和法律硕士专业学位授权点，有一支高水平师资队伍；法律实践部门拥有大量的法律实务资源和一大批法律实务水平、法律技能水平高的检察官、法官。广西师范大学法学院与法律实践部门联合培养法律硕士，以法学学科为依托，通过沟通，相互了解，寻求双方的契合点，可在整合各自优势的基础上，实行研究方向上的衔接与协作，教学内容、教学方式的改革与完善。

3.可实现广西师范大学法学院与法律实践部门的共赢。一方面，法律实践部门的专家具有带教研究生的动力。首先，法律实践部门的专家大多从学校毕业多年，一直埋头从事自己的业务与专业研究，知识体系缺乏完整性与系统性；其次，专家除了自身繁忙的工作，也有较多的社会兼职，很难将全部精力和时间连续地投入到理论研究中，这对科研的发展更是极为不利的。法律实践部门的专家能够成为研究生导师，得到得力的科研助手，就能很好地解决上述问题。同时“研究生导师”的荣誉给专家以及法律实践部门带来的社会效益也是不言而喻的。另一方面，研究生在学校学习了扎实的基础知识，正缺乏机会让他们一显身手，法律实践部门为研究生提供了这样一个舞台。研究生面临的主要问题就是就业问题。单纯在学校，研究生很难真正了解社会需要什么样的人才，这样的学习是盲目的。法学院将研究生送到联合培养单位，实际上等于为他们提供了隐形的就业机会。研究生提前与法律实践部门接触，能够很好地推销自己，让法律实践部门了解自己的同时，自己也很好地了解法律实践部门。进入法律实践部门，研究生可以真正做到与社会需求接轨，为将来就业打下坚实基础。

4.科学的协商和运行机制。广西师范大学法学院与法律实践部门联合培养法律硕士，经过了科学的论证和严密的规划、充分的协商，双方形成科学可行的合作协议。运行机制上一般首先由法学院负责组织法律硕士在学校完成课程学习；然后法律硕士进入到法律实践部门，由法律实践部门导师负责指导法律硕士进行科研课题调研和社会实践；最后由法学院负责对法律硕士的学习、科研与社会实践的成果进行总体考核,直至完成最后的学位论文毕业答辩。广西师范大学法学院与法律实践部门联合培养法律硕士最大的优势是有效解决了法学院培养法律硕士过程当中学术资源匮乏的问题。

## 二、广西师范大学法学院与桂林市人民检察院联合培养法律硕士的措施、内容与经验效果

根据法律硕士专业学位研究生指导性培养方案的要求,针对法律硕士培养所存在的问题,法律硕士培养改革与完善必须紧扣目标,结合实践,突出特色。围绕这样的思路,广西师范大学法学院自获得法律硕士专业学位授权点以来对法律硕士培养进行了多方面积极的探索,如课程设置的民族特色、区域特色,双师型师资队伍的培养与构建,实验实训教学的开展等。其中广西师范大学法学院与桂林市人民检察院联合培养法律硕士是卓有成效的探索与教学改革。

广西师范大学法学院与桂林市人民检察院联合培养法律硕士,既包含为桂林市人民检察院培养在职法律硕士,也包含在桂林市人民检察院聘请法律硕士专业研究生导师、选派检察官参与广西师范大学法学院法律硕士教学实践活动。而联合培养法律硕士的平台是法律硕士专业学位研究生教育创新人才联合培养基地的设立的需要。经广西区教育厅审批,广西师范大学法学院与桂林市人民检察院于 2009 年 4 月建立了法律硕士专业学位研究生教育创新人才联合培养基地,该基地是广西师范大学法学院和桂林市人民检察院为探索培养应用型、复合型高级法律人才,使研究生教育突破自身束缚,向社会开放以提高人才

培养质量的一项重大举措。在具体建设内容上包括基地基础设施建设、法律实务教育平台建设、课程和教材资料、师资队伍、法律实务教学模式、理论研究、法律硕士实习实践等多方面。

## (一)广西师范大学法学院与桂林市人民检察院进行联合培养法律硕士的措施、内容

### 1.遴选检察官报考和攻读广西师范大学在职法律硕士

广西师范大学法学院自2008年开始招收全日制和在职法律硕士专业学位研究生。桂林市人民检察院非常重视检察队伍素质的提高和检察理论研究人才的培养,检察官报考在职法律硕士的,统一由市检察院政治部审核同意,每年遴选5—8名检察官报考,通过联考被录取的每年都在2—4人。对于到广西师范大学法学院攻读在职法律硕士的检察官,桂林市人民检察院采取顶班、加班方式保障检察官的学习时间。按时获得学位的检察官,桂林市人民检察院负责报销一定比例的学费。这几年到广西师范大学法学院攻读在职法律硕士的检察官,学习态度端正,认真刻苦,尤其是在进行检察理论研究方面表现非常优秀。同时,通过在职法律硕士的学习,也促进了这些检察官业务水平的提高。

### 2.教学计划与课程设置

根据《法律硕士专业学位研究生指导性培养方案》,法律硕士专业学位研究生的课程设置按法学一级学科为主设置,课程结构分为必修课和选修课(推荐选修课和自选课)。课程建设方面,如何体现法律硕士专业学位研究生特色培养,丰富课程结构,着力提高法律硕士专业学位研究生的整体素质,需法律硕士专业学位培养单位认真探索和不断完善。广西师范大学法学院在法律硕士专业学位研究生课程设置的自选课中开设了检察理

论与实务课程，该课程由桂林市人民检察院安排若干名检察官主讲。几年来，桂林市人民检察院先后安排近10名检察官进行相关专题讲座，如(原广西桂林市人民检察院副检察长)崇左市人民检察院检察长王荐和桂林市人民检察院副检察长张景源先后主讲了中国检察制度概要，对检察制度的特点、中国检察制度的基本内涵、中国检察机关的组织结构和职能以及法律监督的形式进行讲授；王荐还主讲了刑事司法政策在办理职务犯罪案件中的运用，对宽严相济刑事司法政策的内涵、刑事司法政策体系、关于严打方针的思考、运用刑事司法政策指导查办职务犯罪进行了深刻阐述与思考；桂林市人民检察院副检察长周鸿广主讲我国检察制度中职务犯罪侦查监督机制的改革与完善，对我国检察制度改革的必要性、我国职务犯罪侦查监督制约机制运行现状及完善职务犯罪侦查监督机制的必要性、如何完善职务犯罪侦查监督机制等问题进行了阐述；广西资源县人民检察院党组书记、检察长王荣利主讲了民事行政检察监督的改革与实践，对我国民事行政检察的历史沿革、国外民事行政检察制度的借鉴、民事行政检察监督的理论、民事行政检察监督的范围、民事行政检察监督的方式、民事行政检察制度的改革等问题予以阐述；阳朔县人民检察院检察长廖国忠主讲了公诉检察的有关理论与实务问题，主要包括公诉制度、公诉程序、公诉证明标准与公诉证据标准、公诉与侦查关系的改革和改善等内容；桂林市人民检察院法律政策研究室主任蒋润华主讲了审查逮捕中的法律监督和人权保障，主要包括审查逮捕的基本理论和实践知识、近年来影响较大的错捕错判案例、主要存在的问题、我国审查逮捕制度改革与完善等内容；桂林市人民检察院办公室主任诸葛旸主讲了检察理论研究论文的写作入门及需注意的几个问题，结合自己的写作经历和检察理论研究论文讲述了法学论文该如何写作。

3. 根据广西师范大学法学院培养法律硕士的需要组建相关的师资队伍

按照《法律硕士专业学位研究生指导性培养方案》的要求，要重视和加强实践形式的教学，着重理论联系实际的实务能力的培养。导师组应以具有指导硕士研究生资格的正、副教授为主，并吸收法律实务部门中具有高级专业技术职务的人员参加。加强教学与实践的联系和交流，聘请法律实务部门的专家参与研究生的教学及培养工作。因此，培养法律硕士的教师队伍建设，必须建立一支结构合理、素质优秀的师资队伍，除了培养单位的教师要强调“双师型”、“复合型”，更重要的是要做好聘请法律实务部门的专家参与研究生的教学及培养工作。为此，广西师范大学法学院在培养法律硕士师资队伍建设上，与桂林市人民检察院协商，由桂林市人民检察院派出检察官作为实务部门专家型教师参与广西师范大学法学院法律硕士的教学及培养工作。根据广西师范大学法学院法律硕士的教学需要，桂林市人民检察院在以下三方面派出检察官建立相关的专家型师资队伍：

(1)建立实践教学活动指导教师队伍。法律硕士实践教学活动既有校内的模拟法庭、案例讨论、法律辩论，也有校外的见习、实习等，这些教学活动的开展，校外部分必须聘请实务部门的相关人员指导，校内部分聘请实务部门的相关人员指导效果也是明显不同的。广西师范大学法学院在法律硕士实践教学活动中，为保证实践教学的有效性，专门邀请桂林市人民检察院派出检察官担任指导教师，指导法律硕士实践教学。为此，广西师范大学法学院

范大学法学院实施了法律硕士实践教学指导教师聘任措施，对桂林市人民检察院所派出的检察官颁发法律硕士实践教学指导教师聘书。目前，桂林市人民检察院已安排了公诉、反贪、检察理论研究等部门16人担任了广西师范大学法学院法律硕士实践教学指导教师。

(2)建立检察理论与实务课程的教学队伍。如前所述，随着广西师范大学法学院开设检察理论与实务课程，该课程讲课教师的安排由桂林市人民检察院负责。为体现检察业务和检察理论研究，桂林市人民检察院根据检察业务确定了若干专题，并重点突出公诉、职务犯罪侦查、侦查监督、民行监督等内容。在选任讲课教师时，都是选在相关业务领域有丰富实践经验和一定职务的检察官，如市检察院副检察长、反贪局长、公诉处长、研究室主任、基层检察院检察长。目前，桂林市人民检察院为保证检察理论与实务课程的长期开展，经过几年实施，讲课内容在专题范围上基本固定，考虑到讲课教师职务变动情况可能影响上课，就以专家库的形式建立了一支相对稳定的讲课教师队伍，包括副检察长、中层领导、基层检察院检察长在内12位授课检察官。

(3)建立法律硕士专业导师队伍。按照《法律硕士专业学位研究生指导性培养方案》的要求，法律硕士专业导师队伍应当吸收法律实务部门中具有高级专业技术职务的人员参加，从法院、检察院、律师事务所等法律实务部门看，具有高级专业技术职务的人员应当是指具有高级法官、高级检察官、高级律师职务的人员。广西师范大学法学院在建立法律硕士专业导师队伍时，除了从法院系统聘请一支兼职法律硕士导师队伍，还专门与桂林市人民检察院协商，由桂林市人民检察院选派6名具有高级检察官职务，并且检察业务经验丰富和具有一定检察理论研究水平的检察官担任兼职法律硕士导师。

4. 积极配合参与法律硕士专业学生实践能力培养

(1)重视和落实法律硕士专业实习。法律实践课(在法院或检察院或律师事务所实习两至三周)是法律硕士专业学生实践必修环节之一,这一环节如何有效地开展需法律硕士培养单位积极探索和认真总结。广西师范大学法学院在这方面确定了统一组织、统一安排的实习模式,即法律硕士由带队教师统一分组到法院、检察院实习。桂林市人民检察院是法律硕士专业学生实习的定点单位,对广西师范大学法学院法律硕士的实习非常重视,负责安排广西师范大学法学院法律硕士专业每届学生的二分之一到三分之一,专门指派公诉、侦查监督、反贪部门具有丰富实践经验的检察官担任指导教师。桂林市人民检察院相关领导分别以亲身经历来教育学生,正确对待为期不长的宝贵实习机会。对广西师范大学法学院法律硕士学生从政治上关心,业务上培养,围绕养成严谨细致的工作作风以及良好的服务意识,培养成专业素质过硬,政治上靠得住的优秀法律人才进行指导。

(2)派出检察官指导法律硕士校内实践活动。法律硕士专业学生校内实践活动很多,属于教学方面的主要有模拟法庭、案例讨论、法律辩论活动等。开展这些邀请法律实务部门的相关人员指导的实践活动所带来的效果是显著的。这几年桂林市人民检察院对广西师范大学法学院法律硕士校内实践活动的开展热情协助,而桂林市人民检察院连续两届获得广西区检察官辩论赛第一名,相当一批检察官获得广西十佳优秀公诉人甚至全国优秀公诉人称号。当邀请到具有这样背景的检察官来指导法律硕士校内实践活动,学生的感觉、活动的气氛都会明显不一样。

(3)鼓励和吸收法律硕士专业学生参与课题研究。桂林市人民检察院非常重视检察理论研究的开展,每年都承担广西区人民检察院检察理论研究课题,自身还设立了一批重点课题和一般课题,还办有刊物《桂林检察》。检察人员具有良好的检察理论研究条件和机会,这同样为广西师范大学法学院法律硕士专业学生提供了良好的参与检察理论研究的条件和机会。为鼓励法律硕士专业学生参与课题研究,桂林市人民检察院原研究室主任专门讲授检察理论研究论文的写作入门及需注意的问题。当法律硕士专业学生到桂林市人民检察院相关部门实习时,承担了检察理论研究课题的检察官在指导学生进行业务实习的同时,自然引导这些学生协助进行课题研究调研和课题论文的写作。

(二)广西师范大学法学院与桂林市人民检察院联合培养法律硕士的经验与效果

1.建立了一个共赢共享的平台

广西师范大学法学院与桂林市人民检察院以法律硕士专业学位研究生教育创新人才联合培养基地为平台,不仅有效地促进了广西师范大学法学院法律硕士专业学生培养工作的开展和培养方案的实现,更提供了培养法律硕士专业学生所需要的实践场所、法律实务指导教师和硕士生导师以及学生感受法律实务的机会。同时,双方的紧密联系也带动了桂林市人民检察院检察理论人才的培养,检察理论研究的深入开展。近三年,广西师范大学法学院为桂林市人民检察院及其基层人民检察院培养了12名在职法律硕士。因此,广西师范大学法学院通过与桂林市人民检察院联合培养法律硕士的一系列措施,建立了一个共赢共享的平台。

2.让法律硕士专业学生更深刻地了解法律实践部门，直观认识法律职业和法律职业人员，激发了学生进入检察院工作的动力

通过邀请检察官指导法律硕士校内实践活动，特别是通过实习，学生以实习生身份在检察院工作一段时间，了解和感受检察业务的开展，对于检察院这一法律实践部门的感性认识具体化，对人民检察院检察权所包含的公诉权、侦查权、侦查监督权、法律监督权的设置与行使有了直接的体会。通过直接与检察官接触与交流，学生对检察官职业、检察官工作内容与方式、检察官工作环境都有了直观认识，从而对学生就业选择带来影响。从2011届法律硕士专业毕业生报考公务员的情况看，报考检察院的最多，考入检察院工作的学生也是最多的。

3.促进了法律硕士教学计划的实现和法律硕士专业学生实践能力的培养

桂林市人民检察院根据广西师范大学法学院培养法律硕士的需要，从多方面组建师资队伍协助广西师范大学法学院开展相关的教学活动，对广西师范大学法学院法律硕士培养计划的实现起了重要作用。对法律硕士专业学生来说，桂林市人民检察院所参与的教学活动有效地锻炼和培养了自己的法律实践能力，如案件分析能力、法律文书写作能力、法律纠纷处理中的人际交往与协调能力。

## 三、广西师范大学法学院与桂林市人民检察院联合培养法律硕士问题和对策

### (一)广西师范大学法学院与桂林市人民检察院联合培养法律硕士存在的问题

广西师范大学法学院与桂林市人民检察院联合培养法律硕士取得了较大成绩,但是,由于法律硕士专业学位研究生是我国在新的形势下被动发展起来的一项新兴法学教育制度,法律硕士专业学位教育在实施的过程中难免会出现一些问题和弊端。这些问题和弊端并不是通过法学院与法律实践部门联合培养法律硕士就能马上解决的,如何克服这些问题将是我国进一步深化法学教育改革所必须考虑的一项重要课题。我们认为,广西师范大学法学院与全国其他法律硕士专业学位授予单位一样,还存在很多共同问题,主要表现在:

1. 应用型、复合型人才的培养目标实现不理想。根据国务院学位委员会办公室发布的《法律硕士专业学位研究生指导性培养方案》规定,法律硕士教育的目标是培养高层次的复合型、应用型法律专门人才。表明教育部门在思想理念上对法律硕士教育的培养目标及培养方向是比较明确的。但是,这种应用型的培养特点并没有体现在课程设置与教学内容上。出现培养目标与实际操作上的偏差的主要原因在于,法律硕士教育在我国是一种新型的应用型研究生教育方式,虽然经过多年的探索与发展,但教育部门等对于如何培养应用型硕士研究生,怎样与学术型培养模式进行区分没有一个系统、完善的思索以及切合实际的课程规划。培养单位在具体制定和实施各自的法律硕士专

业学位研究生培养方案时，由于师资队伍、教学方法与手段的影响，应用型、复合型人才的培养目标难以实现。

2. 开展法律硕士教育的大学院校多数受法学硕士的教育模式影响，教学内容趋向理论研究，缺乏实务操作性的课程。导致这种结果主要有以下几个方面的原因：其一，我国长期是以法学硕士教育制度作为培养法律高层次人才的培养方式，这种教育理念已在人们的意识里根深蒂固。而作为新型培养模式的法律硕士才刚起步，难免会产生使法律硕士的培养者无意识、本能地趋向法学硕士的培养方式。其二，对于法律硕士的课程设置与教学内容，似乎各教育机构还没能提出切合实际的培养方案。多数高校顺应现有的法学硕士的模式培养，评价标准也如出一辙，使得法律硕士落入一种非此非彼的尴尬境地。其三，我国传统的教学方法，往往偏重于理论基础，倾向于系统讲授课程的基本原理和基本知识，这种教学方法使法律硕士教育课程忽视了应用性、实务操作性。[1]

3. 我国法律硕士教育因培养的职业目标较为宽泛，以及生源知识结构的复杂性，而缺少针对性的培养。在我国法律硕士的培养过程中，缺少一种明确的职业培养目标，只要是与法律相关的行业，都可以囊括在职业培养目标以内。这样就造成了教学内容缺乏针对性，对学生也缺乏一种职业方向的引导，使学生在知识储备方面没有一个明确的方向。法律硕士生源分为法律类和非法律类，其入学基础存在较大差异，同样的课程设置和教学内容会产生不同的效果。即使同为法律类毕业生，有的是从事多年法律实务的法官、检察官及律师，有的却仅是刚从法学院

① 陈晴、泽朗初：《我国应用型硕士研究生培养模式探究——以法律硕士培养为例》，载《三峡大学学报》，2010(12)，第129页

校毕业，还没有机会接触法律实务的应届生，这二者对法律的接受力和感知力显然也存在差别。[①] 如果在这种情况下以大杂烩的形式教授课程的话，难免会造成对学生缺乏针对性的教学情况，影响法律硕士教育健康、有效地发展。

4. 社会对法律硕士的认同不到位。在我国现有应用型硕士研究生的培养模式下，法律硕士的知识多样、重实践操作的优势难以发挥，法律理论知识却又不能与法学硕士匹敌，这样就造成了法律硕士缺少优势，使法律硕士缺乏社会的认同。现在法律硕士出现的一种尴尬现象就是，很多考研者对扩招的法律硕士不买账，用人单位也不太愿接收法律硕士毕业的学生。其实这种现象不是仅仅针对法律硕士，而是针对整个专业学位硕士。

5. 法律硕士培养水平有待进一步提升。我们可以把法律硕士培养水平差距分为四类：A 类：实力雄厚，在国内外有一定影响的重点综合性大学法学院；B 类：开办多年、有较好名声的专门的政法大学；C 类：兴办较早的财经、师范大学中的法学院；D 类：正在发展之中的其他法学院（系）。上述几种类型培养单位应该说都达到了培养 JM 的基本条件，培养单位应该结合自身的优势资源、办学特色、地区环境，根据所在区域的社会经济对法律人才的需求，探索具有自身特色的培养模式。[②] 广西师范大学法学院作为师范大学中的法学院，与重点综合性大学法学院、专门的政法大学在学科平台、教学科研上还有较大差距，以致在法律硕士招生培养、教学改革、培养质量上也呈现差距。当然，

---

① 刘彤：《高级应用型法律人才培养的中美比较》，载《河南职技师院学报》，1999(4)，第56页。

② 陈宗波、周世中：《在职法律硕士专业学位研究生培养若干前置问题探究》，载《社会科学家》，2009(8)，第82页。

最主要的是缺乏根据自身的优势资源、办学特色、地区环境所考虑的法律硕士培养的专业特色，影响了法律硕士培养水平的提高与发展。

### （二）广西师范大学法学院与桂林市人民检察院联合培养法律硕士进一步深化探索改革的思路

1. 坚持法律硕士教育的法律职业教育定位。尽管现行法律硕士教育存在严重的缺陷，但这并不是法律硕士教育的定位所造成的。毕竟，将法律硕士教育定位于法律职业教育有科学的理论设计。一方面，法学本科教育在本质上应当属于通识教育和大众教育，不适合开展法律职业教育。另一方面，尽管法学硕士教育属于法学本科后的延续和深化教育，因而符合法律职业教育高起点的要求，但法学硕士教育的培养目标是研究型法律人才，而不是应用型法律人才或者法律职业人才。如果将法律硕士教育定位于法律职业教育，那么将可以有效地弥补法学本科教育和法学硕士教育无法开展法律职业教育的缺憾。国务院学位委员会办公室文理医学科处黄宝印处长指出：专业学位教育一定要以职业领域的需求为导向，否则就没有生命力。并从四个方面阐述了如何加强专业学位教育中的职业性：一是人才的培养目标定位、综合素质要求等要努力与职业需求吻合；二是有关课程设置要与有关职业资格考试内容实行对接；三是推进有关专业学位与有关职业资格有一定的衔接；四是促进有关行业或部门积极介入专业学位教育的过程中，实现教育与职业需求的良性互动。[①] 因此我们要发展好法律硕士专业学位研究生

① 黄宝印：《我国专业学位教育发展的回顾与思考（下）》，载《学位与研究生教育》，2007(7)，第28页。

教育就必须加强法律硕士专业学位的职业性行业背景建设。

2.强化法律职业教育。目前,法律硕士教育的一个突出问题就是,尽管法律硕士教育在理论上应当属于法律职业教育,但承担法律硕士专业研究生培养的各培养单位在实践中却培养不出适合法律职业需要的法律硕士毕业生。理论设计与现实之间之所以出现差距,并不在于法律硕士教育本身的定位,而在于承担法律硕士专业研究生培养的各培养单位没有采取具体有效的措施按照法律职业教育的要求对法律硕士研究生进行职业训练。因此,要想实现法律硕士教育的培养目标,就必须强化法律职业教育。但由于我国法学院校在传统上一直实行的是素质教育和学术教育,要求法学院校为法律硕士研究生提供良好的法律职业训练,师资、设施、环境都难以具备。尽管不少法学院校通过举办模拟法庭、法律诊所、案例教学、毕业实习以及邀请专家型的法律职业者授课等途径来加强法律硕士研究生对法律职业的感知和体验,但受课时、师资、经费、场地等各种因素的限制,这种带有法律职业教育性质的手段是比较有限的,在长时间内也难以成为法律硕士教育的主流方式。实际上,即使案例教学法、诊所式教学、辩论式教学、模拟法庭、法律实践课程等教学方式能够成为法律硕士的主流教学手段,法律硕士培养还将面临一个重大的瓶颈,那就是法律职业伦理往往不是教出来的,而是由学生在实务过程中切身感受和领悟出来的。因此,法学院校不应该成为法律硕士教育的唯一主体。为强化法律职业教育,承担法律硕士专业研究生培养的各培养单位应当与相关法律实践部门设立法律职业培训基地,并借助各地法官学院、检察官学院和律师培训机构专门负责或者组织对法律硕士研究生进行法律职业训练、法律职业伦理教育、法律业务实习等教学内容，而其他的常规课程仍然由法学院校负责。

3.根据法律硕士培养的特点，建立更加科学合理的课程体系。法律硕士课程按法学一级学科为主设置，要科学合理设置课程，主要是在自主选修课和实践必修环节探索改革完善，如在自主选修课方面开设民族区域自治法、检察制度与检察实务、律师制度与律师实务、审判制度与审判实务等，在实践必修环节组织相关方面实务经验丰富的专家开展法律文书课、模拟法庭训练、法律谈判课教学与训练。

4.以培养学生的法律职业素养和实践能力为目的，探索建立多样化的适应法律硕士特点的教学方法。要继续加强多媒体教学和案例教学，借助从事法律实务的教师、法律职业人员和法律援助中心平台引进诊所式教学，着力培养学生的思维能力、表达能力和理论联系实际解决问题的能力；有效组织法律硕士开展社会调查、旁听审判、专业见习、法律义务咨询以及模拟法庭等教学方式；在考核方式上，突出考查学生运用所学专业理论和知识，发现、分析、判断和解决实际问题的专业能力和方法；对实务性、应用性课程及相关内容，主要聘请法律实务界人士为学生上课；建立与实务部门的沟通、协调机制，为学生提供更多参加法律实践活动的机会。